잘 나가는 이공계
직장인들을 위한
법률·계약 상식

✳

최기욱

박영사

일러두기

이 책에 등장하는 법조문과 판례에 있는 모든 강조표시는 전적으로 저자가 표시한 것이다.
또한 비전공자인 독자분들의 이해를 돕기 위해 최대한 어려운 법률용어는 배제하고 일상
적인 언어로 풀어서 설명했기에 '엄밀한 법률용어'와 맞지 않는 부분이 종종 있을 수 있다.
이러한 부분에서는 각주 등을 이용해 최대한 원래의 법률용어를 병기했다.

들어가며

　직장인들에게 법과 계약은 멀고도 가까운 존재다.

　우리는 산업계의 일원으로 수많은 규율의 대상이 되며, 프로젝트가 굴러가도록 하기 위해 수많은 계약을 체결해야 한다. 그렇다. 법과 계약은 법률가의 전문분야라는 사회통념과는 다르게, 법학을 전공하지 않은 직장인들이 이해할 수 없는 문구로 가득한 법령들을 찾아보고 숙지해야 하며, 계약서를 작성하고 있는 것이 산업현실인 것이다. 그렇기 때문에 본인의 전공과 전혀 무관한 법과 계약 실무를 다루는 직장인들은 이에 대해 공부해야 할 필요를 절실히 느끼고 있다. 하지만 가장 큰 문제는 법학을 전공을 하지 않았기에 "뭘 모르는지조차 모른다"는 사실일 것이다. 뭘 모르는지 알 수가 없으니 무엇부터 공부해야 할지 막막할 수밖에 없다. 그렇게 막연한 간지러움을 안고, 우리는 살아간다.

　이 책은 이러한 현실 속에서 내가 직장인으로 회사에 근무하면서 그때는 몰랐고 변호사가 되고 나서야 알게 된 것들, 사내변호사로 활동하며 경험한 것들, 주변 직장인 친구들과 수많은 대화를 나누면서 실무자들에게 가장 필요하다고 느낀 지식들을 중점적으로 담았다. 여러분들이 실무에서 느낀 답답한 간지러움을 시원하게 긁어줄 수 있기를 바라며 말이다.

　그 중 상당수는 법률가들에게 '너무 당연'하다고 느껴지는 것들이다.

모든 학문은 기초와 뼈대를 이루는 '기준틀'과 그 위에 쌓이는 수많은 벽돌들로 구성되어있다. 이미 법을 공부한 법률가들은 이 '기준틀'을 너무나도 당연한 것이라 여기기에 다른 전공의 사람들이 그 사실을 '모른다는 사실'을 모른다. 중요한 지식은 그 위에 쌓인 벽돌들뿐이라 여기는 것이다. 특히 '수험'공부를 겪고난 뒤에는 더 그렇게 느낄 수밖에 없다. 그렇기에 여태까지 수많은 법조선배님들께서 써내려 온 수많은 훌륭한 저서들이 있었지만, 그것을 활용해 비전공자들이 실제 업무를 수행하면서 접하는 문제들을 제대로 이해하고 해결하는 데에는 한계가 있다고 느꼈다. 실무에서는 이 '기준틀' 자체에 대한 이해가 핵심인 문제들이 많다. 대표적인 예가 첫 챕터의 주제로 선정한 '고시나 가이드라인 등의 행정규칙은 일반 국민에 대한 구속력이 없다'는 사실이다. 실무자들은 '법'보다 이러한 정부부처의 고시 등을 굉장히 중요하게 여길 수밖에 없는 데도 불구하고 그 차이에 대해 말해주는 이들은 없다. 너무 당연한 거니까! 그렇기에 한때 법학 비전공 직장인이었던 내 경험을 토대로, 산업 실무에서 많이 접하지만 비전공자는 '모르는게 당연한' 문제들을 중점적으로 추리고자 했다.

또 비전공자를 대상으로 한 교양서이니만큼 최대한 일상용어를 사용하여 이해하기 쉽게 풀어서 설명하기 위해 애썼다. 많은 직장인들이 자신들에게 법적 문제가 닥치면 먼저 검색엔진이나 책을 찾는다. 하지만 대부분의 법률지식에 대한 설명은 전문 법률용어로 가득하다. 뭐 그렇지 않은 전문분야가 있겠느냐마는, 말이 어려워서 물어봤더니 더 어려운 말로 설명을 해줘서 하나도 이해할 수 없었던 경험, 다들 한번쯤은 있을 것이다. 팀 서랍장에는 각 산업 관련 법령집, 교과서들이 그득하지만 아무도 읽지 않는다. 그럴 수밖에 없다. 나도 보기 싫게 생긴,

그것도 법을 공부한 사람만 '해독'이 가능한 서술만 가득하다. 어디서 뭘 찾아야 할지조차 알 수 없다. 그래서 법을 전공하지 않은 실무자들이 필요할 때 펼쳐서 30초 내로 찾고, 이해해서, 써먹을 수 있는 책이 필요하다고 느꼈다.

이는 나도 변호사가 되기 전 많이 겪어본 상황들로 직장인들의 그런 애환을 충분히 이해하기에 다루고자 하는 주제에 대해 최대한 기초부터, 일상용어로 풀어서 설명하려 노력했다. 물론 풀어쓰는 것은 그 정의상 분량이 늘어난다는 것을 의미하고, 분량이 너무 늘어나면 교양서로서의 가치가 떨어지기에 어쩔 수 없이 법률용어를 그대로 사용한 부분도 있지만 말이다.

이 책은 이러한 취지에서 산업실무의 문제를 해결하는 데에 도움이 되는 기초적인 법지식과 계약법의 기본 내용들을 살펴볼 수 있도록 구성했다. 거기다가 연구원, 엔지니어 직군이 특히 관심이 많은 특허법과 저작권법을 포함한 과학기술 관련 법을 가미했다(이 부분은 이공계 직군이 아닌 독자분들은 건너뛰어도 좋다). 그리고 여러분들은 이러나저러나 모두 직장인분들이니까 직장인들을 위한 법률상식도 부록으로 첨부했다. 아주 짧게.

대한민국 산업발전을 이끄는 여러분들을 항상 응원한다.

2023년 따뜻한 봄 초입에.

변호사 최기욱

목 차

들어가며 — i

법 률

01
총 론

이게 무슨 법이야? — 5

과학기술 관련 법들의 체계 및 구성 — 16

02
각 론

지식재산권 일반 — 27

특허법-발명과 특허요건 — 29

특허법-특허를 받을 수 있는 자 — 38

발명진흥법-직무발명 — 43

특허법-특허출원 — 58

저작권 — 68

부정경쟁방지 및 영업비밀보호에 관한 법률-영업비밀 — 85

계 약

01
총 론

계약 일반 ― 95

계약이란 무엇인가 ― 110

돈, 해제 그리고 손해배상 ― 122

계약불이행 책임 ― 132

불가항력 규정 ― 149

통지 규정 ― 153

비밀유지 및 지식재산권 규정 ― 155

계약 변경 ― 158

분쟁해결방법 ― 162

02
각 론

매매계약과 도급계약 그리고 위임계약 ― 167

매매계약 ― 173

매매계약–운송 ― 176

매매계약–물품검사와 하자 ― 181

도급 계약 ― 192

위임 계약 ― 210

소프트웨어 관련계약 ― 215

부록

잘 나가는 이공계 직장인을 위한 아주 짧은 노동법상식

— 219

나가며 — 233

참고문헌 — 235

법률

01

총 론

이게 무슨 법이야?

여러분이 실무자라면 이미 수많은 '법 같은 것들'을 접했을 것이다. 분야에 따라 다르겠지만 우리가 다 '법'으로 인식하는 것들에는 '무슨무슨 법', '시행령'뿐만이 아니라 실무적으로 신경을 많이 써야하는 '고시', '지침', '가이드라인' 같은 것들이 있다. 우리는 정부에서 내려온 지침이나 가이드라인도 모두 '법 같은 것'이라는 뭉뚱그린 개념으로 받아들인다. 나랏님들이 하달하신 거니까. 하지만 그게 다 똑같은 '법'이 아니다.

산업현장의 최전선에서 뛰고 있는 우리는 사회의 수많은 규칙들의 규율대상이다. 그렇지만 정작 우리는 뭘 필수적으로 지켜야 하고, 어떤 것은 참고만 하면 되는 것인지 전혀 구분하지 못한다. 위반시 형사처벌 규정까지 있지만 여태까지 운좋게 안 걸렸을 따름인 법을 '안 지켜도 괜찮은' 규칙으로 인식하고, 행정청의 단순한 가이드라인을 안 지키면 큰일나는 것으로 인식하는 등 수많은 혼돈을 안고 업무를 수행한다.

대표적인 예시를 들어보자. 자랑스런 대한민국의 기업들은 그 기술력을 인정받아 글로벌 시장에서 활약하는 경우가 많다. 그렇기에 엔지니어는 해외출장이 굉장히 잦은 직종이다. 일반적으로 단기의 경우(많은 국가의 경우 '단기'의 기간을 3개월로 정하고 있다. 대한민국의 경우에도 "출입국관리법" 제10조의2 제1항에 단기체류자격을 90일 이하의 기간으로 정하고 있다) 단기출장용 비자를 발급받지만, 그것조차 귀찮은 나머지 관광용 비자를 발급받아 단기간 업무를 수행하고 오는 일이 왕왕 벌어진다. 출장기간이 길어지면 그저 연장을 하면 된다고 생각한다. 늘 그래왔으니 별 문제가 없다고 생각하는 것이다.

하지만 용역계약에 따른 파견활동 등 '취업활동'을 하러가는 경우 국가에 따라 이런 체류자격에 문제가 생길 수 있다.[1] 그리고 그 문제는 꽤 크다. 대한민국의 경우 "출입국관리법" 제18조 제1항에 의하여 외국인이 대한민국에서 취업하려면 취업활동을 할 수 있는 체류자격을 받아야 하고, 이를 위반하면 체류자격을 받지 않고 취업활동을 한 사람뿐 아니라 체류자격을 가지지 아니한 사람을 고용한 고용주까지 3년 이하의 징역 또는 3천만원 이하의 벌금이라는 형사처벌[2] 대상이 된다(출입국관

---

[1] 대한민국의 경우 "출입국관리법" 시행령 [별표1]에 단기체류자격의 분류가 규정되어 있다.
관광, 통과 등의 목적으로 사증(비자)없이 대한민국에 출입하는 경우는 B-2, 단기방문(관광, 통과뿐 아니라 시장조사, 계약 등의 상용활동 포함)은 C-3, 그리고 용역계약 등에 의하여 파견되어 업무를 수행하는 경우는 '단기취업'인 C-4로 분류된다.

[2] "형사처벌"을 받는다는 것은 쉽게 말해 무시무시한 검사님, 판사님 한번 뵙고 빨간 줄이 그어진다는 것이다. 단순히 정부부처에서 내리는 (돈만 내면 공무원과 얼굴 한번 붉히고 마는) "과태료" 등과는 차원이 다른 문제다. 많은 이들이 이 둘의 심각한 차이를 구분하지 못한다.
그리고 이러한 "벌칙"에 대한 규정들은 보통 관련 법의 맨 뒤에 붙어있다. 참고하도록 하자.
또 참고로 형의 종류는 "형법" 제41조에 규정되어 있다.
1. 사형, 2. 징역, 3. 금고, 4. 자격상실, 5. 자격정지, 6. 벌금, 7. 구류, 8. 과료, 9. 몰수
이 외의 과징금, 과태료 등은 소위 말하는 "빨간 줄"과는 무관하다. 그럼 과징금과 과태료 이 둘의 차이는 무엇인가? 둘 다 행정청에서 내리는 것이라는 공통점이 있지만 과태료는 그것에 대해 다투고자 할 때 별도의 이의절차가 있는 반면, 과징금은 행정소송으로 다투어야 한다는 차이가 있다.

리법 제94조 제8호, 제9호 참고). 그리고 거의 모든 나라에는 이러한 취지의 규정들이 존재한다. 회사에서 시키는 대로 일하러 갔다가 전과자가 돼서 돌아올 수 있는 것이다. 이는 단순히 "여태까지 안걸렸으니 괜찮다"고 퉁치고 넘어갈 수 있는 문제가 아니다.

한번 크게 데이기 전까지는 아무도 문제가 없을거라 생각하고, 그런 법률적 리스크에 대한 이야기를 누가 꺼내더라도 돌아오는 말은 "해봤어?", "해도 괜찮던데?"일 뿐이다. 이 책을 읽는 여러분들은 그래서는 안 된다.

법이든 계약이든 우리가 접하게 되는 각종 규율들을 해석할 때에는 "안지켰을 때 어떤 일들이 벌어지는가?"라는 관점에서 접근해야 한다. "여태까지 계속 그렇게 했는데 별 일 안생기던데?"라는 식의 접근은 점차 강조되는 준법경영의 측면에서 굉장히 위험하다. 회사의 입장에서나 여러분 개인의 입장에서 모두 말이다.

그러니 먼저 간단히 법의 종류를 알아보자.

'무슨무슨 법' 또는 '법률'[3]은 국회, 즉 국회에서 또는 정부에서 만들어, 국회를 통과한 것이다. 어쨌든 국회를 거쳐왔다. 조금 유식한 말로 입법권을 가진 국회에서 제정한 법이라 할 수 있다. 이는 우리가 따라야 하고, 따르지 않는 경우 각종 제재를 받을 수 있으며, 다툼이 생겨 법원에 갔을 경우 법원도 그것을 기준으로 삼아 판단을 내려야 하는 규칙들이다. 그래서 강력하다. 뉴스에서는 쌈박질만 하는 것처럼 보이

---

3 '○○법', '△△법률'이라는 명칭을 많이 보았을 것이다. 여기서의 법과 법률은 같은 의미이고 어떤 명칭을 붙이는 지에 대한 명확한 기준은 없다. 다만 "제명이 다소 길어 "○○법"으로 하는 경우 딱딱한 느낌이 들거나 제명 중에 "를, 하는, 위한, 의, 관한" 등이 포함되어야 하는 경우에는 "○○에 관한 법률"로 붙이고 있"다고 한다.
출처: https://moleg.tistory.com/844 [법제처 공식 블로그]

지만 국회의원들은 우리가 뽑아 우리가 직접 우리를 규율할 엄청난 힘을 준 사람들이다. 그러니까 잘 뽑자. 여기까진 다들 안다.

다음으로 '대통령령·총리령·부령'이 있다. 이는 이름에서 드러나듯 '누가 만들었나?'에 따른 분류기준이다. 이 '령'들을 '법규명령'이라 한다. 여러분이 관련된 '법' 조문들을 읽다보면 '~한 사항은 대통령령으로 정한다'라고 '떠넘긴' 사항들을 종종 발견할 수 있을 것이다. '대통령령·총리령·부령'은 그렇게 세부적이거나 전문적인 내용들이라 국회가 직접 규정할 수 없어서 실무를 아는 사람들이 모여있는 관련 행정부처에게 '너네들이 정해라!'하고 떠넘긴 내용들이다. 여기부터는 국회를 통과하지 않는다. 즉 국회에서는 굵직한 방향만 설정해주고 실무적인 내용들은 행정청에게 넘기는 것이다.

대통령령은 법제처의 심사, 국무회의의 심의를 거친다. 총리령과 부령은 법제처의 심사를 거친다. 즉 행정부 내에서 만들어지고 국회를 거치지 않는 것이다. 그래서 자주 바뀌고, 정권의 성향에 따라 크게 바뀔 여지가 많다.

아참, 그리고 여러분들은 법을 "국가법령정보센터"4에서 찾아보실텐데 좌측 상단의 '3단 비교'를 클릭해보자(대한민국 국민들이 가장 많이 사용하는 검색엔진에서 여러분이 원하는 법 이름을 검색하면 바로 뜨는 사이트가 바로 여기다. 따로 찾아볼 필요가 없다). 법-시행령-시행규칙5 순서로 3열의 표가 뜰 것이다. 뒤로 갈수록 세부적인 내용들을 담고 있다. 그리고 우리 실무자들에겐 그 세부적인 내용이 '법'보다 더 중요한 경우가 있다. 아

---

4 https://law.go.kr
5 이렇게 대통령령·총리령·부령을 또 다르게 부르기도 한다. 대통령령은 시행령, 총리령이나 부령은 시행규칙이라 부른다.

니, 그런 경우가 태반이다. 이렇게 '법'만 봐서는 알 수 없는 세부적인 규율내용까지 한꺼번에 파악하기 위해서는 항상 '3단 비교'를 클릭해 버릇하자. 그리고 이렇게 '3단 비교'창을 띄워놓고 있으면 법 좀 볼 줄 아는 사람 같아 이 책을 안 읽은 다른 직원들에게 보여주기도 좋다. 직장생활 꿀팁이다.

아래 3단 비교의 예시를 보자. 내가 좋아라 하는, 그리고 건설 엔지니어라면 끼고 살아야 하는 "건설산업기본법"이다.

건설산업기본법	건설산업기본법 시행령	건설산업기본법 시행규칙
제28조의2(건설공사의 직접 시공) ① 건설사업자는 1건 공사의 금액이 100억원 이하로서 대통령령으로 정하는 금액 미만인 건설공사를 도급받은 경우에는 그 건설공사의 도급금액 산출내역서에 기재된 총 노무비 중 대통령령으로 정하는 비율에 따른 노무비 이상에 해당하는 공사를 직접 시공하여야 한다. 다만, 그 건설공사를 직접 시공하기 곤란한 경우로서 대통령령으로 정하는 경우에는 직접 시공하지 아니할 수 있다. ② 제1항에 따라 건설공사를 직접 시공하는 자는 대통령령으로 정하는 바에 따라 직접시공계획을 발주자에게 통보하여야 한다. 다만, 전문공사를 시공하는 업종을 등록한 건설사	제30조의2(건설공사의 직접시공) ① 법 제28조의2 제1항 본문에서 "대통령령으로 정하는 금액 미만인 건설공사"란 도급금액이 70억원 미만인 건설공사를 말한다. ② 법 제28조의2 제1항 본문에서 "대통령령으로 정하는 비율"이란 다음 각 호의 구분에 따른 비율을 말한다. 1. 도급금액이 3억원 미만인 경우: 100분의 50 2. 도급금액이 3억원 이상 10억원 미만인 경우: 100분의 30 3. 도급금액이 10억원 이상 30억원 미만인 경우: 100분의 20 4. 도급금액이 30억원 이상 70억원 미만인 경우: 100분의 10 ③ 법 제28조의2 제1항 단서에서 "대통령령으로 정	제25조의6(직접 시공 준수 여부 확인의 방법 등) ① 법 제28조의2 제4항에 따른 공사의 발주자는 건설사업자의 직접 시공 준수 여부를 제25조의5 제1항에 따라 통보된 직접시공계획을 기준으로 노무비 지급, 자재납품, 장비사용 내역, 사회보험 및 소득세 납부 내역 등 직접시공을 증빙할 수 있는 서류를 통하여 확인해야 한다. ② 공사의 발주자는 제1항에 따른 직접 시공 준수 여부를 해당 공사의 준공일까지 확인하여야 한다. ③ 공사의 발주자는 제1항에 따른 직접 시공 준수 여부를 확인한 후 건설산업종합정보망을 통하여 그 내용을 국토교통부장관에게 보고해야 하며, 위반사실이 확인된 경우에는 그 사실

업자가 전문공사를 도급받은 경우에는 그러하지 아니하다.
③ 발주자는 건설사업자가 제2항에 따라 직접시공계획을 통보하지 아니한 경우나 직접시공계획에 따라 공사를 시공하지 아니한 경우에는 그 건설공사의 도급계약을 해시할 수 있다.
④ 국가, 지방자치단체 또는 대통령령으로 정하는 공공기관이 발주하는 공사의 발주자는 제2항에 따라 직접시공계획을 통보받은 경우 제1항 본문에 따른 직접 시공의 준수 여부를 확인하고 이를 국토교통부장관에게 보고 또는 통보하여야 한다. 다만, 관계 법령에 따른 감리가 있는 건설공사의 경우에는 감리를 수행하는 자로 하여금 그 준수 여부를 확인하게 할 수 있다.
〈생략〉

하는 경우"란 다음 각 호의 어느 하나에 해당하는 경우를 말한다.
1. 발주자가 공사의 품질이나 시공상 능률을 높이기 위하여 필요하다고 인정하여 서면으로 승낙한 경우
2. 수급인이 도급받은 건설공사 중 특허 또는 신기술이 사용되는 부분을 그 특허 또는 신기술을 사용할 수 있는 건설사업자에게 하도급하는 경우
〈생략〉

을 해당 건설사업자의 등록관청에도 통보해야 한다.
④ 제1항부터 제3항까지에서 규정한 사항 외에 직접 시공 준수 여부 확인과 관련하여 필요한 세부사항은 국토교통부장관이 정하여 고시한다.

'법'에서 디테일한 사항을 '대통령령으로 정하는 경우'로 떠넘기면, 이를 시행령에서 '법에서 대통령령으로 정하는 경우란'이라 하며 '받아와서' 규정하는 모습을 볼 수 있다. 시행규칙도 마찬가지이며 여기에는 조금 더 세부적이고 실무적인 내용이 규정된다.

이제 '행정규칙'이라는 것들이 나온다. 위의 예시 화면에서 '시행규칙' 마지막 줄을 보라. "필요한 세부사항은 국토교통부장관이 정하여 고시한다." 하지만 3단 비교표에서 찾아볼 수 없다. 여기부터는 이제 3단비

교표에서도 찾아볼 수 없는 초미세한 영역이다. 이러한 행정규칙들은 종류가 굉장히 많다. 사실상 '정부'에서 하달된 각종 훈령, 예규, 고시, 가이드라인 같은 나머지 전부들이다.[6] 딱히 행정규칙의 형식, 명칭을 정해놓은 법률도 없다. 그래서 이름들이 굉장히 다양하다. 여기까지 들으면 별것도 아닌 것 같다. 하지만 진짜 실무적인 디테일한 내용들이 이러한 행정규칙의 형식으로 규율되기 때문에 실무자들은 대부분 여기에 해당하는 각종 규율들을 예의주시하게 된다.

여기서 이제 중요한 점이 나온다. 위에서 본 '법'은 그 효과가 무척 강하고 잘 지켜야 한다는 사실은 다들 알 것이다. 특히 우리가 '규제'라고 인식하는 각종 제한들은 안지켰을 경우 형사처벌까지 규정돼있는 경우가 상당히 많다. 즉 안지키면 '빨간줄'이 그어진다는 것이다.

그런데 그 아래에 있는 '법규명령'과 '행정규칙'에는 큰 차이가 있다. 개략적으로 설명하자면 '법규명령'은 국민을 구속하고, 재판에서의 '판단기준(이공계 여러분들은 '공식'으로 이해하면 편할 것이다)'이 된다. 법치주의란 판사님들께서 '법대로' 판단하셔야 한다는 것이다. 그리고 이런 우리를 구속하고 재판에서 판단기준이 되는 '법'에 포함되는 것은 (일반적으로는) 법규명령까지이다.

하지만 '행정규칙'에 해당하는 것들은 그렇지 않다. 실무적으로 해당 고시 등을 관할하는 정부부처가 이러한 각종 행정규칙들로 여러분을 귀찮게 하는 것과는 별개로, 이런 큰 차이가 있다. '관'의 힘이 막강한 대한민국 정서상 기업 입장에서 대놓고 '이 고시나 가이드라인으로는 우리

---

6 사실 나머지 전부가 행정규칙은 아니지만 우리는 저정도만 알고 넘어가면 된다. 위의 예시 중에 '이론적'으로는 행정규칙이 아니라고 봐야한다는 것들이 섞여있지만 우리 논의에서는 중요치 않아 뭉뚱그려 넘어가기로 하자. 직장인에게 제일 중요한 것은 우리가 그 규칙에 구속받느냐 아니냐이다.

권리·의무를 규율 못하는데?'라고 말하기 껄끄러울 뿐이다.

누군가가 여러분이 '행정규칙'을 안지킨 것을 문제를 삼더라도, 공무원이 '행정규칙'대로 판단하여서 여러분에게 불이익을 주었더라도, 다퉈볼 여지가 있다는 점에서 '법규명령'과는 큰 차이가 있는 것이다. 디테일을 다루는 우리 실무자들 입장에서는 사실상 '법'보다 이러한 '행정규칙'들의 영향을 더 많이 받는 데도 불구하고, 효과는 더 약하다. 그리고 이러한 차이를 모르는 직장인들이 부지기수이다. 나도 그랬고 말이다.

왜 그런가? 이러한 행정규칙은 원칙적으로 행정조직 내부에서 조직의 운영, 사무의 처리를 규율하기 위해 정해지기 때문이다. 즉 정부부처들 내부 간의 사안을 규율하는 내용을 담고 있다. 쉽게 말해 '어이, 거기 아래 기관들은 이 업무할 때, 이 규정대로 해라'하고 내려보내는 뉘앙스다. 그래서 우리(일반 국민)는 거기에 구속되지 않는 것이다. (물론 여러분들이 공무원이라면 지켜야 한다. 공무원은 행정규칙을 안지키면 징계의 위험이 있다. 위에 쓴 이야기들은 사기업 근무자인 직장인들을 대상으로 한 이야기다. 공무원에 비해 사기업 근무자들은 이러한 점에서 상대적으로 자유롭다. 공무원 분들에게는 심심한 위로를.)

거기다가 위의 법규명령들은 법에서 '떠넘긴' 세부적인 사항들을 규정하는 데에 반해, 행정규칙들은 법에 근거가 없더라도 실컷 만들어 낼 수 있다7. 그래서 온갖 정부부처에서부터 그렇게 많은 고시와 가이드라인들이 쏟아져 나와 실무자들을 괴롭히는 것이다.

여기까지가 원칙이다. 하지만 모든 원칙에는 예외가 있는 법. 시행령, 시행규칙과 같은 법규명령의 형식이지만 행정규칙에 해당하는, 행정조직 내부 간의 규칙을 내용으로 담고 있는 경우도 있고, 고시 등

---

7 물론 그래도 일정한 절차를 밟기는 해야 한다.

행정규칙의 형식이지만 국민을 구속하는, 국민의 권리·의무에 대한 사안을 담고 있는 경우도 있다. 실무적인 예외들이 존재하는 것이다. 그래서 행정법 영역에서 매우 어렵고 중요하게 다루어지는 쟁점이다. 거기까지 다루기엔 너무 복잡하고 이것은 행정법 교과서가 아니니 우리는 원칙만 알고 넘어가도록 하자.

또 중요한 것이 있다. '기술표준'이다. 대표적으로 ISO[8]나 ASME[9] 코드 등이 있다. 우리에게 가장 익숙한 것들이다. 이것은 국회에서 만든 것도 아니고, 정부에서 만든 것도 아니다. 그 산업계 종사자들이 옹기종기 모여 만든 것들이다. 이공계 직장인들은, 특히 설계업무를 하는 직원들은 업무를 수행하며 항상 수많은 '표준'들을 참조한다. 그렇기에 어찌 보면 위에서 본 '법 같은 것'들보다 더 친숙하고 중요하다. 그리고 많은 사람들이 이것들도 반드시 지켜야 하는 '법'의 한 종류인 것으로 잘못 알고 있다.

원칙적으로는 이들은 법적 효력이 없다. 즉, 우리가 이 기준을 지켜야 할 의무를 주어 우리를 구속하고 재판에서 잘잘못을 따지는 기준이 되지 못한다. 다툼이 생겨 법원에 갔을 때 판사님들이 '이 기술표준을 안지켰으니 너는 감옥에 가야 된다!'하는 일은 없다는 말이다. 이것이 원칙이다.

하지만 이러한 표준이 법적효력을 갖는 경우가 있다.

1) 먼저 너무나도 당연하게도 국회나 국제조약에 의해서 법적효력을 갖도록 결정된 경우다. 이 경우는 이견이 없이 법적효력이 인정된다.

---

8 International Organization for Standardization(국제표준기구)
9 The American Society of Mechanical Engineers(미국기계학회)

2) 그리고 그러한 표준이 널리 통용되고 사람들이 그것을 꼭 지켜야 하는 내용으로 인식하고 있는 경우라면 법적효력이 인정될 여지가 있다. 특히 '국제'표준의 경우 이런 관행적인 기술표준이 법적 효력을 갖는지 여부가 문제가 될 소지가 크다.

여기까지 들으면 명확한 답을 내는 것을 좋아하는 우리 이공계생들은 화가 나기 시작한다. 그래서 결론이 뭔데? 너네도 잘 모르겠다는 것 아니야? 그.래.서. 대개의 경우 계약서에 "설계할 때에는 이러이러한 기술표준들을 준수해서 설계해라"하는 문구를 넣어 둔다. 준수해야 할 온갖 관련 기술준들의 엄청나게 긴 목록과 함께.

그렇게 법적효력이 있든 없든 여러분은 계약상 의무로 당해 기술표준을 준수해야 하게 된 것이다. 앞서 말했듯 법원에서는 '법대로' 판단을 해야하지만, (국가기관 등이 아닌) 일반 사람들 사이에서의 다툼의 경우 법에서 딱히 해당 문제에 대한 기준을 정해두지 않았다면 당사자간의 약속인 '계약'이 이러한 판단기준이 된다. 계약은 지켜져야 하니까.

다시 정리해서 말하자면 이러한 기술표준들은 '법'적효력이 없(거나 없을 가능성이 높)기에 계약서에 해당 기술표준을 준수하라는 문구를 넣음으로써 '계약'의 효력으로 여러분은 기술표준을 준수해야 되는 것이다. 이 둘('법'과 '계약')이 다른 개념이라는 사실을 아는 것이 중요하다.

뭐? 여러분이 하는 프로젝트의 기술계약서에는 이러한 기술표준준수에 대한 내용이 안 적혀 있다고? 그러면 만약 기술표준 미준수로 다툼이 생겼을 경우 상대방과 싸워볼 여지가 있다. 물론 해당 기술표준이 '업계의 관행'으로 인정될 정도로 널리 통용되는 경우라면 여러분이 상당히 불리할 것이다.

여기까지의 내용을 그림으로 정리해보면 다음과 같다. 원칙적인 모습에 대한 설명이지 이걸로 행정법 시험을 준비하면 큰일난다는 주의도 덧붙이겠다.

유형	꼭 지켜야 돼!		안 지켰어도 다퉈 볼 여지가 있어!	
	법 or 법률	대통령령·총리령·부령(시행령, 시행규칙)	고시, 훈령, 예규, 가이드라인 등	기술표준(기술계약서에 명시된 경우는 꼭 지켜야 함)

과학기술 관련 법들의 체계 및 구성

　이 짧은 챕터는 여러분들에게 물고기를 잡는 방법을 알려주기 위한 챕터이다.

　여러분이 업무 또는 여러분의 지위와 관련된 법적인 검토를 해야 하는 상황에 처했을 때를 위한 것이다. 보통 법을 전공하지 않은 일반인들은, 더군다나 이공계 출신들은 법과 관련된 일을 마주하면 새파랗게 질리곤 한다. 그럴 필요가 전혀 없다. 문제가 되는 분야에 어떤 법들이 있는지 금방 찾을 수만 있다면 여러분의 법 울렁증은 상당수가 해결될 것이다. 여러분들은 법을 안 배웠을 뿐, 상당한 고급교육을 받았고 지적능력으로는 대한민국에서 가장 뛰어난 사람들이다.

　시간이 남는다면 앞에서 언급한 국가법령정보센터 사이트에 접속해보자. 대한민국의 모든 법령들이 여기 다 모여있다. 메인 페이지에서 좌측을 보면 '법분야별' 찾기가 나온다.[1] 우리는 과학기술분야에 관심이 있으니 "제18편 과학·기술"을 클릭해보자. 2022년 8월 3일 현재 기준

---

1 참고로 국가법령정보센터에서는 "법분야별" 찾기뿐만이 아니라 "소관부처별" 즉 해당 법령을 어느 정부부처에서 관장하는지에 따라 검색이 가능하다. 알아두면 편하다. 여러분을 매일같이 귀찮게 하는 그 공무원 분이 소속된 기관을 선택하면, 여러분이 반드시 알아야 할 법들이 뜰 것이다.

으로 제18편에서만 158개의 법령이 나온다. 뭐가 이렇게 많아?

그런데 이게 다가 아니다. 우리가 제일 중요하게 느낄 특허법도 여기 없고(특허법은 "제30편 공업소유권"에 있다), 에너지분야는 또 별개고 건설산업과 관련된 법들은 여기저기 너무 많아 따로 분류하기도 힘들 지경이다. 아무튼 무지하게 많다. 이렇게 많은 법들은 변호사도 모르고 실무자들도 모른다. 사실 이런 모든 법들을 모두 알고있는 사람은 존재하지 않는다. 중요한 것은 자신이 몸담고 있는 업계에 어떤 관련 법들이 존재하는지를 대략만이라도 알고 있는 것, 혹은 알지는 못하더라도 어디서 찾을 수 있는지를 아는 것이다.

여러분들은 법률전문가가 아니다. 모든 걸 알고 있을 필요는 없다. 변호사들도 모르는데 어떻게 우리가 알겠는가? 하지만 대충 이러이러한 점을 규율하는 법들이 있다는 사실을 알면, 문제가 될 때 찾아보면 된다. 심지어 그런 특정한 '법'이 있다는 것을 몰라도, 일반적으로 관련 법들이 '어떠한 측면에서' 산업을 규율하는지를 알기만 하면 된다. 금방 찾아볼 수 있을 것이다. 마치 엑셀의 모든 함수를 외우고 있지 않아도 대충 이런 기능을 하는 함수가 있다는 사실을 알면 필요할 때 검색해서 바로 써먹을 수 있는 것과 같은 이치다. 법률전문가들이 전혀 모르는 분야라도 관련 법들을 금방금방 척척 찾아서 써먹을 수 있는 것은 이와 같이 개략적으로라도 '어떤 분야에서는 어떤 내용을 규율하는 법들이 있겠구나'하는 기준틀이 머릿속에 잡혀있기 때문이다.

여러분들의 연차가 10년차 이상이라면 이 챕터는 건너 뛰어도 될 것이다. 그쯤되면 여러분이 몸담고 있는 산업분야를 규율하는 법들이 어떤 것들이 있는지를 이미 알고있을 것이기 때문이다. 하지만 아니라면, 한번쯤 국가법령정보센터에 들어가서 자신이 몸담은 산업과 관련된 법들을 찾아보자.

본격적인 어려운 챕터들을 다루기 전, 몸풀기 차원에서 일반적 의미의 '과학기술'에 대해 법은 무엇이라 말하고 있는지 가볍게 살펴보자.

제18편의 '과학·기술 법'들은 국가 단위 스케일의 법들이라고 보면 된다. '국가'의 과학발전을 위해 어떤 지원을 하고 어떤 기관을 설립, 운영할 것인가 같은 것부터 기상, 생명공학, 원자력 등 우리가 일반적으로 생각하는 산업분야보다 스케일이 큰 법들이다. 어찌나 웅대한 목적을 가진 법들인지는 이 분야의 법들의 기본법인 "과학기술기본법" 제1조 목적을 보면 알 수 있다.[2]

과학기술기본법 제1조 (목적)

이 법은 과학기술발전을 위한 기반을 조성하여 과학기술을 혁신하고 국가경쟁력을 강화함으로써 국민경제의 발전을 도모하며 나아가 국민의 삶의 질을 높이고 인류사회의 발전에 이바지함을 목적으로 한다.

읽어 보기만 해도 가슴이 웅장해진다. 우리 이공계 인력들은 이렇게 중대한 사명을 안고 살아야 한다. 여러분들을 응원합니다.

✔ 특별법 우선의 원칙

'기본법' 얘기가 나온 김에 상식으로 하나 알고가자. 앞서 말했듯, 법들은 정말이지 무수히 많다. 그러다보니 법들 간에 내용적으로 겹치는 부분이 있을 수 있다. 이럴 때 어떤 기준에 따라 판단을 내려야 하나? 법-시행령-시행규칙처럼 명백한 위계

---

2 보통 많은 법들이 제1조에는 이러한 웅대한 '목적'을, 제2조에는 해당 법에서 사용하는 용어들에 대한 '정의'를 두고, 맨 끝에는 '벌칙'을 둔다는 사실을 알아두면 편리할 것이다.

가 있는 경우라면 쉽다(당연히 법이 가장 '세다'. 시행규칙의 내용이 법과 저촉된다면 법이 우선한다). 그런데 그렇지 않고 그냥 '법'들 간에 내용이 상충되는 경우를 종종 발견할 수 있다. 이 법에서는 '~해도 된다.'는 취지로 써있는데 다른 법을 찾아보니 '~하면 안 될껄?' 이런 식의 문장이 종종 발견된다(사실 이렇게 대놓고 반대로 규정된 경우는 거의 없고 어떤 법에는 딱히 규정되지 않아서 해도 된다고 생각되는 행위를, 다른 법에서는 행해서는 안 된다고 해석될 여지를 둔 경우 등 보다 미묘한 경우가 많다).

즉 기준이 여러 개인 다기준 문제가 된다. 주지하다시피 다기준 문제를 만족하는 하나의 해는 없다. 따라서 기준들 간의 위계를 파악해서 우리의 상황에 적용될 기준을 하나로 만들어야 한다. 어떻게?

민법과 같은 굵직한 법이나 법 이름에 "기본법"이 붙어 있는 법들은 '일반법'이고, 조금 더 세분화된 내용을 다루는 법들은 '특별법'이라 한다.[3]

이공계 출신이라면 이제 무슨 말이 나올지 알 것이다. '특별'이 '일반'에 앞선다. 즉 더 세분화된 내용을 다루는 법들을 먼저 적용해야 한다. 이를 '특별법 우선의 원칙'이라 부른다.

세부 분야별 법들은 뒤에서 보기로 하고 여기서는 과학기술인들 모두가 알아두면 좋을 과학기술 '진흥'을 위한, 큰 스케일의 법률들만 살펴보자. 하나하나 뜯어보자는 것이 아니다. 앞서 말했듯이 대략 '이러한 것들을 법으로 정해놨구나' 하는 감만 잡고 가는 것이다. 여기서 수없이 많은 법 이름들과 내용들(보통은 법의 명칭에서 무슨 내용을 규정했을지 대강은 파악 가능한 경우가 많지만 별로 상관 없는 내용들도 마구 들어가 있는 경우도 많다)을 다 공부하는 것은 불가능하고 그런 것이 필요하지도 않다. 하지만 어떤 법을 만들 때 어떤 것들을 고려대상으로 삼아 만드는지 그

---

3 일반법과 특별법의 구분은 상대적이다. '상법'은 굉장히 굵직한 법이고 산업계와 관련해서 '일반법'의 지위를 차지하는 경우가 많지만 민법과 비교해서는 상법이 특별법이다. 아인슈타인이 말했듯, 모든 것은 상대적이다.

'기준틀'을 익혀두면 금방 필요한 법을 찾아낼 수 있다. 그리고 여기서는 과학
기술분야 법 제정의 기준틀을 알려드리고자 하는 것이다.

　과학기술의 '진흥'을 위한 법률들은 기본적으로 다음과 같은 '기능'을
하는 법들로 구성돼 있다(즉 이게 법 이름들이라는 것이 아니라 이러한 내용
들을 주로 법에 담아서 우리를 규율한다는 것이다).
　1) 과학기술혁신법, 2) 과학기술보호를 위한 법, 3) 과학기술성과 관리
를 위한 법, 4) 기술표준 확립을 위한 법.
　이를 풀어서 쓰면 다음과 같다.
　1) "이공계지원법", "과학기술기본법", "과학기술인공제회법"과 같
　　이 사람과 연구기관을 어떻게 키워낼 것인가, 그리고
　2) 과학기술에 대한 권리귀속이 어떻게 되는지, 특허권, 저작권 등
　　의 지식재산권에 의한 권리 보호, 그리고 부정경쟁방지 등을 통한
　　보호를 어떻게 할 것인지,
　3) 국가연구 개발사업의 경우 과학기술정보통신부에 의한 평가는
　　어떻게 이루어지는지,
　4) 그리고 말 그대로 국가기술표준의 확립을 위한 법이 있다. 참고로
　　이러한 국가기술표준 대한 기본법으로 "국가표준기본법"이 있다.
　　단위, 국가인증과 같은 스케일이 큰 표준에 대해 다룬다. 그리고
　　세부적으로 제품인증과 같은 '산업'과 관련된 표준을 다루는 법
　　으로 "산업표준화법"이 존재한다.

　그리고 또 하나의 큰 축은 과학기술과 관련된 '안전' 법들이다. 이는
과학기술 위험의 예방을 위한 규정과 위험의 진압을 위한 규정, 치유를

위한 규정들로 나눠볼 수 있다. 말 그대로 사건이 터지기 전에 어떻게 위험을 방지할 것인가, 사고가 터진 이후 어떻게 바로잡을 것인가, 그리고 그 위험을 어떻게 전보할 것인가를 다루는 법들이 있다. 이러한 규정들은 각각 다른 법으로 제정될 수도 있지만 하나의 법에 해당 내용들이 모두 포함되는 형식으로 만들어지는 경우가 대부분이다. 주로 "××(산업분야)안전법"이라는 이름을 갖는다.

과학기술법	목표	세부사항			
	진흥	혁신	기술보호	성과관리	표준확립
	안전4	예방	진압		치유

---

4 안전에 대한 얘기는 굉장히 중요하지만 이 책의 흐름상 뒤에서 소개할 공간이 없을 것 같아 이 곳에 추가를 해보도록 하겠다.

과학기술안전 관련 법들의 기본법은 "재난 및 안전관리기본법", "제품안전기본법" 등이 있다. 하지만 우리들이 신경써야 할 안전관련 법제에서 가장 중요한 법은 "산업안전보건법"이다. 이 방대한 법의 내용을 모두 설명하는 것은 불가능하므로 어떤 것들을 규율하고 있는지만 살펴보자.

기본적으로 "산업안전보건법"은 산업 안전 및 보건에 관한 기준을 확립하고 그 책임의 소재를 명확하게 하여 산업재해를 예방하고 쾌적한 작업환경을 조성함으로써 노무를 제공하는 사람의 안전 및 보건을 유지·증진함을 목적으로 한다(제1조).

그리고 그 내용은 유해·위험 방지조치, '도급' 시 산업재해 예방, 유해·위험 '기계' 등에 대한 조치, 유해·위험 '물질'에 대한 조치로 크게 나뉜다. 즉 전형적인 위험한 상황들을 상정하여 우리가 어떻게 안전사고에 대비해야 하는지를 규율하고 있다. 우리 이공계 직장인들이 종사하는 산업분야들의 대부분이 이러한 안전문제에 심각하게 노출되어 있다는 점을 고려할 때 각자의 산업현장에서 어떠한 안전규정들을 따라야 하는지, 그리고 내 작업장에서 이러한 안전준칙들이 준수되고 있는지를 알아두는 것이 좋다. 아니 필수적이다. 우리 모두의 안전을 위해서.

그 외에도 "산업안전보건법"은 안전보건관리체제, 안전보건'교육', '근로자' 보건관리, 안전보건지도사, 근로감독관 등의 내용을 추가적으로 규정하고 있다.

정리하자면

1) 큰 스케일로 보아서 위와 같은 기능, 목적을 갖는 과학기술 분야
를 규율하는 법들이 존재한다.
2) 그리고 국가법령정보센터에서 "분류검색" 기능을 사용하면 분야
별 법들을 빠르게 찾을 수 있다.

이 정도만 알고 넘어가자. 이 정도만 알아도 필요할 때에 5분 내로 필요
한 법을 찾아낼 수 있다.

물론 우리의 시간은 소중하므로 여러분은 그 5분조차 아까울 것이
다. 그래서 여러분이 참고할 수 있도록 산업분야별 주요 법률들을 정
리하면 다음과 같다. 주의할 점은 이는 지금 책을 탈고하는 시점인
2022년 11월 기준이며(우리가 신경써야 되는 산업 관련 법률들은 정말 자주
바뀐다!), 앞서 언급한 것과 같이 대한민국에 법률은 정말 무수히 많기
때문에 이것이 모든 관련 법들을 나열한 것이 아니라는 것.

대부분 법 이름만 봐도 자기분야에 해당되는지 여부를 알 수 있을
것이다. 하지만 이름만 봐서는 어떤 내용들이 담겨있는지까지 알긴 힘
들다. 위에서 본 과학기술 관련 법의 여러 목적들이 법마다 나뉘어 있
는 것도 있고 혼재되어 있는 것도 있다. 거기다 여러분은 아직 법의
규율체계에 익숙하지 않으므로 더 파악하기 힘들 것이다. 각 분야에

그리고 본문에서도 잠깐 언급했듯이 산업안전보건법 외에도 "전기안전관리법", "원
자력안전법", "철도안전법" 등 세부 분야별로 안전관련 법들이 존재하니 자신의 종사
분야에 따른 안전법들은 꼭 숙지해두록 하자.
산업분야 외에 연구원도 지켜야 할 안전 관련 법제로 "생명윤리 및 안전에 관한
법률", "인체조직안전 및 관리 등에 관한 법률" 등 생명신체, 건강에 위해를
끼치는 것을 방지하거나 구제를 목적으로 하는 법들도 존재한다. 이런 법들은
주로 감독기관의 심의에 대한 내용을 규정하고 있다.

산업분야	주요 관련법령
건설	건축법, 건설산업기본법, 전기공사업법, 정보통신공사업법, 건설기술 진흥법, 해외건설 촉진법
중공업	기계설비법, 건설기계관리법 - 건설기계 안전기준에 관한 규칙(약칭: 건설기계안전기준규칙. 국토교통부령)
항공, 인프라, 에너지	항공안전법, 항공우주산업개발 촉진법, 우주개발 진흥법, 항만공사법, 신항만건설 촉진법, 도시철도법, 철도산업발전기본법, 철도의 건설 및 철도시설 유지관리에 관한 법률 - 철도건설규칙(국토교통부령), 도시가스사업법, 전기사업법, 전기안전관리법, 원자력안전법
제조	제조물책임법, 전기용품 및 생활용품 안전관리법(약칭: 전기생활용품안전법), 전기·전자제품 및 자동차의 자원순환에 관한 법률(약칭: 전자제품등자원순환법)
자동차	자동차관리법 - 자동차 및 자동차부품의 성능과 기준에 관한 규칙(약칭: 자동차규칙. 국토교통부령)
ICT	전기통신사업법, 정보통신산업 진흥법, 정보통신망 이용촉진 및 정보보호 등에 관한 법률(약칭: 정보통신망법), 개인정보보호법, 신용정보의 이용 및 보호에 관한 법률, 소프트웨어 진흥법, 지능형 로봇 개발 및 보급 촉진법(약칭: 지능형로봇법), 게임산업진흥에 관한 법률 (약칭: 게임산업법), 이러닝(전자학습)산업 발전 및 이러닝 활용 촉진에 관한 법률 (약칭: 이러닝산업법)
반도체	반도체집적회로의 배치설계에 관한 법률
생명과학	생명공학육성법, 생명윤리 및 안전에 관한 법률, 약사법, 농림식품과학기술 육성법, 뇌연구 촉진법
화학	생활화학제품 및 살생물제의 안전관리에 관한 법률, 화학물질관리법

해당하는 법을 찾아서 일독을 해보는 것을 강력히 권한다. 최소한 목차라도 읽어보며 내 산업분야에서 어떤 것이 규율되고 있는지를 알아두자.

위에서 본 과학기술 관련 법의 큰 목적들 중 우리가 제일 관심이 많은 것은 우리의 '권리'일 것이다. 솔직히 혁신, 진흥, 관리 같은 건 너무

추상적이고 국가단위의 스케일이다보니 실무를 하는 우리에겐 크게
와닿지 않는다. 문제는 돈이다. 내 주머니에 두둑히 꽂힐 바로 그것.
이제 지식재산권 관련 법들을 가볍게 훑는 시간을 가져보도록 하자.

02

각 론

지식재산권 일반

먼저 지식재산이 뭔지부터 알고 넘어가자. 지식재산에 관한 법들의 기본법은 "지식재산기본법"이고 제3조에 지식재산의 정의가 규정되어 있다.

지식재산기본법 제3조 제1호

"지식재산"이란 인간의 창조적 활동 또는 경험 등에 의하여 창출되거나 발견된 지식·정보·기술, 사상이나 감정의 표현, 영업이나 물건의 표시, 생물의 품종이나 유전자원(遺傳資源), 그 밖에 무형적인 것으로서 재산적 가치가 실현될 수 있는 것을 말한다.

우리 이공계 인력들이 가지고, 행하는 모든 것들은 모조리 이 넓은 정의에 포함된다고 보면 된다. 그리고 지식재산"권"은 법령 또는 조약 등에 따라 인정되거나 보호되는 지식재산에 관한 권리를 말한다(동법 동조 제3호). 그래서 어떤 법들에 의해 인정되거나 보호되는지를 알아볼 필요가 있다.

먼저 좁은 의미로의 지식재산법은 산업재산권법과 저작권법으로 나뉘어진다. 이 산업재산권법에는 특허법, 실용신안법, 상표법, 디자인보호법이 포함된다. 그리고 넓은 의미의 지적재산법은 부정경쟁방지법,

영업비밀보호법 등이 포함된다.

이를 보기 좋게 정리하면 다음과 같다.

지식재산법	협의	산업재산권법	특허, 실용신안, 상표, 디자인
		저작권법	
	광의	부정경쟁방지법, 영업비밀보호법 등	

이 중 산업재산권은 대개 특허청에서 관리하며,[1] 주로 물질문화에 기여하는 것들을 다룬다. 저작권은 문화체육관광부에서 관리하며, 주로 정신문화에 기여하는 것들을 다룬다는 차이가 있다(하지만 뒤에서 보듯 저작권은 소프트웨어 엔지니어분들에게 굉장히 중요하다). 그리고 산업재산권 중에서도 특허권, 실용신안권, 디자인권은 창작물에 대한 권리를 보호하고자 하는 것이지만, 상표법은 상표가 가지는 '영업'을 식별할 수 있는 기능을 보호하여 유통질서를 확립하는 데에 그 의의가 있다는 차이가 있다.

정리하자면

1) 지식재산권법에는 위와 같은 종류의 것들이 있으며,

2) 각기 관리 부서와 보호 목적이 상이하다.

이제 그중 핵심내용들을 훑어보도록 하자.

---

1 컴퓨터프로그램은 창작물이며 물질문화에 기여한다고 볼 수 있지만 저작권으로 보호가 되며 문화체육관광부에서 관리한다.

특허법 - 발명과 특허요건

먼저 특허법을 보자. 특허는 발명자를 보호하기 위한 것이다. 발명자에게 일정 기간 '독점권'을 부여함으로써 발명을 장려하는 것이다. 이 발명에 대한 독점권이 재산권(말 그대로 '돈'이 되는 권리)의 일종인 특허권이다.

특허법 제1조(목적)
> 이 법은 발명을 보호·장려하고 그 이용을 도모함으로써 기술의 발전을 촉진하여 산업발전에 이바지함을 목적으로 한다.

여기서 볼 수 있듯 우리가 발명을 장려하는 목적은 결과적으로 산업발전에 이바지하기 위해서이다. 산업발전에 이바지하려면 특허권자 혼자 기술을 알고 있으면 안 된다. 그래서 보호를 위한 조건으로 특허 발명은 '공개'된다. 공개하기 정말정말 싫다면 특허 출원을 하지 않고 영업비밀로 꽁꽁 묶어두면 된다. 특허법 교과서에서 맨날 나오는 영업비밀의 좋은 예시가 코카콜라 제조법이다.

여러분은 공개를 해서라도 독점권을 얻고싶다. 그러기 위해서는

① 특허법의 보호대상(=발명)에 해당하여야 하고,

② 특허를 받을 수 있는 발명의 요건을 갖추어야 한다.

그럼 먼저 '발명'이 뭔지를 보자.

특허법 제2조 제1호

"발명"이란 자연법칙을 이용한 기술적 사상의 창작으로서 고도(高度)한 것을 말한다.

변리사시험을 공부한 분들이라면 자, 기, 창, 고라는 두문자로 익숙할 내용이다.

먼저 '발명'은 자연법칙을 이용해야 한다. 따라서 열역학 제2법칙과 같은 자연법칙 '그 자체'나 영구기관 같은 자연법칙에 '어긋'나는 것은 발명이 아니다.

그리고 기술적 사상은 특정 목적을 달성하기 위한 아이디어가 어느 정도의 구체성을 갖는 수단으로 나타난 것을 의미한다. 여기서 '어느 정도'의 구체성이란 표현에 주목하자. 허무맹랑한 아이디어에 불과한 경우라면 당연히 보호되지 않겠지만 실현'가능성'만 있으면 된다.

그리고 이는 '창작'이어야 하므로 단순한 발견과는 다르다. 즉 '오다 주운'게 아니라 내가 '만들어 냈어야' 한다는 것이다.

그리고 '고도한 것'이라는 얘기는 어느 정도 '급'이 되는 수준의 창작이어야 된다는 것이다. 이를 조금 멋있게 말하면 '당해 발명이 속하는 기술분야의 통상의 지식을 가진 자가 보았을 때 자명하지 않은 것'이라 할 수 있다. 그러면 엄청 멋진 발명만 권리로 보호받을 수 있다는 얘기인가? 그건 아니고 별로 고도하지 않은 소박한 발명은 '실용신안'법의 보호대상이 된다. 그러나 이는 절대적인 구별은 아니다.[1] 꽤나 고

---

1 사실 고도성 자체의 의미에도 논의가 많다. 특허법상의 '발명'과 실용신안법상의 '고안'은 완전히 별개이므로 고도성이 독자적 의미를 가진다는 견해도 있고,

도한 발명임에도 특허에 비해 상대적으로 출원이 쉽기에 실용신안으로 보호받는 경우도 있고, 상당히 소소한 발명임에도 특허 출원을 하는 경우도 많다. 이에 대해서는 여러분 회사 소속 변리사분께서 적당한 출원전략을 짜주실테니 너무 고민하지 말자.

그리고 특허법상 보호되는 발명에는 '물건'을 발명한 경우뿐 아니라, (주로 화학분야의 경우) '방법'의 발명, 심지어 '물건을 생산하는 방법'도 포함된다. 많은 개발자, 연구원, 엔지니어들은 '물건' 발명 외에는 특허를 받을 수 없는 것이 아닌가 하는 잘못된 인식을 갖고 있다. 우리가 유물론적 사고에 찌들어있는 탓이다. '법'과 관련된 문제를 해결할 때에는 이러한 사고를 보다 넓힐 필요가 있다. 우리 이공계인력들이 아이디어를 짜내서 창작하는 대부분의 것들은 특허법상의 보호를 받을 수 있다.

여기까지가 특허법상 보호를 받을 수 있는 "발명"에 해당하는지 여부에 대한 논의다. 첫 단계를 밟은 것이다. 이제 다음 단계로 이러한 발명에 해당되는 것이 "특허"를 받을 수 있는지를 보아야 한다. 바로 특허요건이다. 특허요건은 적극적 요건과 소극적 요건으로 나뉘어진다. 즉 갖춰야 하는 요건들이 있고(적극적 요건), 해당하면 탈락인 요건(소극적 요건)이 정해져있다.

특허요건	적극적 요건	산업상 이용가능성	신규성	진보성
	소극적 요건	불특허 사유에 해당하지 않을 것[2]		

특허와 실용신안은 제도적으로 구별해놓은 것에 불과하고 그 구별기준이 고도성이라는 견해가 있다.

2 특허법 제32조(특허를 받을 수 없는 발명)

먼저 적극적 요건이다. 조문부터 보고 가자.

특허법 제29조(특허요건)

① 산업상 이용할 수 있는 발명으로서 다음 각 호의 어느 하나에 해당하는 것을 제외하고는 그 발명에 대하여 특허를 받을 수 있다.
1. 특허출원 전에 국내 또는 국외에서 공지(公知)되었거나 공연(公然)히 실시된 발명
2. 특허출원 전에 국내 또는 국외에서 반포된 간행물에 게재되었거나 전기통신회선을 통하여 공중(公衆)이 이용할 수 있는 발명
② 특허출원 전에 그 발명이 속하는 기술분야에서 통상의 지식을 가진 사람이 제1항 각 호의 어느 하나에 해당하는 발명에 의하여 쉽게 발명할 수 있으면 그 발명에 대해서는 제1항에도 불구하고 특허를 받을 수 없다.

한 마디도 이해할 수가 없다. 풀어보자.

먼저 산업상 이용가능해야 한다. 제1항에서 굵은 글씨로 표시한 부분에 숨어있는 요건이다. 어찌보면 특허법의 목적을 생각했을 때 당연한 것이다. 여기서 산업은 꼭 '생산'과 관련될 필요는 없다. 다만 단순 서비스업이나 인체를 대상으로 하는 순수한 의료적 발명은 여기서의 산업에서 제외된다.

그리고 신규성을 갖춰야 한다. 말 그대로 새로운 것이어야 한다는 것이다. 제29조 제1항 제1호, 제2호에 서술된 것(제1,2호는 쉽게말해 '널리 알려진 또는 쉽게 알 수 있는 경우'들을 상정해 나열해둔 것이다)이 이 말을 거꾸로 써둔 것이다. 즉 제1호, 제2호에 해당하는 사유가 있다면 신규성이 상실됐다고 본다.

그런데 '신규'라는 단어는 참 애매하다. 기준이 있어야 한다. '언제'를 기준으로 신규한 것을 요구하는 것인가? 특허"출원시"를 기준으로 한다.

공공의 질서 또는 선량한 풍속에 어긋나거나 공중의 위생을 해칠 우려가 있는 발명에 대해서는 제29조 제1항에도 불구하고 특허를 받을 수 없다.

내가 발명을 완성한 시점과 출원을 한 시점 사이에는 필연적으로 시간적 간격이 있을 수밖에 없다. 그 짧은 시간적 간격 사이에 내가 피땀 눈물 흘려가며 열심히 해낸 발명을 누가 동네방네 소문을 내고 다녔다면? 신규성이 상실된다. 말만 들어도 아찔하지 않은가? 그래서 여러분의 발명을 특허를 내기로 결정했다면 잽싸게 출원해야 한다.

그리고 신규성은 장소적으로 "국외"까지 포함된다. 글로벌 시대 아닌가. 외국에서 잘 알려진 기술을 잽싸게 우리나라에 특허등록을 하는 얌체짓을 막기 위함이다.

이제 제29조 제1항 제1호를 보자. "공지되었거나 공연히 실시된" 발명이면 신규성이 없다. 공지되었다는 것은 풀어서 말하면 '발명의 내용이 불특정 다수인이 인식할 수 있는 상태에 놓인 것[3]'을 말하고, 공연히 실시되었다는 것은 '발명의 내용이 불특정 다수인이 알 수 있는 상태에서 실시된 것[4]'을 말한다. 여기서 "실시"는 말 그대로 그 발명을 '써먹는 것'이고 조금 더 자세하게는 특허법 제2조에 정의되어 있다.

특허법 제2조 제3호

"실시"란 다음 각 목의 구분에 따른 행위를 말한다.
  가. 물건의 발명인 경우: 그 물건을 생산·사용·양도·대여 또는 수입하거나 그 물건의 양도 또는 대여의 청약(양도 또는 대여를 위한 전시를 포함한다. 이하 같다)을 하는 행위
  나. 방법의 발명인 경우: 그 방법을 사용하는 행위 또는 그 방법의 사용을 청약하는 행위
  다. 물건을 생산하는 방법의 발명인 경우: 나목의 행위 외에 그 방법에 의하여 생산한 물건을 사용·양도·대여 또는 수입하거나 그 물건의 양도 또는 대여의 청약을 하는 행위

---

3 대법원 1992. 10. 27. 선고 92후377 판결
4 특허법원 2000. 9. 21. 선고 99허6596 판결

여기까지의 제29조 제1항 제1호의 내용을 일상어로 표현하자면 한 마디로 남들도 알거나, 알 수 있을 만한 상태로 사용됐으면 신규성이 없다는 것이다. 단, 상거래상이나 계약상 비밀유지의무를 부담하는 사람들에게 공지된 경우는 공지된 것으로 보지 않는다.5 그래서 이를 확실히 하기 위해서 계약서에 항상 비밀유지의무 조항을 집어넣어야 한다. 따로 NDA Non-Disclosure Agreement, 비밀유지계약를 작성하는 경우도 많다.

이제 제2호를 보자. '반포된 간행물의 기재'는 이해하기 쉽다. 발명의 내용이 어디 적혀있는데 그게 새로운 발명일리가 없지않은가? 제품 카탈로그도 '간행물'에 해당한다. 이와 관련해서 재미있는 판례가 있다.

문제되는 발명이 기재가 된 카탈로그가 존재한다. 그러면 그 발명은 신규성이 없다고 봐야될 것이다. 그런데 제작했는데 뿌려지지 않았다면? 아무도 봤을리가 없는 것 아닌가?

판례는 "카탈로그는 제작됐으면 반포되는 것이 사회통념이므로 카탈로그가 반포된 것을 부인할 수 없다"고 한다.6

즉 카탈로그라는 것의 특성상 만들었으면 반포됐을 것이라는 것이다. 안 그럴거면 뭐하러 카탈로그를 만들겠는가? 그리고 인터넷 등 '전기통신회선을 이용'한 공개는 그 탁월한 전파성을 생각하면 당연히 신규성이 부정된다.

그리고 신규성이 부인되려면 당연한 전제로 이렇게 '공개된 발명'이 '문제가 되는 발명'과 '동일해야' 한다. 이러한 동일성 판단은 기술분야가 다르더라도 문제되지 않으며, 발명의 목적, 구성, 효과를 종합적으로 비교하여 '실질적으로 동일'한지를 따져야 한다. 당연히 문자 그대로

---

5 대법원 2005. 2. 18. 선고 2003후2218 판결
6 대법원 2000. 12. 8. 선고 98후270 판결

완전히 똑같은 것만 보호한다고 하면 우리가 발명을 보호하는 취지에 맞지 않다.

그런데 공개됐다고 무조건 특허를 받을 수 없다고 하면 조금 억울할 일이 생긴다. 예를들어 여러분이 아주 기똥찬 발명을 했다. 사실 객관 적으로 기똥차지 않더라도 내 발명은 내가 느끼기에 세계 최고의 발명 이지 않은가? 그럼 여러분은 가장 먼저 무엇을 하나? 동네방네 자랑하 기 마련이다. "이야 내가 이런거 알아냈어(또는 만들어냈어)!"

연구실 근처 맥주집에서 여러분의 발명은 여러분의 입을 통해 멀리 멀리 퍼져나간다. 변리사를 찾아가는 것은 한참 뒤의 일이다. 이렇게 내 발명은 '출원시'를 기준으로 공개가 된 발명이 돼버렸다. 그런데 내 가 말하고 다녀서 공개가 된 것 때문에 내가 특허를 못받으면 세상에 이렇게 억울할 수가 없다. 이러한 일들을 막기 위해 제30조에 "공지 예외 사유"가 정해져 있다.

특허법 제30조(공지 등이 되지 아니한 발명으로 보는 경우)

① 특허를 받을 수 있는 권리를 가진 자의 발명이 다음 각 호의 어느 하나에 해당하게 된 경우 그 날부터 12개월 이내에 특허출원을 하면 그 특허출원된 발명에 대하여 제29조 제1항 또는 제2 항을 적용할 때에는 그 발명은 같은 조 제1항 각 호의 어느 하나에 해당하지 아니한 것으로 본다.

1. 특허를 받을 수 있는 권리를 가진 자에 의하여 그 발명이 제29조 제1항 각 호의 어느 하나에 해당하게 된 경우. 다만, 조약 또는 법률에 따라 국내 또는 국외에서 출원공개되거나 등록공고 된 경우는 제외한다.

2. 특허를 받을 수 있는 권리를 가진 자의 의사에 반하여 그 발명이 제29조 제1항 각 호의 어느 하나에 해당하게 된 경우

한마디로 내가 말하고 다녔거나, 내가 공개하기를 원하지도 않았는데 협박, 산업스파이 등 다른 사람에 의해 공개가 이루어진 경우는 예외를 인정해준다.

지극히 타당한 규정이다. 대신 그래도 공개가 된 건 매한가지이므로 시기적 제한을 두어 그렇게 공개가 된 시점부터 12개월 내에 특허출원을 해야 예외를 인정해준다. 그새를 못참고 여러번 떠들고 다녔다면 언제부터 이 12개월을 판단하는가? '가장 먼저' 이루어진 공개시부터 12개월이다.

이제 진보성을 보자. 우리는 과학기술의 진보와 산업발전을 위해 특허권을 인정하고 있다. 그런데 기존에 이미 존재하던 발명을 너무나도 소소하게 개량했을 뿐인데 거기에 따로 권리를 인정해주는 것은 우리의 취지에 반한다. 그럼에도 불구하고 법이라는게 다 그렇듯, 취지는 충분히 이해하겠지만 이를 어떻게 판단해낼 것인지는 굉장히 애매할 수밖에 없다.

① 특허출원시를 기준으로, ② 발명이 속하는 기술분야의, ③ 통상의 지식을 가진 사람이, ④ 용이하게 발명할 수 있는 발명은 진보성이 부정된다.

숫자 붙여서 나열하니 조금 그럴싸해 보이지만 실질적으로 문장을 하나하나 뜯어보면 애매하고 추상적이기 그지없다. 모든 발명은 이전의 발명에 지적, 기술적 기반을 두고 있다. 어느 정도의 진보한 발명을 특허로 인정해줄 것인가는 누가봐도 애매할 수밖에 없다.

실무적으로는 발명자가 특허출원시에 배경기술을 적어내도록 하는 한편, 심사관이 진보성을 부정할만한 선행기술을 찾아내는 방식으로 진보성 판단이 이루어진다. 즉 이게 진보성이 있다는 것을 판단하기 보다는 '에이 이거 뻔한거네'하고 진보성을 부정하는 판단이 이루어진다. 칼 포퍼가 강조했듯이 과학기술은 어떤 것이 맞다는 것보다 틀리다는 것을 증명하는 것이 훨씬 쉽고 확실하다.

여기서 '용이하게 발명할 수 있는지' 여부를 판단할 때에 '사후적 고찰의 배제' 원칙이라는 유명한 원칙이 등장한다. 현재 우리가 누리고 있는 많은 발명품들은 이전의 발명에 비교해봤을 때 굉장히 뻔해보인다. 면도날 세 개짜리 면도칼은 너무나도 당연해보인다. 그런데 그건 이미 면도날 세 개짜리 면도칼이 존재할 때의 관점이고, 세상에 면도날이 두 개짜리 면도칼 밖에 없던 시절의 관점에서 보면 또 얘기가 다르다. 즉, 우리가 이미 알고 있으니까 당연해보이는 것이다. 이렇게 발명의 내용을 아는 상태에서 사후적으로 용이성을 판단하면 안 된다는 말이다. 출원 당시의 기술수준을 기준으로 용이성을 판단해야 하는 것이다.

특허법-특허를 받을 수 있는 자

여기까지 개략적으로 특허 요건을 갖추었다. 우리가 특허법 전문가가 될 필요까지는 없으므로 이 정도면 충분할 것이다. 이런 요건들을 갖추어야 여러분의 발명을 특허출원할 수 있다. '발명'은 이제 충분히 알았다. 근데 그럼 "누가" 특허를 받을 수 있는 것인가? 이러한 문제는 특허출원을 해서 특허권을 받기 '전'의 추상적 권리 상태에서부터 시작된다. 그러한 단계의 추상적 권리를 "특허를 받을 수 있는 권리"라 한다.

특허법 제33조(특허를 받을 수 있는 자)

① 발명을 한 사람 또는 그 승계인은 이 법에서 정하는 바에 따라 특허를 받을 수 있는 권리를 가진다. 다만, 특허청 직원 및 특허심판원 직원은 상속이나 유증(遺贈)의 경우를 제외하고는 재직 중 특허를 받을 수 없다.
② 2명 이상이 공동으로 발명한 경우에는 특허를 받을 수 있는 권리를 공유한다.

기본적으로 "발명을 한 사람"이 특허를 받을 수 있는 권리를 갖는다. 이를 조금 멋있는 말로 "발명자주의"라고 한다.

'누가' 특허를 받을 수 있는지는 실무자들에게 굉장히 중요한 문제일 수밖에 없다. 인간은 모두 자기중심적이기 때문에 해당 발명에 관련된 모두가 "자신의" 발명이라고 생각하기 때문이다. 예를들어 '이거 한번 연구해 보지 않을래?'하고 넌지시 던져본 상사는? 연구실에서 열심히 데이터 노가다를 하고 잡무를 처리한 사원 또는 대학원생은? 어찌보면 당연히 이런 사람들은 아닐 것 같긴 한데, 막상 당사자들은 다들 자기도 연구와 발명에 엄청난 기여를 했다고 느끼기 마련이다. 사람이 원래 그렇다. 다툼이 생길 수밖에 없다. 영화에서 나오는 미친 과학자처럼 혼자서 발명을 하는 경우는 극히 드물고, 대부분의 발명이 여러 사람의 다양한 방식으로의 협력에 의해서 이루어지는 것이 현실이다. 이러한 현실은 특허를 받는 현실적 문제에 다가서는 순간 불화의 씨앗이 된다.

판례는 "발명을 한 자란 진실로 발명을 이룬 자연인, 즉 해당 발명의 창작행위에 현실로 가담한 자만을 가리키고, 단순한 보조자, 조언자, 자금의 제공자 혹은 사용자로서 피용자에게 단순히 창작을 할 것을 지시한 사람은 발명자라고 할 수 없다"고 한다.

자, 이런 애매한 사람들은 다 제꼈다. 더 큰 싸움이 나는 것은 진짜 함께 연구를 한 공동발명자[2] 간이다. 사실 '공동발명자'라는 개념 자체는 법률 상에서 찾아볼 수 없다. 그래서 견해의 대립이 있는 부분이다. 명확하다고는 할 수 없지만 대법원 판례를 일견 해석해보면 단순 아이디어 제시만으로 공동발명자라 볼 수는 없고 어느 정도 '구체적' 아이디어 제시를 했어야 공동발명자로 인정을 하는 것으로 보인다.

---

1 대법원 2005. 3. 25. 선고 2003후373 판결
2 특허법 제33조 제2항
  2명 이상이 공동으로 발명한 경우에는 특허를 받을 수 있는 권리를 공유한다.

"공동발명자가 되기 위해서는 발명의 완성을 위하여 실질적으로 상호 협력하는 관계가 있어야 하므로, 단순히 발명에 대한 기본적인 과제와 아이디어만을 제공하였거나, 연구자를 일반적으로 관리하였거나, 연구자의 지시로 데이터의 정리와 실험만을 하였거나, 자금·설비 등을 제공하여 발명의 완성을 후원·위탁하였을 뿐인 정도 등에 그치지 않고, 발명의 기술적 과제를 해결하기 위한 구체적인 착상을 새롭게 제시·부가·보완하거나, 실험 등을 통하여 새로운 착상을 구체화하거나, 발명의 목적 및 효과를 달성하기 위한 구체적인 수단과 방법의 제공 또는 구체적인 조언·지도를 통하여 발명을 가능하게 한 경우 등과 같이 기술적 사상의 창작행위에 실질적으로 기여하기에 이르러야 공동발명자에 해당한다.

한편 이른바 실험의 과학이라고 하는 화학발명의 경우에는 당해 발명 내용과 기술수준에 따라 차이가 있을 수는 있지만 예측가능성 내지 실현가능성이 현저히 부족하여 실험데이터가 제시된 실험예가 없으면 완성된 발명으로 보기 어려운 경우가 많이 있는데, 그와 같은 경우에는 실제 실험을 통하여 발명을 구체화하고 완성하는 데 실질적으로 기여하였는지의 관점에서 공동발명자인지를 결정해야 한다.3"

그래서 여러분의 동료 연구자가 공동발명자로 인정되었다고 하자. 그럼 뭐가 달라지는가?

공동발명자는 특허를 받을 수 있는 권리를 공유한다.4 특허를 받을

---

3 대법원 2011. 7. 28. 선고 2009다75178 판결

수 있는 권리를 공유한다는 것은 그 지분을 팔아 넘길 경우 다른 공유자들 모두의 동의가 있어야 한다(특허법 제37조 제3항)는 말이다.

그리고 특허 출원 자체도 공유자 전원이 공동으로 해야 한다(특허법 제44조). 이런 "진짜 함께 발명한" 경우를 법률가들은 조금 더 멋들어지게 "발명의 완성을 위하여 실질적으로 상호 협력하는 관계"라고 부른다.

한편 특허권은 물론이고 이러한 아직 특허를 받지 않은 상태에서의 '특허를 받을 수 있는 권리'도 이전이 가능하다(특허법 제37조 참조). 그게 왜 중요한가? 특허출원은 꽤나 시간과 비용을 잡아먹는 과정이기 때문에 얼른 해당 발명을 팔아 넘기고 싶을 수 있다. 방법은 간단하다. 그냥 특허를 받을 수 있는 권리를 넘기겠다고 당사자들 간의 합의만 있으면 된다. 즉 계약이다. 이게 '이전'이 가능하다는 의미이다.

그런데 이 단계에서는 아직 특허권이 되지 않은 상태이므로 눈으로 확인할 수 있는 것이 없다. 아무것도. 당사자들 사이의 계약만으로는 "남들이 보기에는" 이러한 권리가 있는지 없는지 조차 불분명하다. 그래서 넘겨받은 사람(승계인)이 특허출원을 해야만 "남들"에게 내가 특허를 받을 수 있는 권리를 넘겨받았다고 주장할 수 있다. 이를 멋있는 말로 '특허출원을 하여야 제3자에게 대항할 수 있다'고 표현한다.

이미 특허출원을 한 상태에서 발명을 팔고 싶다면? 특허출원인 변경신

---

4 민법을 조금 배워보신 분들이라면 조금 헷갈릴 수 있는 지점이다. 여기서의 특허를 받을 권리의 '공유'는 민법 상의 공유와는 다르다. 민법 상의 공유는 자신의 지분을 자유롭게 처분할 수 있다는 점에서 특허법 상의 공유와는 차이가 있다. 즉 특허법 상의 공유는 민법 상의 '합유'에 가까운 개념인 것이다. 함께 발명을 이뤄낸 사람들 간에는 단순 공동소유자들보다 훨씬 강한 유대관계가 있음을 고려한 것이다. 민법을 공부하지 않은 분들은 뭔 소리를 하는건지 잘 모르겠을 것이다. 하지만 민법을 공부한 분들은 '공유'라는 단어 때문에 개념의 혼동이 올 수 있는 지점이니 굳이 시간을 들여 설명하였다. 얼른 넘어가도록 하자.

고를 하면 된다(특허법 제38조 제4항). 다 등록되어 이미 특허권이 발생한 상태에서는 이전등록을 하면 된다(특허법 제99조 제1항). 이를 시간 순으로 정리하면 다음과 같다.

단계	권리를 넘기는 방법
특허출원 전	특허출원
특허출원 후	특허출원인 변경신고
특허권 등록 후	이전등록

우리 이공계인력들은 많은 공동연구개발계약을 체결할 것인데, 이렇게 발명의 완성 전·후, 특허 출원 전·후, 특허권 등록 전·후로 발명과 관련된 권리의 발전적 단계를 나누어 사고하는 습관을 길러두는 것이 좋다. 이렇게 어느 한 시점도 빠짐없이 고려하여 모든 경우의 수를 계약서에 명시하여 추후 공동발명과 관련된 분쟁의 소지를 없애는 것이 현명하다. 사업은 언제 깨질지 모르니까 말이다. 그러니 해당 단계별로 권리는 누구에게 어느 정도로 귀속될 것인지, 권리의 양도는 어떻게 할 것인지, 비용은 누가 분담할 것인지를 협의 과정에서 빠짐없이 확실하게 정해두도록 하자.

발명진흥법-직무발명

　자, 이제 특허를 받을 수 있는 권리와 특허권의 귀속에 관한 특허법 상의 기본적인 사항에 대해서 알아보았다. 그런데 문제는 여러분들은 모두 회사 또는 연구소의 '직원으로서' 연구를 수행했다는 것이다. 그리고 여러분들의 근로계약서에는 99% 이상의 확률로 '여러분이 직무수행 중 행한 발명은 회사에 귀속된다'는 문구가 박혀있을 것이다(이는 심지어 발명이랑 관련이 전혀 없는 직무의 직원들도 마찬가지다!). 기업에 비해 상대적으로 약자의 지위에 놓인, 발명을 완성한 직원 입장에서는 조금 억울할 수 있다. 내 아이디어인데!

　하지만 회사 입장에서도 할 말은 있다. 그렇게 아이디어 짜내서 열심히 발명하라고 월급 준 것 아니냐 이말이다. 그렇다보니 누구한테 특허권이 귀속되는지, 그리고 이익을 어떻게 분배할 것인지의 문제가 생긴다. 이것이 직무발명의 문제다. 우리 특허법에서는 특허를 받을 수 있는 권리를 '넘길 수' 있다는 것만 정해두고, 직무발명의 상세 규율은 "발명진흥법"을 통해서 이루어진다. 먼저 직무발명이란 무엇인가부터 보고 가자.

발명진흥법 제2조 제2호

"직무발명"이란 종업원, 법인의 임원 또는 공무원(이하 "종업원등"이라 한다)이 그 직무에 관하여 발명한 것이 성질상 사용자·법인 또는 국가나 지방자치단체(이하 "사용자등"이라 한다)의 업무 범위에 속하고 그 발명을 하게 된 행위가 종업원등의 현재 또는 과거의 직무에 속하는 발명을 말한다.

그리고 직무발명이 아닌 나머지들을 "개인발명" 또는 "자유발명"이라 부른다.

위 규정을 뜯어보면 직무발명이 되기 위해서는 다음과 같은 요건을 충족해야 한다.

1) 발명이 사용자의 업무 범위에 속할 것
2) 종업원일 것
3) 종업원의 현재 또는 과거의 직무에 관하여 한 발명일 것(직무 해당성)

첫 번째 요건은 실무적으로 '사용자의 업무 범위'를 굉장히 폭넓게 보기에 별 문제가 되지 않는다(여러분들은 앞으로 '사용자'는 '회사'라고 해석하면 된다). 그리고 두 번째 요건인 '종업원'은 앞서 본 직무발명의 정의 규정에 나와있는 것처럼 '종업원, 법인의 임원 또는 공무원'을 포함한다. 종업원의 지위는 출원시가 아닌 '발명 완성 시점'을 기준으로 한다.

문제는 '직무 해당성' 요건이다. 회사와 상관없이 내가 온전히 권리를 가질 수 있는 자유발명인지, 회사가 권리를 가지는 직무발명인지 여부를 가르는 가장 중요한 쟁점이다. '직무'가 어디까지를 의미하는 것이란 말인가. 정확히 업무분장표 상에서 내가 담당하고 있는 업무로써의 발명만 직무발명인가? '발명'을 하라고 고용된 연구원이 아니라면 뭘 발명해도 직무발명이 아닌가? 그렇다면 너무나도 좋겠지만 그렇게 한정적으로 보지 않는다. 이에 대해 판례는 다음과 같이 판시한다.

"직무발명에 관한 규정인 구 특허법 제17조 제1항의 "그 발명을 하게 된 행위가 피용자 등의 현재 또는 과거의 업무에 속하는 것"이라 함은 피용자가 담당하는 직무내용과 책임 범위로 보아 발명을 꾀하고 이를 수행하는 것이 당연히 예정되거나 또는 기대되는 경우를 뜻한다.[1]"

중요한 것은 직무발명으로 인정되기 위해서 사용자가 여러분을 발명목적으로 고용했을 필요는 없다는 것이다.[2] 위 판례는 악기회사에서 금형제작 등의 공작 일을 하는 직원이 피아노 부품과 관련된 장치를 고안했을 경우 "위 근무기간 중 위와 같은 고안을 시도하여 완성하려고 노력하는 것이 일반적으로 기대되므로" 직무발명에 해당한다고 했다. 결국 여러분이 하는 일 자체에 어느 정도 연관된 것이라면 직무발명으로 인정될 가능성이 높다.

"과거의 직무"를 포함시킨 것은 발명을 해낸 사실을 숨기고 있다가 퇴사 후 특허출원을 하는 얌체같은 행위를 방지하기 위한 것이다. 같은 이유에서 여러분의 근로계약서에는 퇴직 후 일정 기간 내에 출원한 발명은 회사에 귀속된다는 규정이 들어가있을 확률이 99%이다. 이를 추적조항Trailing Clause이라고 한다. 이러한 조항은 그 '일정 기간'이 부당

---

1 대법원 1991. 12. 27. 선고 91후1113 판결

2 '직무'발명을 연구개발을 업무로 하는 발명자의 현재 또는 과거의 직무에 한정되는 것으로 보고, 연구개발을 업무로 하지 않는 발명자의 직무분야는 아니나 회사의 업무범위에 속하는 발명을 '업무'발명으로 따로 분류해서 자유발명과 다름없이 사전승계가 되지 않는다고 보는 견해가 있으나 실제로 이런식의 직무발명과 업무발명의 구별은 명확하게 이루어질 수 없다. 판례의 태도도 그렇게 구별을 하지 않는 것으로 보인다.
바로 위 각주의 판례의 경우에도 악기회사 공작직원은 연구개발을 업무로 하지 않는 직원임에도 직무발명을 인정하였다.

하게 길거나 사용자가 부당한 강요를 하는 등의 공서양속에 반하는 사정이 없다면 유효하다고 보는 것이 통설적 견해이다.

그래서 직무발명이 되면 어떤 일이 벌어지는지를 살펴보자. 발명진흥법상에서 가장 중요한 조문이니 조금 길더라도 통으로 보고가자.

발명진흥법 제10조(직무발명)

① 직무발명에 대하여 종업원등이 특허, 실용신안등록, 디자인등록(이하 "특허등"이라 한다)을 받았거나 특허등을 받을 수 있는 권리를 승계한 자가 특허등을 받으면 사용자등은 그 특허권, 실용신안권, 디자인권(이하 "특허권등"이라 한다)에 대하여 통상실시권(通常實施權)을 가진다. 다만, 사용자등이 「중소기업기본법」 제2조에 따른 중소기업이 아닌 기업인 경우 종업원등과의 협의를 거쳐 미리 다음 각 호의 어느 하나에 해당하는 계약 또는 근무규정을 체결 또는 작성하지 아니한 경우에는 그러하지 아니하다.
1. 종업원등의 직무발명에 대하여 사용자등에게 특허등을 받을 수 있는 권리나 특허권등을 승계시키는 계약 또는 근무규정
2. 종업원등의 직무발명에 대하여 사용자등을 위하여 전용실시권을 설정하도록 하는 계약 또는 근무규정
② 제1항에도 불구하고 공무원 또는 국가나 지방자치단체에 소속되어 있으나 공무원이 아닌 자(이하 "공무원등"이라 한다)의 직무발명에 대한 권리는 국가나 지방자치단체가 승계할 수 있으며, 국가나 지방자치단체가 승계한 공무원등의 직무발명에 대한 특허권등은 국유나 공유로 한다. 다만, 「고등교육법」 제3조에 따른 국·공립학교(이하 "국·공립학교"라 한다) 교직원의 직무발명에 대한 권리는 「기술의 이전 및 사업화 촉진에 관한 법률」 제11조 제1항 후단에 따른 전담조직(이하 "전담조직"이라 한다)이 승계할 수 있으며, 전담조직이 승계한 국·공립학교 교직원의 직무발명에 대한 특허권등은 그 전담조직의 소유로 한다.
③ 직무발명 외의 종업원등의 발명에 대하여 미리 사용자등에게 특허등을 받을 수 있는 권리나 특허권등을 승계시키거나 사용자등을 위하여 전용 실시권(專用實施權)을 설정하도록 하는 계약이나 근무규정의 조항은 무효로 한다.

제일 중요한 제3항부터 보자. 상대적 약자인 직원을 보호하기 위해 (직무발명이 아닌) 자유발명을 사용자에게 미리 승계시키거나(넘겨주거나) 전용실시권을 설정하는 계약 근무규정의 조항은 무효이고, 사용자

가 발명에 대한 권리를 승계하거나 전용실시권을 설정한 경우 종업원
은 이에 대한 정당한 보상을 받을 권리를 갖도록 정한다. 전용실시권
이라는게 뭔지는 잠시 뒤에서 살펴보도록 하자.

다만 해당 조항의 입법 취지를 살펴봤을 때, 직무발명이 아닌 자유
발명까지 사용자 등에게 양도하거나 전용실시권을 설정한다는 취지의
조항이 있는 경우 "그 계약이나 근무규정 전체가 무효가 되는 것은 아
니고, 직무발명에 관한 부분은 유효하다고 해석하여야 한다.[3]"

자유발명에 해당하는 경우라면 그 발명과 관련된 권리는 발명자에
게 귀속된다. 그리고 직무발명인 경우에도 '특허를 받을 수 있는 권리'는 발명
자에게 귀속되는 것이 원칙이다.

이때 주의해야 할 점이 있다. 앞서 '공동발명자'가 있어 특허를 받을
권리를 공유하는 경우에는 그 지분을 다른 이들에게 양도하려면 다른
공유자의 동의가 필요하다고 보았다. 하지만 "발명진흥법" 제14조는
"종업원 등의 직무발명이 제3자와 공동으로 행하여진 경우 계약이나
근무규정에 따라 사용자 등이 그 발명에 대한 권리를 승계하면 사용자
등은 그 발명에 대하여 종업원 등이 가지는 권리의 지분을 갖는다."고 규
정하고 있다. 결론적으로 직무발명이 (직원이 아닌) 제3자와의 공동발명
으로 이루어진 경우 사용자가 발명진흥법 규정에 따라 종업원의 권리
를 승계하면, 사용자는 제3자의 동의가 없어도 지분을 갖는다.

이제 제1항을 보자. 앞 문장은 단순하다. 직원이 직무발명을 해서 특
허를 받으면 회사는 해당 특허의 통상실시권을 갖는다. 이제 문제의
뒷 문장을 뜯어보자. 사용자가 대기업인 경우라면 "종업원등과의 협의를
거쳐 미리 다음 각 호의 어느 하나에 해당하는 계약 또는 근무규정을

---

3 대법원 2012. 11. 15. 선고 2012도6676 판결

체결 또는 작성하지 아니한 경우에는 그러하지 아니하다."

많은 법률 문장들이 그러하듯 문장을 엄청나게 꼬아놨다. 이 말은 종업원과 미리 협의를 거쳐서 근로계약서 또는 취업규칙에 '넣어두었다면' 특허를 받을 수 있는 권리를 넘기거나, 전용실시권을 설정하는 것이 '허용'된다는 얘기다. 그래서 여러분의 취업규칙 또는 근로계약서에 '여러분이 발명을 하면 그건 회사겁니다'하는 취지의 규정들이 항상 들어가 있는 것이다.

여기서 한가지 법률상식으로 알아둬야 할 것이 있다. 일반적으로 권리를 넘기는 것은 권리가 일단 생기고 나서야 가능한 것이 보통이다. 아직 권리가 존재하지도 않는데 이를 넘기기로 하는 계약은 계약의 대상이 특정되지 않아서, 너무 불분명한 계약이라서 효력이 없을 가능성이 높다. 그런데 이런 직무발명의 경우 뭘 발명하기도 한참 전부터, 채용할 때부터 여러분의 권리를 미리 넘기는 것이 허용된다. 이를 예약승계의 유효라고 표현한다.

정리하자면 발명진흥법 제10조 제1항은 여러분의 발명이 '직무발명'에 속한다면 여러분을 고용한 회사는 무상의 통상실시권을 갖는다(통상실시권이 뭔지는 역시 잠시 뒤에서 보도록 하자)는 것이다.

하지만 여러분의 회사가 대기업이라면(즉, 중소기업이 아니라면) 계약 또는 근무규정에 여러분이 회사에 발명에 관한 권리를 넘기겠다는 내용을 넣어놨어야 위와 같은 사용자의 통상실시권을 가질 수 있다. 사실상 먹고살기 위해 어쩔 수 없이 근로계약을 체결하는 직원의 권리를 조금이라도 보호하기 위한 입법이다.

그런데 그렇게 여러분의 발명을 회사에 미리 넘기는 것을 정해놨다면 직무발명이 완성되자마자 회사에 승계가 되는 것인가? 여러분들의 근로계약서 내용만보면 그렇게 해석될 여지가 충분하다. 하지만 그렇게되면 현실세계에서는 여러분의 발명에 대한 보상을 못받을 확률이 200%다. 그게 자본주의 사회의 차가운 현실 아니겠는가? 아무것도 안해도 발명에 대한 권리는 회사에 자동으로 넘어가면 누가 여러분을 챙겨주겠는가? 발명과 회사의 권리 승계 사이에 회사가 여러분들의 발명을 가져가기 위한 절차를 하나 넣어두어야 그나마 여러분의 발명에 대한 보상이 보장될 것이다.

그래서 발명진흥법 제13조는 발명에 대한 권리의 승계여부를 종업원에게 문서로 알려야 하도록 규정하고 있다. 이 경우에도 미리 예약승계 규정을 정해두지 않은 경우에는 '종업원등의 의사와 다르게' 그 발명에 대한 권리의 승계를 주장할 수 없도록 규정하고 있다(발명진흥법 제13조 제1항). 이렇게 승계의사를 알린 때부터 그 발명에 대한 권리는 사용자에게 승계된다(동조 제2항).

이 승계 여부의 통지기간은 발명진흥법 시행령 제7조에 의해 종업원이 사용자에게 직무발명 완성사실의 통지를 하고난 뒤, 사용자가 그 통지를 받은 날부터 4개월 이내이다. 그리고 이를 알리지 않는 경우에는 그 발명에 대한 권리의 승계를 포기한 것으로 규정한다(동조 제3항). 이 프로세스를 그림으로 그려보면 다음과 같다.

발명의 완성	
↓	
(종업원이 사용자에게) 직무발명 완성사실의 통지 (특허법 제12조)	
↓	
(사용자가 종업원에게) 발명에 대한 권리의 승계 여부의 서면 통지 (특허법 제13조)	
O	X
회사의 권리 승계	회사의 승계 포기

중요한 것은 이 프로세스는 여러분들의 계약서에 '발명 완성과 동시에 회사에 권리가 귀속된다'는 것과 같은 예약승계 규정이 있다 하더라도 적용된다는 것이다. 즉 예약승계가 허용되고 있지만, 종업원의 보호를 위해 실제로는 회사는 발명 완성 후 권리 승계 여부를 서면 통지해야 비로소 회사에 권리가 승계된다.

✔ 통상실시권과 전용실시권

여기서 잠깐, 여러분들 '통상실시권', '전용실시권'이라는 말에 숨이 턱 막혔을 것이다. 간단하게 알아보고 가자.

전용실시권은 굉장히 강력한 권리이다. '실시'의 폭넓은 정의에 대해서는 앞에서 배웠다. 전용실시권은 쉽게 말하면 말 그대로 특허권자와의 계약으로 그 특허발명의 실시를 통해 돈을 벌 수 있는 권리를 독점적으로 갖는 것이다. 이를 멋지게 말하면 "특허권자 이외의 자가 특허권자와의 계약을 통해 정한 범위 내에서 업으로 그 특허발명을 실시할 권리를 독점"하는 것을 말한다. 실무에서는 아무래도 실시권이라는 명칭이 와닿지 않기 때문에 '단독 (또는 독점) 라이센스'와 같이 표현된다. 전용실시권은 특허법 제100조에 규정되어 있다.

특허법 제100조(전용실시권)

① 특허권자는 그 특허권에 대하여 타인에게 전용실시권을 설정할 수 있다.
② 전용실시권을 설정받은 전용실시권자는 그 설정행위로 정한 범위에서 그 특허발명을 업으로서 실시할 권리를 독점한다.

따라서 아무리 특허권자라하더라도 전용실시권을 설정한 범위에서는 다른 이에게 중복적으로 실시권을 설정할 수 없고 특허권자 스스로 같은 내용의 권리를 행사할 수도 없다. 주의할 점이 있다. 위 제100조에서는 '설정'한다고 규정되어 있어 계약만으로 효력이 발생하는 것처럼 써있으나 전용실시권은 특허청에 전용실시권 등록을 해야 효력이 발생한다(특허법 제101조 제1항 제2호).

그리고 '설정행위(전용실시권을 설정하기로 하는 '계약'을 의미하는 것이다)로 정한 범위' 내에서 효력이 있으므로 전용실시권을 설정하면서 기간, 지역적, 내용적

범위를 한정적으로 설정할 수 있다. 예를들어서 발명자가 자신의 회사가 있는 지역에서는 자신의 권리를 그대로 행사하되 국내의 다른 지역에 대해서만 전용실시권을 설정할 수도 있다.

전용실시권은 특허권과 같은 강도의 보호를 받는다. 특허법상의 특허권의 보호규정들을 보면 주어가 전부 "특허권자 또는 전용실시권자"라고 되어 있다. 누가 특허권을 침해하고 있는 경우 전용실시권자도 침해의 금지 또는 예방을 청구할 수 있다(특허법 제126조 참조). 말 그대로 '내 특허 사용하지마!'하고 청구할 수 있는 권리다. 그렇게 침해만 금지하면 끝인가? 돈도 받아내야 된다. 전용실시권자도 특허침해에 대한 손해배상청구를 할 수 있다(동법 제128조 참조).

전용실시권을 설정한 특허권자에게는 그러면 아무것도 남는게 없는 것인가? 당연히 그렇지는 않다. 특허권자도 특허권을 침해하는 자에 대해 금지청구를 할 수 있고(규정은 없지만 통설적 견해다), 전용실시권을 받은 사람이 이를 다른 사람에게 팔거나, 전용실시권을 담보로 돈을 빌리거나(즉 질권을 설정하거나), 자신의 권리 범위 내에서 통상실시권을 설정하려할 때는 특허권자의 동의를 받아야 한다(특허법 제100조 제3항, 제4항). 당연하다. 이런 독점적인 권리를 넘길 때는 '그 상대방'이 믿을만 하기에 넘겨주는 것이다. 그 상대방이 발명을 잘 사용할 것이라는 신용이 있는 것이다. 이를 멋대로 팔아넘기도록 하게 놔두면 발명자 입장에서는 독점권을 준 이유가 없어지는 것이다.

전용실시권이 위와같이 계약을 통해서 설정되는 것에 비해 통상실시권은 법률 규정에 의해서 생길 수도 있고, 허락에 의해 생길 수도 있으며, 강제로 설정되는 경우도 있다. 여기서 우리가 보고 있는 것은 '발명진흥법 제10조라는 법률 규정'에 의해 생기는 통상실시권이다. 어찌됐건 통상실시권은 독점적이지는 않지만 특허발명을 실시해서 돈을 벌 수 있는 권리다. 특허법 제102조에 규정되어 있다.

특허법 제102조(통상실시권)

① 특허권자는 그 특허권에 대하여 타인에게 통상실시권을 허락할 수 있다.

② 통상실시권자는 이 법에 따라 또는 설정행위로 정한 범위에서 특허발명을 업으로서 실시할 수 있는 권리를 가진다.

통상실시권의 전용실시권과의 가장 큰 차이는 독점적이지 않다는 것이다. 즉 특허권자는 특정인에게 통상실시권을 설정해줬어도 다른 사람에게 또 통상실시권을 설정해 줄 수 있다. 이런 빈약한 권리이기 때문에 통상실시권을 '등록'하여 보호를 받을 수 있도록하고 있다(특허법 제118조 제1항). 여기서 보호라 함은 특허권 또는 전용실시권을 취득한 자에게 '대항'할 수 있다는 것이다.

이 말 역시 잘 이해가 안될테니 조금 풀어서 설명해보자. 통상실시권은 독점권이 없어 매우 빈약하고 내용도 그저 계약서에 적힌 좁은 범위 내에서만 실시할 수 있게 정하는 것이 보통이다. 그래서 기존 특허권자로부터 특허권을 넘겨받은 다른 사람 또는 전용실시권을 받은 다른 사람이 '너는 뭔데 내가 권리가진 특허발명을 사용해서 돈을 벌고 있니?'라고 뭐라고 따지고들면, 계약서 한장 펄럭거리며 '어버버'할 수밖에 없다. 소심하게 그렇게 계약서를 들이밀더라도 돌아오는 말은 '그건 걔랑 한 계약이고 나랑 체결한 계약이 아니잖아? 나랑 무슨 상관이람?'뿐이다.[4]

그래서 이런 상황에서 당당할 수 있도록 통상실시권을 등록할 수 있도록 한 것이다. 관청에 등록이 돼있으면 누구에게라도 당당히 '나 통상실시권자다'하고 주장할 수 있으니 말이다.

하지만 김빠지게도 우리가 관심을 가지는 "발명진흥법"에 따른 직무발명의 통상실시권의 경우 등록을 하지 않더라도 효력을 갖는다(동조 제2항).

통상실시권의 종류에 따라 다르지만 통상실시권도 이전 및 질권설정에 제약이 있다. 일반적으로 사업과 함께, 상속 기타 일반승계로 이전하는 경우가 아니면 특허권자 또는 전용실시권자의 동의를 받아야 통상실시권을 이전할 수 있다(특허법 제102조 제3항, 제4항, 제5항, 제6항 참조).

본론으로 돌아와 다시 정리를 해보자. 여러분이 직무발명을 했고, 아직 특허출원은 하지 않은 상태다. 이 상태의 권리를 '특허를 받을 권리'라 했다. 이는 발명의 완성과 동시에 발명자인 여러분에게 귀속된다. 그리고 여러분이 대기업에 재직 중이고, 근로계약이나 취업규칙에 발명에 관한 권리를 회사가 승계한다는 규정이 있는 경우라면 회사가 기한 내에(4개월) 권리의 승계 통지를 한다면 그 때 비로소 사용자에게

---

4 일반적으로 계약은 계약을 체결한 양 당사자들 사이에서만 효력이 있는 것이 원칙이다.

권리가 귀속된다.

이 때 여러분이 급하게 발명을 다른 사람에게 팔아치운다면? 일명 이중양도의 문제다. 여러분은 단순히 '내꺼 내가 판 건데 뭐가 문제냐'라고 주장할 수 없다. 여러분은 이미 사용자에게 발명을 넘기기로 한 사람들이다. 그런데 그 약속을 어기고 다른 사람에게 또 넘긴 모양새가 된 것이다. 이 행위 자체가 '배임'에 해당하고 여러분은 불법행위책임을 지게 됨은 자명하다.[5]

거기다 한발 더 나아가 여러분과 그 '다른 사람'과의 양도 계약 자체가 무효가 될 여지가 있다. 그 다른 사람이 여러분과의 계약에 근거해 특허를 받을 권리를 넘겨받아 이에 기하여 특허출원을 하여 특허권이 등록까지 되었다면 사용자는 특허권이전등록청구권을 행사할 수 있다.

---

5 대법원 2012. 11. 15. 선고 2012도6676 판결.
"직무발명에 대한 특허를 받을 수 있는 권리 등을 사용자 등에게 승계한다는 취지를 정한 약정 또는 근무규정의 적용을 받는 종업원 등은 사용자 등이 이를 승계하지 아니하기로 확정되기 전까지는 임의로 위와 같은 승계 약정 또는 근무규정의 구속에서 벗어날 수 없는 상태에 있는 것이어서, 종업원 등이 그 발명의 내용에 관한 비밀을 유지한 채 사용자 등의 특허권 등 권리의 취득에 협력하여야 할 의무는 자기 사무의 처리라는 측면과 아울러 상대방의 재산보전에 협력하는 타인 사무의 처리라는 성격을 동시에 가지게 되므로, 이러한 경우 종업원 등은 배임죄의 주체인 '타인의 사무를 처리하는 자'의 지위에 있다고 할 것이다. 따라서 위와 같은 지위에 있는 종업원 등이 임무를 위반하여 직무발명을 완성하고도 그 사실을 사용자 등에게 알리지 않은 채 그 발명에 대한 특허를 받을 수 있는 권리를 제3자에게 이중으로 양도하여 제3자가 특허권 등록까지 마치도록 하는 등으로 그 발명의 내용이 공개되도록 하였다면, 이는 사용자 등에게 손해를 가하는 행위로서 배임죄를 구성한다."

"직무발명 사전승계 약정 등의 적용을 받는 종업원 등이 직무발명을 완성하고도 그 사실을 사용자 등에게 알리지 아니한 채 발명에 대한 특허를 받을 수 있는 권리를 제3자의 적극 가담 아래 이중으로 양도하여 제3자가 특허권 등록까지 마친 경우에, 위 직무발명 완성사실을 알게 된 사용자 등으로서는 종업원 등에게 직무발명 사전승계 약정 등에 따라 권리 승계의 의사를 문서로 알림으로써 위 종업원 등에 대하여 특허권이전등록청구권을 가지게 된다. 그리고 위 이중양도는 민법 제103조에서 정한 반사회질서의 법률행위로서 무효이므로, 사용자 등은 위 특허권이전등록청구권을 피보전채권으로 하여 종업원 등의 제3자에 대한 특허권이전등록청구권을 대위행사할 수 있다.6"

---

6 대법원 2014. 11. 13. 선고 2011다77313, 77320 판결.
여기서 마지막 줄의 "특허권이전등록청구권을 대위행사할 수 있다"라는 말이 거슬릴 수 있다.
이 말을 해석해보자.
여러분과 제3자의 특허권양도계약이 무효가 됐으면 상식적으로 여러분은 그 제3자에게 "내 특허권 다시 내놔"라고 할 수 있을 것이다. 그 권리의 이름이 특허권이전등록청구권이다. 그런데 여러분은 제3자에게 그걸 팔아먹은 장본인이다. 돈도 받아서 흥청망청 쓰고있었는데 특허권을 다시 돌려달라고 할 이유가 없다. 이제 정당한 권리자인 '사용자'는 열이 받는다. 사용자는 여러분에게 "내 특허권 내놔"라고 할 권리가 있다. 그런데 지금 특허권은 "제3자"에게 있다.
앞서 본 대로 계약관계는 당사자 사이에서만 힘을 발휘할 수 있다. 사용자는 여러분에게만 따질 수 있을 뿐, 제3자에게 뭘 요구할 수 없는 것이 원칙이다. 그렇다고 이럴 때 정당한 권리자가 아무것도 할 수 없다는 것은 말이 안 된다.
그래서 사용자가 여러분에게 가지고 있는 권리를 바탕으로 여러분이 제3자에게 가지고 있는 권리를 대신 행사할 수 있도록 하는 '채권자대위권'이라는 권리가 인정된다. 이를 통해 사용자가 여러분에게 가지고 있는 특허권이전등록청구권1을 바탕으로, 여러분이 제3자에게 가지고 있는 특허권이전등록청구권2를 대신 행사할 수 있다.
이것이 위의 판례의 마지막 문장에 대한 해석이다.

재미있는 것은 뒤에서 보게 되겠지만 영업비밀 누설에 관한 사항들
은 "부정경쟁방지 및 영업비밀보호에 관한 법률('부정경쟁방지법')"에서
규율되는 데 이러한 특허받을 권리인 상태에서의 이중양도는 영업비
밀 누설에는 해당되지 않는다고 보는 것이 우리의 판례의 태도이다.[7] 그
이유가 궁금하신 분들은 각주에 판례를 실어놓았으니 참고하도록 하자.

어찌됐건 이러한 이중양도 행위는 여러분들에게 좋을 것이 하나도
없다. 그러니

1) 여러분의 근로계약서와 취업규칙을 평소에 잘 살펴보도록 하고,
2) 여러분의 발명이 직무발명에 해당된다고 판단된다면 "발명진흥법"
   상의 적법한 절차를 지켜서 권리를 취득 또는 이전하도록 하자.

시스템이 갖춰진 대기업의 경우에는 위와 같이 진행이 될 것이나 그
렇지 못한 경우도 많을 것이다. 그래서 여러분이 '직접' 특허출원까지
하게 됐다면 발명진흥법 제10조 제1항에 따라 사용자(회사)는 통상실
시권을 갖게 된다. 법에 규정된 권리인 만큼 따로 통상실시권 등록을

---

7 대법원 2012. 11. 15. 선고 2012도6676 판결.
"발명자주의에 따라 직무발명을 한 종업원에게 원시적으로 발명에 대한 권리
가 귀속되는 이상 위 권리가 아직 사용자 등에게 승계되기 전 상태에서는 유기적으
로 결합된 전체로서의 발명의 내용 그 자체가 사용자 등의 영업비밀로 된다고 볼 수는
없으므로, 직무발명에 대한 권리를 사용자 등에게 승계한다는 취지를 정한 약정
또는 근무규정의 적용을 받는 종업원 등이 비밀유지 및 이전절차협력의 의무
를 이행하지 아니한 채 직무발명의 내용이 공개되도록 하는 행위를 발명진흥
법 제58조 제1항, 제19조에 위배되는 행위로 의율하거나, 또는 직무발명의 내
용 공개에 의하여 그에 내재되어 있었던 사용자 등의 개개의 기술상의 정보
등이 공개되었음을 문제삼아 누설된 사용자 등의 기술상의 정보 등을 개별적
으로 특정하여 부정경쟁방지 및 영업비밀보호에 관한 법률(이하 '부정경쟁방지
법'이라 한다)상 영업비밀 누설행위로 의율할 수 있음은 별론으로 하고, 특별한
사정이 없는 한 그와 같은 직무발명의 내용 공개가 곧바로 부정경쟁방지법 제18조 제2
항에서 정한 영업비밀 누설에도 해당한다고 볼 수는 없다."

하지 않아도 보호가 된다. 그리고 여러분은 이러한 사용자의 정당한 권리를 없애면 안 된다. 그 말인 즉슨 여러분이 특허권을 포기할 때에도 사용자의 동의를 받아야 한다(특허법 제119조 제1항 제5호)는 것이다. 물론 그렇다고 사용자는 자신의 권리를 마음대로 할 수 있는 것은 아니고 사용자가 이를 다른 회사에 팔아넘기기 위해서는 여러분의 승낙을 받아야 한다(특허법 제102조 제5항).

여러분이 잘 통지를 했고, 사용자(회사)가 이를 잘 받았고 권리승계의 통지를 했다. 그러면 여러분의 권리를 넘긴 것이니 이제 드디어 우리가 가장 관심있는 것이 나온다. 돈, 즉 보상이다. 여러분의 피, 땀, 눈물이 들어간 소중한 발명의 대가다. 제일 중요한 조문이니 조금 길더라도 시행령까지 다 보고가자. 여러분에게 어떤 권리가 보장되는지, 사용자는 어떠한 절차를 밟아야 하는지가 모두 법에 상세히 규정되어 있다.

발명진흥법 제15조(직무발명에 대한 보상)

① 종업원등은 직무발명에 대하여 특허등을 받을 수 있는 권리나 특허권등을 계약이나 근무규정에 따라 사용자등에게 승계하게 하거나 전용실시권을 설정한 경우에는 정당한 보상을 받을 권리를 가진다.
② 사용자등은 제1항에 따른 보상에 대하여 보상형태와 보상액을 결정하기 위한 기준, 지급방법 등이 명시된 보상규정을 작성하고 종업원등에게 문서로 알려야 한다.
③ 사용자등은 제2항에 따른 보상규정의 작성 또는 변경에 관하여 종업원등과 협의하여야 한다. 다만, 보상규정을 종업원등에게 불리하게 변경하는 경우에는 해당 계약 또는 규정의 적용을 받는 종업원등의 과반수의 동의를 받아야 한다.
④ 사용자등은 제1항에 따른 보상을 받을 종업원등에게 제2항에 따른 보상규정에 따라 결정된 보상액 등 보상의 구체적 사항을 문서로 알려야 한다.
⑤ 사용자등이 제3항에 따라 협의하여야 하거나 동의를 받아야 하는 종업원등의 범위, 절차 등 필요한 사항은 대통령령으로 정한다.
⑥ 사용자등이 제2항부터 제4항까지의 규정에 따라 종업원등에게 보상한 경우에는 정당한 보상을 한 것으로 본다. 다만, 그 보상액이 직무발명에 의하여 사용자등이 얻을 이익과 그 발명의

완성에 사용자등과 종업원등이 공헌한 정도를 고려하지 아니한 경우에는 그러하지 아니하다.
⑦ 공무원등의 직무발명에 대하여 제10조 제2항에 따라 국가나 지방자치단체가 그 권리를 승계한 경우에는 정당한 보상을 하여야 한다. 이 경우 보상금의 지급에 필요한 사항은 대통령령이나 조례로 정한다.

발명진흥법 시행령 제7조의2(협의하거나 동의를 받아야 하는 종업원등의 범위 등)

① 사용자·법인 또는 국가나 지방자치단체(이하 "사용자등"이라 한다)가 법 제15조 제3항에 따라 협의하거나 동의를 받아야 하는 종업원, 법인의 임원 또는 공무원(이하 "종업원등"이라 한다)의 범위는 다음 각 호의 구분에 따른다.
1. 협의: 새로 작성하거나 변경하려는 보상규정의 적용을 받게 되는 종업원등(변경 전부터 적용받고 있는 종업원등을 포함한다)의 과반수
2. 동의: 불리하게 변경하려는 보상규정의 적용을 받고 있는 종업원등의 과반수
② 사용자등은 새로 작성하거나 변경하는 보상규정(불리하게 변경하는 보상규정을 포함한다)을 적용하려는 날의 15일 전까지 보상형태와 보상액을 결정하기 위한 기준 및 지급방법 등에 관하여 종업원등에게 알려야 한다.
③ 사용자등은 법 제15조 제3항에 따라 협의하거나 동의를 요청하는 경우 성실한 자세로 임하여야 한다.

길지만 한마디로 요약하자면, 여러분은 '정당한' 보상을 받을 권리가 있고, 회사는 그 보상을 '어떻게, 얼마나' 할 것인지에 대한 기준이 되는 '규정'을 종업원들과 협의하여 정하고 문서로 알려야한다. 그리고 그 규정을 불리하게 변경할 경우에는 종업원들의 동의를 받아야 한다.

회사쪽에도 당근이 하나 있다. 이렇게 열심히 협의하여 설정하고 알린 보상규정을 적용해서 발명에 대한 대가를 지급했다면 '정당한' 보상을 준 것으로 봐준다.

특허법 - 특허출원

　일반적으로 직장인들의 경우 특허 출원을 담당하는 부서가 따로 있거나, 회사와 계약관계에 있는 특허법인과 연결이 돼있어서 특허 출원 자체에는 별 고민을 하지 않아도 될 것이다. 그래서 앞에서는 특허 자체에 대한 설명을 주로 보았다. 하지만 그렇지 않은 회사도 있을 것이고, '자신의 발명'은 이공계 출신들 모두의 로망이므로 자유발명을 하여 자신의 발명을 직접 출원하고자 하시는 분들도 계실 것이다. 그렇기에 간략하게나마 특허출원에 필요한 지식들을 살펴보자. 절차에 대해서는 별 관심이 없는 분들은 이 챕터를 건너뛰어도 좋다.

　일단 특허청 사이트[1]에 접속해보자. 특허청 사이트 자체에는 특허청이라는 정부부처에 대한 이야기들 밖에 없다. 우측 상단을 보자. "특허로"라는 버튼이 보일 것이다. 특허 출원을 위해서는 이 "특허로" 사이트[2]에 접속해야 한다. 이 사이트에서 출원부터 심판청구, 등록, 수수료 납부까지 전부 해결할 수 있다.

　인터넷으로 특허를 출원하는 경우에는 다음의 서류들이 필요하다.

---

1 https://www.kipo.go.kr/ko/MainApp.do
2 https://www.patent.go.kr/smart/portal/Main.do

1) 출원서

2) 요약서, 명세서 도면(단, 방법특허의 경우 도면은 생략가능)

3) 대리인이 출원할 경우에는 대리권 증명서류

4) 미성년자 등의 무능력자가 법정대리인에 의하여 출원하는 경우 주민등록 등본

5) 특허료, 등록료 및 수수료 면제 또는 감면 사유가 있는 경우에는 이를 증명하는 서류

출원서와 명세서 등 서류의 양식은 어디서 받냐고? 앞서 본 특허청 사이트에서 "민원/참여", "민원/서식" 버튼을 누르고 "특허"로 검색하면 나온다. 여기서 다운받은 서류에는 각 항목별 기재사항에 대한 안내 및 처리절차, 기재요령까지 나와 있다.

특허출원서[3]

【출원 구분】 □ 특허출원 □ 분할출원

□ 분리출원 □ 변경출원

□ 무권리자의 출원 후에 한 정당한 권리자의 출원

(【참조번호】)

【출원인】

【성명(명칭)】

【특허고객번호】

【대리인】

【성명(명칭)】

【대리인번호】

(【포괄위임등록번호】)

【발명의 국문명칭】

【발명의 영문명칭】

【발명자】

【성명】

【특허고객번호】

【출원언어】 □ 국어 □ 영어

(【원출원(무권리자 출원)의 출원번호】)

(【우선권주장】

【출원국명】

【출원번호】

---

3 특허법 시행규칙에 특허출원서 서식이 규정되어 있다.

【출원일자】

【증명서류】

【접근코드】)

(【기타사항】 □ 심사청구 □ 심사유예신청 □ 조기공개신청

　　　　　　□ 공지예외적용 □ 미생물기탁

　　　　　　□ 서열목록 □ 기술이전희망

　　　　　　□ 국가연구개발사업 □ 국방관련 비밀출원

　　　　　　□ 임시 명세서)

(【유예희망시점】 심사청구일 후 24개월이 지난 때부터 (　)개월)

(【심사청구료 납부유예】 □ 필요 □ 불필요)

위와 같이 특허청장에게 제출합니다.

출원인(대리인) 　　　　　 (서명 또는 인)

【수수료】 (기재요령 제11호를 참조합니다)

【출원료】 　　　　　　 면 　　　　　 원

(【수수료 자동납부번호】)

【첨부서류】 1. 명세서·요약서 및 도면 각 1통

2. 정당한 권리자임을 증명하는 서류 1통(정당한 권리자의 출원만 해당합니다)

3. 대리인에 의하여 절차를 밟는 경우에는 그 대리권을 증명하는 서류 1통

4. 그 밖의 법령에 따른 증명서류 1통

얘기가 나온 김에 출원서와 명세서의 기재사항들을 간단히 보고가자. 서류에 기재해야 할 사항을 어느 정도 알고 있으면 당장 서류를 쓸 일이 없더라도 추후 특허출원을 염두에 두고 있다면 발명단계에서부터 큰 도움이 될 것이다. 이런 중요한 일에는 마음의 준비가 필요하니까.

먼저 출원서를 보자. 단순한 특허출원인지, 분할출원, 분리출원, 변경출원, 무권리자의 출원 후에 한 정당한 권리자의 출원인지를 먼저 선택하도록 되어있다. 1) 분할출원은 먼저 한 특허출원을 기초로 그 일부를 분할하여 특허출원을 하는 경우이고, 2) 분리출원은 심판청구가 기각된 경우(즉 이미 거절당해서 다툼이 생긴 경우를 상정한 것이다) 먼저 한 특허출원을 기초로 '거절결정되지 않은 청구항'을 분리하여 특허출원하는 경우이며, 3) 변경출원은 먼저 한 '실용신안'등록출원을 기초로 특허출원으로 변경하는 경우이고, 4) 마지막의 경우는 '정당한 권리자'가 자신의 특허출원일을 '무권리자가 먼저 했던 특허출원일'로 인정받으려고 하는 경우에 체크하면 된다(앞서 신규성에 대해 배웠다. 그래서 만약 이렇게 출원일을 '당길' 수 없다면 정당한 권리자의 뒤늦은 출원은 전부 거절될 수밖에 없다).

그리고 출원인, 대리인, 발명의 명칭, 발명자, 출원언어를 기재한다. 그리고 기타사항란에서는 공지예외적용(앞서 본 특허법 제30조에 따라 공지예외적용대상의 발명으로 인정 받으려는 경우. 즉 해당 발명이 사람들에게 알려졌는데도 불구하고 신규성이 상실되었다고 보지 않는 예외를 말한다. 왜 내 발명이 이러한 예외에 해당하는지 열심히 설명을 해야하니 체크를 해두라는 것이다), 미생물기탁(미생물 관련 발명의 경우 기탁기관에 미생물을 기탁한 경우를 말한다. 즉, 다른 데에 맡겨 두는 것이다. 미생물을 특허청에 냅다 보내버릴 수는 없지 않은가?), 국방관련비밀출원 등의 특이사항이 있는 경우 해당

란에 체크를 한다.

여기서 조금 중요할 수 있는 사항이 나오는데 출원서에서 "심사유예신청"을 할 수 있다. 알다시피 관공서의 일처리는 성질급한 우리에겐 언제나 엄청나게 느리게 느껴진다(물론 이는 전형적인 오해다. 대한민국의 공무원들의 일처리 속도는 세계 최고다). 더군다나 특허출원과 같은 기술검토가 필요한 분야는 말할 필요도 없다. 단순히 시간이 걸리기만 하면 그리 큰 문제는 아닐 수 있다. 그런데 '도대체 언제' 내가 출원한 특허발명이 심사돼서 등록이 될지를 알 수 없다는 것은 큰 문제다. 그래서 조금 늦더라도 예측가능한 시점에 심사결과를 받을 수 있기를 원하는 이들을 위해 "심사유예제도"가 있다. 이 경우 일반출원보다 늦게 심사를 받지만, 유예희망시점으로부터 3개월 이내에 심사결과를 제공받을 수 있다. "심사유예신청"을 체크하고 "유예희망시점: 심사청구일 후 24개월이 지난 때로부터 (6)개월"과 같은 식으로 괄호 안을 채워두면 된다.

【명세서】[4]

【발명(고안)의 설명】

【발명(고안)의 명칭】

【기술분야】

【발명(고안)의 배경이 되는 기술】

(【선행기술문헌】)

(【특허문헌】)

(【비특허문헌】)

【발명(고안)의 내용】

【해결하려는 과제】

【과제의 해결 수단】

【발명(고안)의 효과】

【도면의 간단한 설명】

【발명(고안)을 실시하기 위한 구체적인 내용】

(【실시예】)

(【산업상 이용가능성】)

(【부호의 설명】)

(【수탁번호】)

(【서열목록】)

【청구범위】

【청구항 1】

---

4 특허법 시행규칙에 명세서 서식이 있다.

다음은 더 중요한 명세서이다. 발명에 관한 여러분들의 정확한 이해가 필요하다. 사실 우리 이공계생들은 순진해서 새로운 '발명'이라는 것 자체에 너무 흥분하기 때문에 그 발명이 어떤 의미를 지니는지에 대한 생각은 잘 하지 않는 경향이 있다. 적어도 명세서에 적어야 할 항목들에 대해서는 미리미리 생각을 해두도록 하자.

먼저 발명의 설명과 명칭, 기술분야를 적는다. 그리고 "발명의 배경이 되는 기술"을 적는다. 여러분이 '알고 있는 범위에서' 발명의 이해, 조사, 심사에 유용하다고 생각되는 배경기술을 적으면 된다. "선행기술문헌"은 필수기재사항은 아니다. 기재를 할 때 선행기술문헌은 특허문헌이든 비특허문헌이든 상관없지만 이 둘을 나누어 적어야 한다.

그리고 "발명의 내용"을 적어야 한다. 이 발명의 내용에는 1) 해결하려는 과제, 2) 과제의 해결 수단, 3) 발명의 효과를 기재해야 한다. 꼭 이렇게 항목을 나누어 적을 필요는 없지만 이 내용이 모두 포함되게 적어야 한다. '해결하려는 과제'는 종래 기술의 문제점 등을 적으면 되고, '해결 수단'은 그 과제가 이 발명에 의해 어떻게 해결되는지를, '발명의 효과'는 이 발명이 종래 기술에 비해 우수한 점을 자랑하는 란이다. 그 뒤 도면이 있는 경우 도면의 간단한 설명을 적어야 한다.

발명을 하기만 하면 뭐하는가? 공개된 정보를 가지고 남들이 써먹을 수 있어야 된다. 그것이 발명에 우리가 특허를 주는 궁극적 목적이다. 그래서 "발명을 실시하기 위한 구체적인 내용"을 기재해야 한다. 이는 그 발명이 속하는 기술분야에서 통상의 지식을 가진 자가 그 발명이 어떻게 실시되는지를 쉽게 알 수 있도록 그 발명의 실시를 위한 구체적인 내용을 적어도 하나 이상, 가급적 여러 형태로 적어야 한다. 즉 '실시예'를 여럿 적어야 한다. 발명단계에서는 여기까지 미처 생각을 해보지 못하는 사람들이 많다. 미리미리 생각해두도록 하자.

이제 제일 중요한 "청구범위"다. 이는 해당 발명이 어느 범위까지 특허권으로 보호를 받을 수 있을지에 대한 판단기준이 되므로 명세서에서 가장 중요한 부분이다. 여러분이 A를 발명하여 기껏 특허출원까지 했는데 남들이 그것을 보고 간단하게 A+b로 개량해냈거나 A'의 방법으로 활용하여 떼돈을 번다면, 거기다가 그 나쁜 녀석들의 이용이 내 특허권의 보호 범위를 벗어난다고 판단돼서 나는 아무것도 할 수 없다면 억울해서 잠도 못잘 것이다.

돈이 많다면 해당 발명의 응용가능한 모든 범위를 상상력을 동원해 모조리 쥐어짜낸 뒤, 청구항을 나눠서 전부 기재하는 것이 좋겠지만 언제나 우리에게 부족한 것은 시간과 돈이다. 현실과 적당히 타협하여야 하고 여기서 탁월한 변리사의 능력이 요구된다. 당연히 변리사에게만 이것을 맡겨둘 수 없고 그 기술에 대해서는 최고 전문가인 여러분이 다각도로 머리를 맞대고 어느 정도 범위에서 보호를 받을 것인지, 즉 청구항을 어떻게 기재할 것인지 전략을 짜야 할 것이다.

서류가 다 구비됐으면 해당 사이트에서 "출원신청", "국내출원", "온라인제출"을 순서대로 따라들어가면 된다.

그리고 앞서 보았듯 여러분의 발명이 특허심사를 통과하기 위해서는 특허요건의 '신규성'과 '진보성'을 갖추어야 한다. 이 신규성과 진보성을 만족하였는지 판단하기 위해서는 선행 발명에 대해 파악하는 것이 필수적이다. 물론 여러분들은 이미 기술분야의 전문가이기 때문에 이 부분이 어렵지는 않을 것이다.

그래도 출원 전에 기존의 지식재산권을 검색해보는 것은 필수적일 것이다. 그래서 "특허정보검색서비스 키프리스[5]"라는 것이 존재한다. 역시 "특허로"처럼 특허청 사이트 우측 상단에 링크 버튼이 있다. 권리별로 검색이 가능하며, 우리같은 특허 초보자들을 위해 "초보자 검색" 기능까지 제공한다. 우리 이공계인력들의 취향에 맞추어 AND, OR, NOT 연산자 기능을 활용하여 검색이 가능하며 출원번호, 공개번호, 공고번호, 등록번호 등의 번호로도 검색이 가능하고, 사람이름으로 검색할 수도 있고, 심지어 문장검색도 가능하다. 문장검색 기능을 이용하면 사용자가 입력한 문장에서 의미있는 핵심 주제어를 추출하여 다른 문서들의 핵심키워드와 비교하여 유사도가 높은 상위 100개의 특허문서를 보여준다. 이 정도 기술은 제공해야 특허청 사이트 아니겠는가?!

---

5 http://www.kipris.or.kr/khome/main.jsp

저작권

이공계 직장인을 위한 책에서 무슨 저작권 얘기를 하는지 궁금해하실 수 있다. 저작권은 주로 예능 분야에서 사용되는 권리 아닌가? 그렇지만은 않다. 요즘 이공계 분야에서 가장 핫한 소프트웨어 엔지니어 분들을 위함이다.[1]

프로그램의 경우 특허권뿐만 아니라 저작권으로도 보호가 된다. 특허권과의 가장 결정적인 차이는 저작권의 핵심 아이디어에서 나온다. 일상어로 표현하자면[2] 저작권은 '아이디어'와 '표현'을 나누어서 '표현'을, 그

---

1 저작권법은 옛날에는 "문학, 학술 또는 예술의 범위에 속하는 창작물"을 저작물로 정의를 하고 있었으나, 위와 같은 범주에 포함시킬 수 없는 컴퓨터프로그램이나 데이터 등의 창작물을 포함시키기 위해 개정되었다. 현재 저작물은 "인간의 사상 또는 감정을 표현한 창작물"로 정의된다. 저작권법 제2조 참조.
그리고 컴퓨터프로그램과 데이터 외에 또 이공계 직장인이 신경써야 할 저작물로는 "건축 설계 도면"이 있다(저작권법 제4조 제1항 제5호). 누군가 내 설계도를 베껴서 건물을 지으면, 설계도는 건축물이 아님에도 불구하고 건축저작물로 인정되어 저작권 침해로 인정이 된다. 물론 이러한 건축저작물은 저작권법의 취지상 사회통념상 미적 가치가 높은, 즉 예술성이 있는 건물에 한정적으로 인정될 것이다.
2 일상어로 표현하겠다고 굳이 명시한 이유는 '사상'과 '아이디어'라는 용어 자체의 정의에 대하여 저작권법상 복잡한 논의가 존재하기 때문이다. 우리는 거기까지 들어가지 말자.

중에서도 '창작적인 표현'을 보호하는 것이다. 사상과 감정이 외부로 '표현된 형식'자체를 보호한다는 것이 핵심이다. 표현만이 아니라 '기술적 사상'까지 보호하는 특허권과의 가장 중요한 차이가 바로 이것이다.

따라서 여러분이 열심히 작성한 '소스 코드'가 일반적, 기능적으로만 작성된 것이 아니라 그 구성과 표현에 있어서 창작적인 부분이 있어야 저작권으로 보호가 된다. 우리가 가장 중요하게 생각하는 '아이디어'에 해당하는 기능적인 부분은 특허권 등록을 할 수 있다. 예를 들어 'A 기술을 이용해서 B를 할 수 있는 방법'과 같은 '아이디어'는 특허권 등록을 할 수 있다. 그래서 프로그램의 경우 특허권과 저작권으로 이중적으로 보호가 된다.

일단 저작권법의 보호대상은 '저작물'이고 이는 '저작활동에 의해 생성된 것'을 말한다. 그리고 저작권법은 저작자의 권리와 이에 인접하는 권리[3]를 보호하고 저작물의 공정한 이용을 도모함으로써 문화 및 관련 산업의 향상발전에 이바지함을 목적으로 한다(저작권법 제1조). 문화가 끼어있긴 하지만 결국 '산업' 발전에 이바지함을 목표로 함은 특허법과 다를바 없다.

저작권은 크게 저작'재산권'과 저작'인격권'으로 나뉜다는 것이 특징이다. 우리가 일반적으로 말하는 '권리'는 다 '돈'이 되는 '재산권'과 관련된다. 하지만 창작활동을 하는 사람들에게는 이 작품이 '내 새끼'라 당당하게 말할 수 있는 인간적인 권리인 '인격권'도 굉장히 중요하게 여겨진다. 내게 억만금을 준다고 하더라도 〈"비바! 로스쿨", "엘리트문과를 위

---

3 '인접하는 권리'가 뭔지 급 궁금해지신 분들을 위해. 저작인접권은 우리가 생각하는 '창작자' 외의 사람들, 즉 창작된 작품을 실제로 공연하는 실연자나, 방송사업자 등의 권리다.

한 과학상식", "잘 나가는 이공계 직장인을 위한 법률·계약 상식"의 저자는 최기욱이다)라는 '타이틀'은 남에게 내어줄 수 없다. 내 새끼니까. 아 물론 한번에 은퇴할 수 있을 정도로 많은 액수를 준다면 괜찮다. 100억 정도. 관심있으신 분은 연락주시면 감사히 받겠다.

어쨌든 이러한 저작'인격권'은 '일신전속적'이라는 특징이 있다. 즉 돈주고 사고팔 수 없고 '누가뭐래도 내꺼'란 말이다. 그래서 저작물과 관련해서는 재산적 권리와 인격적 권리가 분리되는 경우가 있을 수 있다. 아니, 그런 경우가 아주 많다.

그리고 저작'재산권'은 70년의 보호기간이 적용된다. 참고로 특허권은 20년, 실용신안은 10년의 보호기간을 갖는다.

앞서 본 '특허권'과 같은 산업재산권과 저작권의 차이는 이뿐만이 아니다. '권리'에 대한 분쟁이 발생하면 산업재산권은 특허심판원과 특허법원에서, 저작권의 경우 일반법원에서 분쟁을 해결한다(다만 권리의 '침해'에 관해서는 산업재산권과 저작권 모두 일반법원에서 다룬다). 그리고 앞서 특허출원에 대해서 본 것처럼 복잡한 심사절차를 거쳐야 권리가 발생하는 산업재산권과 달리 저작권은 "저작물의 완성과 동시에" 권리가 발생한다. 복잡한 절차도, 권리를 취득하기 위해 따로 들여야 하는 시간과 비용도 필요없다. 이를 무방식주의라 한다.

저작권은 요건도 간단하다. "창작성"만 있으면 된다. 말 그대로 남의 것을 베끼지 않고, 자신 스스로의 정신적 활동의 결과이면 된다.[4] 그리

---

4 본문에는 간단히 썼지만 창작성은 사실 조금 더 깊은 논의가 있는 문제다. 이를 다 볼 수는 없고 창작성과 관련하여 다음 판례를 참조하자. 창작성에 대한 부분 외에도 저작권 침해의 판단기준에 대한 중요한 내용을 설시한 판례이니 조금 길게 인용하겠다.
대법원 2020. 4. 29. 선고 2019도9601 판결
"[1] 저작권법 제2조 제1호는 저작물을 '인간의 사상 또는 감정을 표현한 창작

고 앞서 본 대로 저작권의 특성상 '사상 또는 감정' 즉 알맹이가 되는 아이디어가 창작성을 있을 것을 요구하는 것이 아니라 '표현의 방법'에 독창성이 있으면 된다.

저작권의 주체는 원칙적으로 저작자이다. 저작자가 저작을 완성하면 그 즉시 저작권이 발생하고, 대외적으로도 효력을 가진다.5 저작자는 앞에서 특허를 받을 수 있는 사람과 비슷하게 주문자나 의뢰인, 단순 조언자, 조력자 등은 해당이 되지 않고 직접 작업을 통해 저작물을 창작한 자가 저작자가 된다.6 그리고 법인 등 단체도 포함된다. 여기가 직장인인 우리가 신경써야 할 지점이다. 우리는 '업무상' 저작물을 만들어낸다. 이를 업무상저작물이라 한다. 법인명의저작물 또는 직무저작물이라는 표

물'로 규정하여 창작성을 요구하고 있다. 여기서 창작성은 완전한 의미의 독창성을 요구하는 것은 아니라고 하더라도, 창작성이 인정되려면 적어도 어떠한 작품이 단순히 남의 것을 모방한 것이어서는 안 되고 사상이나 감정에 대한 창작자 자신의 독자적인 표현을 담고 있어야 한다.

저작권법은 제4조 제1항 제5호에서 '건축물·건축을 위한 모형 및 설계도서 그 밖의 건축저작물'을 저작물로 예시하고 있다. 그런데 건축물과 같은 건축저작물은 이른바 기능적 저작물로서, 건축분야의 일반적인 표현방법, 용도나 기능 자체, 저작물 이용자의 편의성 등에 따라 표현이 제한되는 경우가 많다. 따라서 건축물이 그와 같은 일반적인 표현방법 등에 따라 기능 또는 실용적인 사상을 나타내고 있을 뿐이라면 창작성을 인정하기 어렵지만, 사상이나 감정에 대한 창작자 자신의 독자적인 표현을 담고 있어 창작자의 창조적 개성이 나타나 있는 경우라면 창작성을 인정할 수 있으므로 저작물로서 보호를 받을 수 있다.

[2] 저작권 침해가 인정되기 위해서는 침해자의 저작물이 저작권자의 저작물에 의거(의거)하여 그것을 이용하였어야 하고, 침해자의 저작물과 저작권자의 저작물 사이에 실질적 유사성이 인정되어야 한다. 저작권의 보호 대상은 인간의 사상 또는 감정을 말, 문자, 음, 색 등으로 구체적으로 외부에 표현한 창작적인 표현형식이므로, 저작권 침해 여부를 가리기 위하여 두 저작물 사이에 실질적인 유사성이 있는지를 판단할 때에는 창작적인 표현형식에 해당하는 것만을 가지고 대비해 보아야 한다."

5 이와 별개로 저작권 등록을 할 수 있다. 조금 더 강력한 보호를 받을 수 있다. 하지만 어쨌든 등록을 하지 않아도 저작권은 저작자에게 당연히 발생하는 권리다.

6 윤선희(2022). "지적재산권법" 19정판. 세창출판사. p.408

현도 사용된다.

저작권법 제9조(업무상저작물의 저작자)

법인등의 명의로 공표되는 업무상저작물의 저작자는 계약 또는 근무규칙 등에 다른 정함이 없는
때에는 그 법인등이 된다. 다만, 컴퓨터프로그램저작물(이하 "프로그램"이라 한다)의 경우 공표될
것을 요하지 아니한다.

즉, 원칙적으로는 '회사 이름으로 발표된건 회사꺼'다. 그러나 프로
그램의 경우에는 딱히 법인 명의로 공표하지 않았더라도 업무상저작물로 인
정되는 컴퓨터프로그램저작물이라면 회사꺼라는 말이다.

그럼 우리가 열심히 작성한 컴퓨터프로그램이 업무상저작물이 되려
면 어떤 요건을 갖추어야 하는가? 그 요건은 다음과 같다.

1) 법인·단체 그 밖의 사용자가 저작물의 작성을 기획할 것
2) 법인 등의 업무에 종사하는 자가 작성할 것
3) 업무상 작성할 것
4) 법인 등의 사용자와 종업원 사이에 계약이나 근무규칙 등에 다른
   정함이 없을 것

사실상 회사에서 '시켜서 만든' 모든 것들은 다 포섭될 수밖에 없는
개념이다. 일반적인 저작물의 경우에는 업무상저작물의 인정 요건에
"법인 등의 명의로 공표되는 것일 것"이 추가가 되나 위에서 보았 듯,
우리 저작권법은 컴퓨터프로그램에 대해서는 이 요건을 명시적으로
배제하고 있다. 그리고 컴퓨터프로그램에 대한 우리 저작권법의 정의
는 다음과 같다.

저작권법 제2조(정의)

이 법에서 사용하는 용어의 뜻은 다음과 같다.

16. "컴퓨터프로그램저작물"은 특정한 결과를 얻기 위하여 컴퓨터 등 정보처리능력을 가진 장치 (이하 "컴퓨터"라 한다) 내에서 직접 또는 간접으로 사용되는 일련의 지시·명령으로 표현된 창작물을 말한다.

그리고 프로그램 자체가 아닌 프로그램 언어, 규약, 해법(알고리즘)의 경우 저작권법이 적용되지 않는다(제101조의2). 범용성, 표준화의 필요라는 프로그램의 특성 때문이다.

그럼 요즘 핫한 데이터베이스는? 사실상 데이터베이스를 우리가 일반적으로 생각하는 저작권의 보호대상이 되는 '창작물'로 떠올리기는 쉽지 않다. 그저 팩트의 나열 아닌가? 이것이 창작이랑 무슨 상관이란 말인가? 하지만 빅데이터의 시대에 살고있는 우리는 데이터 그 자체가 보호되어야 할 충분한 가치가 있음을 알고 있다. 정보가 곧 힘이다. 그러면 데이터베이스가 어떻게 저작권법으로 보호가 되는가? 먼저 저작권법상 데이터베이스는 다음과 같이 정의된다.

저작권법 제2조(정의)

19. "데이터베이스"는 소재를 체계적으로 배열 또는 구성한 편집물로서 개별적으로 그 소재에 접근하거나 그 소재를 검색할 수 있도록 한 것을 말한다.
20. "데이터베이스제작자"는 데이터베이스의 제작 또는 그 소재의 갱신·검증 또는 보충(이하 "갱신등"이라 한다)에 인적 또는 물적으로 상당한 투자를 한 자를 말한다.

우리 저작권법은 "편집저작물"을 독자적인 저작물로 보호하고 있다 (저작권법 제6조 제1항). 그리고 편집저작물의 보호는 그 편집저작물의 구성부분이 되는 소재의 저작권 그 밖에 이 법에 따라 보호되는 권리에 영향을 미치지 아니한다(동조 제2항).

편집저작물은 백과사전을 생각해보면 편하다. 안에 들어있는 컨텐츠 하나하나의 저작물인지 여부와는 관계없이, "뭘 넣을 것인지" 선택하고, 배열, 구성에서 독창성을 발휘해 만들어진 편집물들이 바로 이런 편집저작물이다. 그리고 데이터베이스는 이러한 편집저작물로 인정된다.

✔ 데이터와 개인정보보호

지금은 그야말로 ICT의 시대이다. 하지만 이 빛나는 데이터 시대의 어둠은 바로 개인정보보호다. 혁신에 대한 환호는 계속되고 있지만, 그 혁신은 우리 개인의 정보를 기반으로 세워진 것이라는 사실이 점점 부각되고 있다.

강력한 규제로 전세계의 주목을 받았던 유럽의 개인정보보호법인 GDPR(General Data Protection Regulation)[7]을 필두로 최근에는 중국까지 포함하여 세계각국이 점점 강력한 개인정보보호법을 내세우고 있다. 대한민국, 미국, 일본, 캐나다 등의 국가들은 아예 제도적으로 국경간 프라이버시 규칙CBPR(Cross Border Privacy Rule)을 만들어 '인증제도'화를 꾀하고 있다. 쉽게말해서 일정 수준의 개인정보보호 체계를 갖추어 개인정보보호에 관한 인증을 받지 않으면 국제적 상업활동을 하지 못하도록 막아버린다는 것이다.

이렇게 개인정보보호가 점차 강화되어가는 추세에서 글로벌 업계에서 일하는 엔지니어들에게 가장 문제가 되는 것은 개인정보의 국외이전이다. 이에 대한 생각의 틀을 다잡기 위해 우리나라의 개인정보보호법의 내용을 살펴보자. 물론 실무에서는 여러분의 프로젝트와 '관련된 국가'의 개인정보보호법을 살펴보는 것이 필수적이다. 하지만 일단 국내법의 모양새를 알면 추후에 여러분들이 찾아볼 다른나라의 법도 상대적으로 쉽게 이해할 수 있을 것이다.

국외로 정보를 보내기 전, 개인정보에 대한 기본적인 보호를 먼저 보자. 일단 우리가 기본적으로 개인정보를 개인에게서 '받으려면' 동의가 있어야 한다. 그래서 우리가 무슨 사이트에 가입만 하려고하면 온갖 동의 버튼을 클릭클릭해야만 하는 것이다. 그리고 이 동의를 받을 때에는 "왜" 받는지, "뭘" 받는지, "언제까지" 들고있을 것인지, 그리고 동의를 하지 않아도 된다는 사실과 동의를 하지 않으면 받게될 불이익을 알려주어야 한다(개인정보 보호법 제15조). 한마디로 '미리 알리고, 동의받아라'이다. 이게 개인정보 처리의 기본이자 핵심아이디어다.[8]

일단 수집한 개인정보를 제3자에게 줄 때에도 이 기본은 마찬가지이다(제17조). 정보를 준다는 것은 별게 아니다. 내가 메일 등을 통해 의식적으로 보내는 경우뿐만이 아니라 다른 회사 서버에 스치고 지나가기만 해도 제3자에게 준 것이 된다. 이 경우에는 "누구에게", "어떤 정보를", "왜 주는지"에 대해 알리는 것이 핵심이다.

그런데 데이터가 아예 국외로 가는 경우에는 추가적인 고려사항이 생긴다. 이부분이 최근 개정되었으니 잘 알아두자. 기본적으로 개인정보처리자는 개인정보를 국외로 이전해서는 안 된다. 이것이 원칙이다. 국민의 개인정보가 외국으로 흘러가는 것은 국가안보 측면에서 엄청난 리스크일 수 밖에 없다. 하지만 글로벌 시대의 산업현실을 고려하면 국가입장만을 고수하기는 힘들다.

당연히 예외가 있다. 먼저 "어떤 정보가", "왜", "어느 국가로", "언제, 어떻게" 넘어가고, "누구에게" 가서, "얼마나 오래" 있는지 등 국외이전에 관하여 별도로 알리고 동의를 받아야 한다. 이것은 기존의 컨셉과 동일하다.

그런데 대부분의 데이터센터가 해외에 있는 글로벌 시대 속 대한민국 산업계의 현실을 고려해보자. 사업이 커짐에 따라 해외 서버 관리 업체와의 계약을 맺어서 데이터 처리를 맡기려 하는데, 이미 다 동의 받고 수집한 개인정보를 또 한번 동의를 받아야 하나? 고객 하나하나에게 다시 메일보내서 확인을 받고, 재차 동의를 받은 정보만을 추려서 넘기는 추가적인 작업을 해야하는가? 굉장히 불합리하다. 이러한 현실을 반영하여 '동의' 말고도 개인정보의 국외이전을 할 수 있는 요건들이 확대되었다. 대표적으로 개인정보를 이전받는 자가 개인정보 보호 인증 등을 받은 경우, 개인정보가 이전되는 국가의 보호체계 등의 개인정보 보호 수준이 (대한민국의) "개인정보보호법"에 따른 보호 수준과 실질적으로 동등한 수준임을 개인정보보호위원회가 인정하는 경우 등이 있다(개정법 제28조의8 제1항 각호 참조).

이러한 국내의 법개정에도 불구하고 개인정보가 국경을 넘어가는 것은 기본적으로 어렵고, 갈수록 더 어렵도록 규정하는 나라들이 많아지고 있기 때문에 글로벌 데이터기업들은 되도록이면 해당 국가에 데이터센터를 두어 적어도 개인정보는 '그 나라에서' 처리하도록 하는 경우가 많다.

이제 우리는 글로벌 프로젝트에서 신경써야 할 것이 하나 더 늘었다. 정보는 보이지 않기에 실무자들이 염두에 두고 신경쓰지 않으면 자신도 모르게 위법행위를 저지르기 쉽다. 이는 회사와 직원 모두에게 불행한 일이 될 것이다.

---

7 한국인터넷진흥원 사이트에서 GDPR 주요 내용을 잘 정리해두었다. GDPR은 책 한 권으로 별도로 정리해야 할 만큼의 방대한 내용을 담고 있으므로 여기

그래서 컴퓨터프로그램, 데이터베이스는 저작권법의 보호를 받는다는 사실을 알았다. 그럼 이제 '어떻게?'를 볼 차례다. 저작권의 보호 내용을 살펴보자.

앞에서 잠깐 언급했듯이 저작권은 1) 저작인격권과, 2) 저작재산권으로 나뉘어진다.

1) 저작인격권은 내 이름으로 공표할지 말지를 결정하고(공표권. 저작권법 제11조), 저작물에 내 이름을 표시하고(성명표시권. 저작권법 제12조), 저작물의 오리지널리티를 유지할 수 있는 권리(동일성유지권. 저작권법 제13조)를 포함한다. 이는 타인에게 양도할 수 없다.

2) 저작재산권은 먼저 원저작물을 그대로 사용할 경우와 '개작'하는(2

서 설명하긴 힘들다. 적어도 데이터 사이언티스트라면, 혹은 자신의 프로젝트가 EU와 조금이라도 관련된다면 여기에 정리된 내용이라도 반드시 한번쯤 훑어보도록 하자. https://gdpr.kisa.or.kr/gdpr/static/mainWord.do

8 이전부터 '동의' 요건에 대해 많은 비판이 있었다. 쉽게 요지만 말하자면 어차피 정보주체는 우리 회사의 서비스를 이용하려고, 계약을 체결하려고 온 사람인데, 그래서 정보제공 동의는 다 '클릭, 클릭'하고 넘어가기밖에 안하는데 동의 받는 게 무슨 의미가 있냐는 비판이다. 그래서 최근 개정법에서는 이를 일부 완화하여 동의 없이 개인정보의 수집·이용이 가능한 예외로 "정보주체와 체결한 계약을 이행하거나 계약을 체결하는 과정에서 정보주체의 요청에 따른 조치를 이행하기 위하여 필요한 경우"를 규정하였다(법률 제19234호, 2023. 3. 14., 일부개정. 2023. 9. 15. 시행예정).
참고로 기존 법에서는 이 부분이 "정보주체와의 계약의 체결 및 이행을 위하여 불가피하게 필요한 경우"로 규정되어 있었다. 그래서 우리는 각종 계약체결시 읽지도 않는 개인정보와 관련된 '동의'를 클릭해야 했던 것이다.
또 참고로 이번 개인정보보호법 개정에서는 GDPR에 있던 유명한 내용인 "자동화된 결정에 대한 대응권"을 따라 도입했다. 개인정보를 인공지능 기술 등 자동화된 시스템으로 사람의 개입없이 처리하는 경우(인사정보를 토대로 인공지능시스템이 자동적으로 해고 예정자를 추려내는 모습을 상상해보라!), 정보주체는 이러한 결정이 자신의 권리 또는 의무에 중대한 영향을 미치는 경우에 개인정보처리자에 대하여 해당 결정에 대한 거부권과 설명요구권을 행사할 수 있다(개정법 제37조의2).

차적 사용) 경우로 나뉜다.

원저작물 그대로의 사용에는 복제권(제16조), 공연권(제17조), 공중
송신권(제18조), 전시권(제19조), 배포권(제20조), 대여권(제21조)이
있다. 저작재산권은 전부 또는 일부를 양도할 수 있으며 양도에
특별한 방식은 요구되지 않는다.

그리고 2차적 사용에는 번역/편곡 등 기타 변형이 포함된다.

저작권자에게는 이러한 권리들이 인정된다. 그러므로 저작권자가
아닌 다른 사람이 이런 권리를 무단으로 행사하면 저작권 침해가 된
다.[9] 우리가 신경써야할 소프트웨어의 문제는 복제,[10] 배포가 주로 문
제가 될 것이다. 즉 정당하게 라이센스 이용권을 구매하지 않고 '복붙'
해서 사용하거나 팔아먹는 경우다. 어떤 행위를 복제, 배포라 부르는지
정의규정을 보고가자.

저작권법 제2조(정의)

22. "복제"는 인쇄·사진촬영·복사·녹음·녹화 그 밖의 방법으로 일시적 또는 영구적으로 유
형물에 고정하거나 다시 제작하는 것을 말하며, 건축물의 경우에는 그 건축을 위한 모형 또는
설계도서에 따라 이를 시공하는 것을 포함한다.
23. "배포"는 저작물등의 원본 또는 그 복제물을 공중에게 대가를 받거나 받지 아니하고 양도
또는 대여하는 것을 말한다.

---

9 사실은 조금 더 정확히 하자면 여기에 더해 저작권침해가 인정되기 위해서는 1)
피해자의 저작물을 보고 베꼈고(의거성), 2) 그 결과물이 피해자의 저작물과 실
질적으로 유사한 사실(실질적 유사성)이라는 요건을 갖춰야 한다. 그리고 이들
중에서 실무적으로 주로 문제가 되는 것은 '실질적 유사성이 있는지'이다. 이
에 대한 상세한 논의까지는 우리가 다룰 필요는 없을 것이다.

10 앞서 잠깐 건축 설계 도서에 따라 건축물을 시공하는 행위도 저작권 침해에
해당한다고 언급하였다. 그리고 그 행위는 '복제'로 정의된다.

복제에 '일시적'이란 말이 눈에 들어온다. 디지털시대가 도래하면서 종이나 하드디스크와 같은 정보를 장기간 고정시킬 수 있는 매체뿐만 아니라 RAM처럼 일시적으로만 스쳐지나가는 경우까지 저작권의 보호를 충실히 하기 위해 추가된 부분이다.

그리고 데이터베이스제작자의 권리는 제93조에 별도로 규정되어 있다. 우리가 법률규정을 외울 필요는 전혀 없지만 어떤 것들이 어디 즈음에 붙어있는지, 어떤 규정들이 다른 규정에 비해 뜬금없이 멀찌감치 떨어진 위치에 있는지 정도는 익혀두는 것이 빠른 리서치에 도움이 된다. 데이터베이스제작자는 그의 데이터베이스의 전부 또는 상당한 부분을 복제·배포·방송 또는 전송(이하 이 조에서 "복제등"이라 한다)할 권리를 가진다. 다만 데이터베이스제작자의 권리는 일반적인 저작재산권에 비해서 권리기간이 매우 짧다. 데이터베이스의 제작을 완료한 때로부터 발생하여, 그 다음해부터 기산하여 5년간 존속하고, 상당한 투자를 하여 데이터베이스를 갱신한 경우 그 다음해부터 5년간 존속한다(제95조).

그런데, 복제나 배포를 하면 무조건적으로 다 저작권의 침해라 볼 수 있는가? 저작권법의 문화, 산업 진흥을 위한 목적을 생각했을 때 저작권을 엄격하게 보호하면 우리의 목적에 오히려 어긋난다. 그렇기에 일견 저작권 침해행위로 보이는 행위라도 예를들어 개인적인 이용, 교육목적 연구, 시사보도 등의 경우에는 저작권을 제한한다. 우리 저작권법은 이러한 취지에서 제23조부터 제36조까지 다양한 예외사유(즉 이러한 예외적 이용에 해당하는 행위에는 저작권자의 권리 행사가 제한된다)를 규정해두고 있다.

그럼에도 불구하고 모든 예외를 다 규정해두는 것은 불가능하기에 아예 제35조의5에는 "저작물의 공정한 이용"이라는 규정을 두어 예외규정이 따로 없더라도 "저작물의 통상적인 이용 방법과 충돌하지 아니하고 저작자의 정당한 이익을 부당하게 해치지 아니하는 경우"라면 저작물을 이용할 수 있게 하고 있다. 이를 공정이용이라 한다. 우리가 여기저기 참고문헌에서 긁어온 내용들에 대해 출처표기를 한다면 따로 이용허락을 구하거나 저작권자와 협상을 하지 않고도 별 문제없이 사용할 수 있는 이유가 다 이런 규정이 마련되어 있기 때문이다. 공정이용에 해당하는지는 결국 법원의 판단에 따르겠지만 다음의 사정들을 고려한다.

1. 이용의 목적 및 성격
2. 저작물의 종류 및 용도
3. 이용된 부분이 저작물 전체에서 차지하는 비중과 그 중요성
4. 저작물의 이용이 그 저작물의 현재 시장 또는 가치나 잠재적인 시장 또는 가치에 미치는 영향

재미있는 것은 유상인지 무상인지 여부는 고려대상이 아니라는 것. 책을 예로 들면 이해가 쉬울 것이다. 책은 결국 독자들에게 팔림으로써 지식이 전파된다. 유상일 수밖에 없다. 하지만 유상이라는 이유로 그 책에 다른 책의 내용을 인용한 것이 들어있다고 공정이용을 인정하지 않는 것은 말이 안 된다. 지식은 이전의 지식을 기반으로 하기 마련이다. 예전에는 이러한 '돈을 받느냐 안받느냐'가 공정이용 판단의 중요한 고려사항으로 여겨졌으나, 위와 같은 이유로 현재는 저작권법에서도 삭제되었다.

그리고 컴퓨터프로그램의 경우 이러한 저작재산권의 제한 사유 중 일부가 적용되지 않는다. 제23조의 재판등에서의 복제, 제25조의 학교교육 목적 등에의 이용, 제30조의 사적이용을 위한 복제, 제32조의 시

험문제를 위한 복제 등의 규정이 컴퓨터프로그램에 대해서는 적용되지 않는다(제37조의2).

어? 그런데 우리는 교육기관에서 프로그램을 복제, 배포하는 경우를 많이 보지 않았는가? 저작권법 제101조의3에서 따로 프로그램의 저작재산권의 제한을 따로 규정한다. 결국 제37조의2에서 제외된 내용을 고스란히 담고 있지만 '목적상 필요한 범위 내'에서, '저작재산권자의 이익을 부당하게 해치지 않을 것'이라는 요건을 붙이고 있다.

저작권법 제101조의3(프로그램의 저작재산권의 제한)

① 다음 각 호의 어느 하나에 해당하는 경우에는 그 목적상 필요한 범위에서 공표된 프로그램을 복제 또는 배포할 수 있다. 다만, 프로그램의 종류·용도, 프로그램에서 복제된 부분이 차지하는 비중 및 복제의 부수 등에 비추어 프로그램의 저작재산권자의 이익을 부당하게 해치는 경우에는 그러하지 아니하다.

1. 재판 또는 수사를 위하여 복제하는 경우

1의2. 제119조 제1항 제2호에 따른 감정을 위하여 복제하는 경우

2. 「유아교육법」, 「초·중등교육법」, 「고등교육법」에 따른 학교 및 다른 법률에 따라 설립된 교육기관(초등학교·중학교 또는 고등학교를 졸업한 것과 같은 수준의 학력이 인정되거나 학위를 수여하는 교육기관으로 한정한다)에서 교육을 담당하는 자가 수업과정에 제공할 목적으로 복제 또는 배포하는 경우

3. 「초·중등교육법」에 따른 학교 및 이에 준하는 학교의 교육목적을 위한 교과용 도서에 게재하기 위하여 복제하는 경우

4. 가정과 같은 한정된 장소에서 개인적인 목적(영리를 목적으로 하는 경우를 제외한다)으로 복제하는 경우

5. 「초·중등교육법」, 「고등교육법」에 따른 학교 및 이에 준하는 학교의 입학시험이나 그 밖의 학식 및 기능에 관한 시험 또는 검정을 목적(영리를 목적으로 하는 경우를 제외한다)으로 복제 또는 배포하는 경우

6. 프로그램의 기초를 이루는 아이디어 및 원리를 확인하기 위하여 프로그램의 기능을 조사·연구·시험할 목적으로 복제하는 경우(정당한 권한에 따라 프로그램을 이용하는 자가 해당 프로그램을 이용 중인 경우로 한정한다)

② 컴퓨터의 유지·보수를 위하여 그 컴퓨터를 이용하는 과정에서 프로그램(정당하게 취득한 경우로 한정한다)을 일시적으로 복제할 수 있다.

그리고 또 소프트웨어 엔지니어들이 자주 하는 행위 중 저작권법에서 문제삼는 행위가 있다. 프로그램코드역분석으로 우리가 흔히들 리버스 엔지니어링reverse engineering이라 부르는 것이다. 이에대해 저작권법은 1) 정당한 권한에 의하여 프로그램을 이용하는 자 또는 그의 허락을 받은 자는, 2) 호환에 필요한 정보를 쉽게 얻을 수 없고 그 획득이 불가피한 경우에는, 3) 해당 프로그램의 호환에 필요한 부분에 한하여 프로그램의 저작재산권자의 허락을 받지 아니하고 프로그램코드역분석을 할 수 있다고 규정한다.

당연히 이러한 경우라도 호환 목적 외의 이용, 제작이나 판매 등 프로그램의 저작권을 침해하는 행위에 이용하는 경우는 이용할 수 없다(제101조의4).

또 프로그램의 복제물을 정당한 권한에 의하여 소지·이용하는 자는 그 복제물의 멸실·훼손 또는 변질 등에 대비하기 위하여 필요한 범위에서 해당 복제물을 복제할 수 있다. 당연히 그 '정당한 권한'이 상실되면 복제한 것을 폐기해야 한다(제101조의5).

데이터베이스의 경우 앞에서 살펴본 일반적인 저작재산권 제한규정이 준용되며, 거기에 더해서 통상적인 이용과 저촉되지 않는다면 1) 비영리적 목적으로 교육·학술 또는 연구를 위하거나, 2) 시사보도를 위하여 누구든지 데이터베이스의 전부 또는 그 상당한 부분을 복제·배포·방송 또는 전송할 수 있다(제94조).

이제 저작재산권의 양도를 보자. 쉽게 말해 팔아넘기는 것이다. 제일 중요한 행위이다. 저작재산권은 전부 또는 일부를 양도할 수 있고, 전부를 양도하는 경우 원칙적으로 2차적 저작물을 작성, 이용할 권리는 포함되지 않은 것으로 추정하지만(쉽게 말해 원저작물을 개작할 수 없다는 것이다), 프로그램의 경우 특약이 없는 한 2차적저작물작성권도 함께 양도된 것으로 추정한다(제45조). 개작이 상대적으로 자유롭고 상황에 따른 개작(업데이트 등)이 당연히 필요한 프로그램의 특성을 반영한 것이다.

저작재산권자로부터 '이용허락을 받은 자'는 허락받은 이용방법 및 조건의 범위 안에서 그 저작물을 이용할 수 있으며, 저작재산권자의 동의없이 제3자에게 저작물을 이용할 수 있는 권리를 양도할 수 없다(제46조).

공동저작물의 경우는 어떠한가? 기본적으로 공동저작자간 특약이 없다면 '창작에 이바지한 정도'에 따라 권리가 각자에게 배분된다. 그런데 창작에 이바지한 정도를 우리가 명확히 따질 수 있을리 만무하다. 그래서 각자의 이바지한 정도가 명확하지 않다면 균등한 것으로 추정된다. 결과적으로 공동저작물은 저작재산권자 전원의 합의에 의해서 행사하여야 하고, 다른 저작재산권자의 동의가 없으면 그 지분을 양도하거나 질권의 목적으로 할 수 없다(질권의 목적으로 한다는 말은 쉽게 말해서 담보잡아서 돈을 빌린다는 말이다). 권리자가 여럿인데 행사까지 전원의 합의로 하도록 규정돼있으니 실제 자신의 권리를 행사할 때 굉장히 번거로울 수 있다. 그래서 공동저작물을 행사함에 있어서 저작재산권자들은 그들을 대표하여 저작재산권을 행사할 수 있는 자를 선정할 수 있다(제48조).

✔ 오픈소스와 카피레프트

사실 소프트웨어 엔지니어들은 자신들에게 저작권이라는 법적인 권리가 있다는 사실보다 자유롭게 서로의 코드를 사용하고 공유하는 오픈소스의 관행에 더 익숙하다. 참으로 상찬할만한 문화이고 이러한 자유로운 지적교류야말로 지금의 인터넷 세상을 만들어낸 장본인이다. 그래서 더욱 말씀드리기가 껄끄럽다. 하지만 소프트웨어 엔지니어분들이 이러한 문화에 너무 익숙하다보니 자신들에게 저작권이라는 권리가 인정된다는 사실조차 모르는 경우가 허다하다는 사실은 어찌보면 안타까운 일이다. 그러니 지금이라도 알아두자. 여태껏 사람냄새 넘치는 정이 가득했던 정보교류의 장에 AI가 투입되면서 곧 프로그래머들의 정당한 권리찾기 폭풍이 불어닥칠 예정이다. 아니 이미 바람은 불고있다. 오픈소스를 AI가 무더기로 긁어 프로그램을 만들고 이것을 그 AI 소유자가 유료로 판매하는 경우에 대한 문제가 이미 뜨거운 감자로 떠올랐다.

원칙적인 모습을 먼저보자. 앞서 본 바와 같이 프로그램 이용, 개작 등의 행위를 할 경우 원칙적으로 원저작자의 허락이 필요하다. 오픈소스라도 마찬가지이다. 오픈소스라도 저작권이 당연히 인정되고 허락없는 개작행위는 프로그램의 저작권을 침해하는 것이다. 개작한 부분이 상당하고 창작성이 인정된다면 별개의 독자적인 프로그램으로 보호를 받을 수 있지만 그것과는 별개로 원프로그램에 대한 저작권은 침해가 된 것이다. 이것만 알고있어도 된다.

그럼 실제로는 어떤 모습으로 이루어지나? 우리 이공계인들은 법을 별로 좋아하지 않는다. 이러한 법적인 권리인 저작권이라는게 도통 마음에 들진 않는다. 뭔지 잘 모르지만 아무튼 좋아하는 것 같지는 않다. 그래서 소프트웨어 엔지니어들은 지식의 독점을 반대하고 정보의 자유로운 공유를 위해 각양각색의, 정말 수천종류에 달하는 오픈소스 라이선스를 만들었다. 소위말하는 카피레프트로, 대표적인 것이 GPL 2.0이다. 이러한 라이센스들의 종류들은 정말 수천가지로 너무나도 다양하지만 어쨌든 모두 공개범위/ 공개방법/ 고지의무에 대한 내용을 담고 있다. 대부분의 경우 '상업적 이용을 하지 않는다는 전제하에, 출처를 밝힌다면 마음껏 이용, 개작해도 된다'는 내용이다.

이것은 일단 법이 아니다. 법이 싫어서 새롭게 만들어낸 건데 당연히. 그럼 이것의 정체는 뭔가? 견해의 대립은 있지만 저작권법 제46조에서 규정하고 있는 '저작물의 이용허락 계약'이라 볼 수 있을 것이다.[11]

그냥 인터넷에 올린 것을 다운 받은 것인데 이게 계약이라고? 그래서 견해의 대립이 있는 것이다. 뒤에서 자세히 살펴보겠지만 사실 계약이라는 것은 별게 아니다. 양 당사자 간에 의사의 합치가 있다면, 즉 둘이서 짝짜꿍이 맞았으면 그게 계약이다. 그리고 양 당사자는 그 계약의 내용에 구속된다. 일단 원저작자가 위와 같은 라이센스 조건을 달고 소스코드를 넷에 올렸다. 그리고 이용자가 이것을 다운받았다. 이정도면 둘이 짝짜꿍이 맞았다고 볼 수 있을 것이다. 그래서 오픈소스 라이센스 역시 계약이라 볼 수 있다.

지금쯤 여러분들은 그게 뭐가 중요한데?라는 생각이 머릿속에서 마구 떠오르고 있을 것이다. 아무리 오픈소스 라이센스라도 약속을 했으면 지켜야 하는게 우리 상식에 맞다. 문제는 일방당사자가 그것을 안지켰을 때 (예를 들어 상업적으로 이용했거나 출처를 명시하지 않았다는 등의 사유가 발생했을 경우) 우리는 법정에 그걸 들고가서 '얘 이 약속 안지켰으니 혼내주세요'라고 해야 한다는 것이다. 그러기 위해서는 그게 법이 아니라면 적어도 계약이라 인정되어야 한다.

우리는 더이상 원님재판을 하지 않는다. 법에 따라 심판해야 하고 이것이 '법치주의'이다. 즉 뭔가 판사님께서 판단할 기준이 있어야 한다는 말이다. 하지만 법이 모든 것을 다 규율할 수는 없다. 민간인들 사이에서의 다툼의 경우에는 법이 딱히 규율하고 있는 바가 없다면 당사자 간에서의 계약이 그 기준이 된다. 그리고 계약은 지켜져야 한다. 이것이 '계약 준수의 원칙'이다. 그래서 오픈소스 라이센스도 업로드한 사람과 다운로드한 사람 사이에서 지켜져야 한다.

위와 같은 라이센스가 요구하고 있는 조건들을 지키지 않았을 경우 대부분의 오픈소스 라이센스는 '라이센스 이용종료'를 규정하고 있을 것이다. 즉 너는 약속을 어겼으니 더 이상 이것을 공짜로 쓸 수 없다는 내용이다. 그렇다면 그 위반사유 발생시점 이후부터는 오픈소스를 정당하게 이용할 권한이 '없는 자'의 이용이고 그렇기 때문에 저작권 침해로 상대방에게 제재를 가할 수 있다. 물론 계약위반에 따른 일반적인 계약법 상의 손해배상 등의 청구도 가능할 것이다. 이러한 내용에 대해서는 계약파트에서 자세히 살펴보자.

---

11 저작권법 제46조(저작물의 이용허락)
① 저작재산권자는 다른 사람에게 그 저작물의 이용을 허락할 수 있다.
② 제1항의 규정에 따라 허락을 받은 자는 허락받은 이용 방법 및 조건의 범위 안에서 그 저작물을 이용할 수 있다.
③ 제1항의 규정에 따른 허락에 의하여 저작물을 이용할 수 있는 권리는 저작재산권자의 동의 없이 제3자에게 이를 양도할 수 없다.

부정경쟁방지 및 영업비밀보호에 관한 법률 -영업비밀

우리는 우리가 피땀눈물 흘려 가며 만들어낸 기술을 보호해야 한다. 그 방법 중 하나로 앞에서 특허를 보았다. 그런데 결정적인 문제가 있다. 특허는 공개된다. 산업발전을 궁극적인 목적으로 하고 있기 때문에 독점권을 주되 기술을 널리 알리는 것이다. 그렇다면 공개하기 싫은, 진짜 우리 회사만 가지고 있고 싶은 기술은 어떻게 보호하는가? 영업비밀로 가지고 있어야 한다. 그런데 그렇게 어떤 기술을 영업비밀로 가지고 있는 행위는 특허라는 제도로 보호받기를 포기한 것이므로 어떤 보호도 받지 못하는가? 그럴리가 없다. 우리 법은 "부정경쟁방지 및 영업비밀보호에 관한 법률(약칭: 부정경쟁방지법)[1]"으로 영업비밀을 보호하고 있다.

부경법 제2조(정의)

이 법에서 사용하는 용어의 뜻은 다음과 같다.

2. "영업비밀"이란 공공연히 알려져 있지 아니하고 독립된 경제적 가치를 가지는 것으로서, 비밀로

---

1 법은 법제처 사이트에 나오는 공식 약칭으로 부르는 것이 일반적이나, 바쁜 우리들에겐 부정경쟁방지법도 길다. 그래서 보통 더 줄여서 "부경법"이라고 부르고 이 책에서도 이하 부경법이라 표기할 것이다.

관리된 생산방법, 판매방법, 그 밖에 영업활동에 유용한 기술상 또는 경영상의 정보를 말한다.

3. "영업비밀 침해행위"란 다음 각 목의 어느 하나에 해당하는 행위를 말한다.

　가. 절취(竊取), 기망(欺罔), 협박, 그 밖의 부정한 수단으로 영업비밀을 취득하는 행위(이하 "부정취득행위"라 한다) 또는 그 취득한 영업비밀을 사용하거나 공개(비밀을 유지하면서 특정인에게 알리는 것을 포함한다. 이하 같다)하는 행위

　나. 영업비밀에 대하여 부정취득행위가 개입된 사실을 알거나 중대한 과실로 알지 못하고 그 영업비밀을 취득하는 행위 또는 그 취득한 영업비밀을 사용하거나 공개하는 행위

　다. 영업비밀을 취득한 후에 그 영업비밀에 대하여 부정취득행위가 개입된 사실을 알거나 중대한 과실로 알지 못하고 그 영업비밀을 사용하거나 공개하는 행위

　라. 계약관계 등에 따라 영업비밀을 비밀로서 유지하여야 할 의무가 있는 자가 부정한 이익을 얻거나 그 영업비밀의 보유자에게 손해를 입힐 목적으로 그 영업비밀을 사용하거나 공개하는 행위

　마. 영업비밀이 라목에 따라 공개된 사실 또는 그러한 공개행위가 개입된 사실을 알거나 중대한 과실로 알지 못하고 그 영업비밀을 취득하는 행위 또는 그 취득한 영업비밀을 사용하거나 공개하는 행위

　바. 영업비밀을 취득한 후에 그 영업비밀이 라목에 따라 공개된 사실 또는 그러한 공개행위가 개입된 사실을 알거나 중대한 과실로 알지 못하고 그 영업비밀을 사용하거나 공개하는 행위

　도대체가 무슨 말인지 못 알아먹겠다. 하나하나 풀어보자.

　즉 아무 것들이나 영업비밀로 보호되는 것이 아니라 1) 공연히 알려지지 않은 것이어야 하고(비공지성), 2) 독립된 경제적 가치를 가지는 것으로서(경제적 유용성), 3) 비밀로 관리된 것(비밀관리성)이라는 세 가지 요건을 충족해야 한다는 것이다.

　특허법은 자연법칙을 이용한 '기술'에 관한 것을 보호하지만 부경법은 자연법칙일 필요도, 기술에 관한 것일 필요도 없지만 위와 같은 요건을 충족한 것을 보호한다는 점에서 차이가 있다.

　침해행위들은 굉장히 복잡하게 6가지로 나누어 열거하고 있지만 간단하게 나눠볼 수 있다.

1) 절도 등 부정한 수단으로 영업비밀을 취득, 사용, 공개하는 행위 (부정취득행위),

2) 영업비밀을 비밀로서 유지해야 할 의무가 있는 자가 부정한 이익을 얻거나 보유자에게 손해를 가할 목적으로 영업비밀을 사용, 공개하는 행위(비밀유지의무 위반행위)

라는 두 가지 유형의 변주이다.

이 두 가지 유형에 '제3자'가

1) 부정취득행위 또는 비밀유지의무 위반행위가 있었다는 사실을 취득당시에 알았거나 실수로 알지못하고 그 영업비밀을 취득, 사용, 공개한 행위(부정취득자 또는 비밀유지의무 위반자로부터의 악의[2] 취득), 그리고

2) 위 두 종류의 행위가 있었던 사실을 취득 당시에는 알지 못했지만 취득한 이후 알게되거나 실수로 알지 못하고 사용, 공개하는 행위(사후적 관여)를 추가해 놓은 것이다.

즉 행위유형으로 부정취득행위와 비밀유지의무 위반행위가 구별되고, 부정취득자 그 자신의 행위인지, 부정취득자로부터 그것이 부정취득된 비밀인 것을 알면서 취득하거나 사후적으로 관여했는지 여부에 따라 다시 한번 구분을 더한 것이다.

여기서 주의해야 할 것은 '계약관계 등에 따라 영업비밀을 비밀로서

---

2 법을 다루면서 '악의'라는 단어가 나오면 '나쁜 생각'이 아니라 '알면서'로 해석해야 된다. 반대로 '선의'는 '착한 생각'이 아니라 '몰랐던'이라고 해석해야 된다. 상식으로 알아두도록 하자. 이 책은 상식책이니까.

유지하여야 할 의무가 있는 자'는 비밀유지계약서를 쓰는 등으로 '계약관계'가 형성된 자만을 의미하는 것이 아니라는 것. 법 조문을 보다가 '등'이 나오면 항상 긴장해야 한다. '계약관계'는 예시일 뿐이고 법률적인 관계가 없더라도 비밀을 지켜야 할 신뢰관계가 인정되면 족하다. 여러분들은 회사의 종업원이니 당연히 이러한 비밀을 지켜야 할 관계가 인정될 것이다.

법조문들 구조가 그 말이 그 말인 것 같고 쓰잘데기 없이 복잡하게 꼬아둔 것처럼 보여도 이렇게 케이스를 세세하게 나누어 놓기 위해 어쩔 수 없이 저런 식으로 구성되는 경우가 많다. 차근차근 뜯어보면 별 것 아니다. 독자여러분들은 이제 이 책으로 이를 배웠으니 법 앞에서 당당해질 수 있을 것이다.

굉장히 촘촘하게 영업비밀 침해행위를 규정해놨다. 지금 여러분들은 조금 무서웠을지도 모른다. '내가 다루는 회사나 회사의 거래상대방에 관한 지식들의 태반이 다 영업비밀일텐데 이에 대해 한마디라도 하면 다 잡혀가는거 아닌가?' 충분히 이해된다. 특히 여러분들이 다루는 모든 것들은 회사 또는 회사의 계약 상대방의 영업비밀로 분류될 확률이 높으니 걱정이 될 수밖에 없다. 그래서 부경법은 제13조에서 '선의자' 즉 몰랐던 사람은 예외로 두고 있다.

부경법 제13조(선의자에 관한 특례)

① 거래에 의하여 영업비밀을 정당하게 취득한 자가 그 거래에 의하여 허용된 범위에서 그 영업비밀을 사용하거나 공개하는 행위에 대하여는 제10조부터 제12조까지의 규정을 적용하지 아니한다.

② 제1항에서 "영업비밀을 정당하게 취득한 자"란 제2조 제3호 다목 또는 바목에서 영업비밀을 취득할 당시에 그 영업비밀이 부정하게 공개된 사실 또는 영업비밀의 부정취득행위나 부정공개행위가 개입된 사실을 중대한 과실 없이 알지 못하고 그 영업비밀을 취득한 자를 말한다.

이제 조금은 안심이 될 것이다. 다만 '거래에 의하여 정당하게' 취득한 경우에만 특례가 적용된다는 사실에 유의하자.

그럼 이제 영업비밀침해행위에 대해서는 어떻게 대응해야 하는가? 영업비밀 침해행위를 하거나, 하려는 자에 대하여 '영업상의 이익이 침해되거나 침해될 우려'가 있는 경우 법원에 그 침해행위를 금지하도록 금지청구를 할 수 있다(금지청구권. 부경법 제10조). 그리고 당연히 영업비밀 침해에 대해 손해배상을 청구할 수 있으며(손해배상청구권. 제11조), 영업비밀 보유자의 청구가 있으면 법원은 고의 또는 과실에 의한 영업비밀 침해행위로 영업비밀 보유자의 영업상 신용을 실추시킨 자에게 영업상의 신용을 회복하는 데에 필요한 조치를 명할 수 있다(신용회복청구권. 제12조).

계 약

01

총 론

계약 일반

　직장인들은 수많은 계약서를 작성, 관리한다. 서류의 이름도 다양하다. '계약서'의 명칭을 가진 것도 있지만 '계산서', '기술 사양서', 'Technical Specification', 'RFQ' 등의 갖가지 이름으로 작성된다. 우리들은 '실제 세계'에서 벌어지는 물품 제작, 납품, 운송부터 설계, 건설 시공이나 소프트웨어 유지보수 용역 등 많은 일들을 처리해야 하기 때문이다. 우리는 이 일들이 잘 굴러가게 하기 위해 계약을 하는 것이고, 그렇기에 계약서에서는 계약 내용을 분명히 정의하고 문제가 생겼을 경우를 대비한 명확한 해결방안을 제시해야 한다. 그래서 계약서는 법적 효력을 갖는 아주 중요한 문서고 이를 구성하는 문장 한줄한줄이 법률용어들로 가득차있다.

　여기서 계약서가 법적 효력을 갖는다는 말은 '법적 구속력' 또는 '강제력'을 말한다. 상대방이 계약내용대로 이행을 하지 않는다면 이를 계약서에 근거하여 강제할 수 있다는 의미이다. 쉽게 말하면 유효한 계약을 했다면 법원에 달려가서 '약속대로 해라'라고 판사님께 일러바칠 수 있는 힘이 생긴다.

　바로 이 점이 계약과 우리가 사업 실무에서 흔히 보는 LOI의향서, Letter of

Intent나 MOU양해각서, Memorandum of Understanding와의 차이이다.

이 둘은 계약과 달리 법적 구속력이 없다. 사실상 '잘해봅시다' 정도의 의미를 갖는 것이다. 그런데 왜 하는 것인가? 사업에서는 실제로 이러한 '잘해봅시다'가 큰 의미를 갖기도 하고, 추후 '진짜' 계약서를 작성할 때 위 LOI나 MOU에 적었던 내용을 그대로 포함시키거나 아예 계약서의 일부로 첨부하기도 하는 등 계약서 작성을 용이하게 해준다. 그리고 전체적으로 보면 법적구속력이 없지만 일부 조항에는 법적 효력을 부여하여 상대방을 실제 계약이 이루어질 때까지 약속을 지키도록 할 수 있다. 계약체결시까지 사업관련 비밀을 유지해야 한다는 조항이나 다른 경쟁자와의 접촉을 금지한다는 조항들이 대표적이다.

여기서 여러분은 살짝 당황했을 것이다. MOU는 강제력 없다면서? 핵심 아이디어는 여러분이 작성하는 문서의 제목이 아니라 당사자간의 의사의 합치가 중요한 것이라는 것이다.

MOU라도 비밀유지 의무와 같이 일부조항의 경우 당사자 간 그 조항 내용에 구속받고자 하는 의사의 합치가 있고, 이러한 의사의 합치가 해당 문서 내에 명확히 표시됐다면 구속력이 생긴다. 의사의 합치가 명확히 표시돼야한다고해서 뭐 대단한 것이 필요한 것은 아니고, 보통 '~할 수 없다', '~해야 한다'와 같은 문구를 사용하여 '구속받고자 하는 의지'를 표현하고 그거면 충분하다.

반대로 일반적으로 '최대한 노력한다', '적극 협조한다'와 같은 문구는 이러한 강제성이 없다고 보는 전형적인 표현이니 주의하도록 하자. 산업현실에서 계약상대방에게 '공손한 표현'을 쓰겠다고 이러한 문구들이 가득한 합의서를 작성하는 경우가 굉장히 많은데 나중에 문제가 생겼을 때 어떠한 효력도 인정받지 못할 수 있다.

어쨌든 계약서는 법적 강제력을 갖기 때문에 잘 써야 한다.

그런데 그렇게 중요한걸 우리는 어떻게 작성하나? 여러분 팀 드라이브에서 비슷한 다른 프로젝트에서 썼던 계약서를 긁어다가 복사, 붙여넣기 한 뒤에 숫자만 바꾸고 제출한다. 난 다 알고 있다. 숫자를 제외한 나머지 '문자'로 된 조항들은 여러분 뇌에서 자동으로 필터링 된다. 아무도 읽지 않는다. 심지어 그 팀 드라이브에 있던 계약서는 호랑이 담배 피우던 시절에 퇴사한 전설적인 박과장님이 작성한 것이 대대로 내려오는 것이고 원출처는 아무도 모른다. 이런 대대로 물려내려오는 팀의 유산은 항상 최초 작성자가 퇴사자이다. 그래서 누구에게 물어볼 수도 없는데 이게 전부 무슨 말인지도 모르겠고, 작성시 무엇을 참조했는지, 심지어 해당 계약서를 작성하면서 그 프로젝트의 어떤 특성을 반영해 놓은 것인지도 도무지 알 수 없다. 그저 있으니 사용할 뿐.

그래도 일을 제대로 처리하고 싶은 욕심이 있는 여러분, 조금 읽어 봤지만 내가 이걸 어떻게 해야하는지 감도 안온다. 팀장님께 어찌해야 되냐고 물어보면 천재지변이 생기기 전에는 아무도 열어보지 않는 팀 캐비닛에서 먼지쌓인 '법 교과서' 한 권을 꺼내서 던져주신다. 팀장님은 물론 팀 내에서 아무도 그 책을 펼쳐본 기억은 없다. 그래서 용기있게 교과서를 펼쳐본 여러분, 답답함이 몰려온다. 무슨 쓸데없는 해당 법의 연혁부터 시작해서 필요없는 정보가 한 가득이다. 너무나 엄청난 정보량에 짓눌려 여러분이 필요로하는 정보는 결국 얻지도 못하고(실질적으로 그 책에 여러분이 필요로 하는 정보가 아예 없을 확률도 높다) 책을 덮는다. 그렇게 전설의 박과장님의 계약서는 숫자만 바뀐 채로 도장이 찍혀 나간다.

계약서 작성 후 계약 체결 전에 법무팀의 검토를 받는 회사라면 그

나마 다행이지만 그렇지 않은 경우도 있다. 아니, 태반이 그렇다. 게다가 법무팀은 해당 프로젝트의 내용과 그 안에 포함된 기술적 언어를 알지 못하기에 법무검토조차도 기술과 관련된 계약서에 한해서는 피상적인 검토가 되기 일쑤이다. 그나마 다행인건 계약 상대방 회사의 엔지니어들도 마찬가지라는 것이다. 뭐 그렇게 해도 프로젝트는 어찌저찌 잘 굴러간다. 문제가 생기기 전까지는. 이것이 대한민국 산업 현실이다.

그래서 우리는 계약의 기초적인 내용에 대해 알아야 할 필요가 있다.

법학을 전공하지 않은 우리가 이렇게 법률용어들이 난무하는 계약서를 실제로 써야하는 것이 실무의 현실이다. 하지만 아무도 그에 대해 알려주는 사람은 없었다. 이 책이 나오기 전까지는 말이다.

✔ 어떤 계약서는 얇고, 어떤 계약서는 두껍던데 왜 그래요?

계약에 대해 살펴보기에 앞서 알아두면 좋을 내용이 있다. 법과 관련된 논의가 나오면 '대륙법'과 '영미법' 이야기가 빠지지 않는다. 당연히 우리나라는 대륙법계다. 우리가 비록 지리 과목을 배우지는 않았어도 그정도는 세계지도를 펼쳐보지 않아도 안다. 근데 그게 뭔 차이인가?

개략적으로 설명하자면 대륙법계는 온갖 것들에 대해 세세하게 '규칙'들을 미리 정해둔다. 문자로 적힌 '법'으로 말이다. 이공계 출신들은 이를 '함수' 또는 '알고리즘'으로 생각하면 된다. 그래서 우리가 '법전'을 그리 신성시하는 것이다. '규칙'이 있으니 우리가 '입력'을 넣으면 '결과'가 튀어나온다. 이용자 입장에서는 굉장히 편리하다.

하지만 당연히 우리 국회의원들이 모든 경우의 수를 대비해서 규칙을 만드는 것은 불가능하다('우리'라고 쓰긴 했지만 이건 당연히 다른 나라도 마찬가지다). 거기다가 '규칙' 자체도 '언어'로 표현되기 때문에 부실하기 짝이 없다. 이러한 규칙 기반 시스템은 그러한 빈 구멍에 대한 해석과 명확하게 표현되지 못한 부분에 대한

다툼이 숱하게 생길 수밖에 없다.

반면 영미법계는 판례 위주의 케이스 중심의 시스템이다(물론 그렇다고 문자로 적힌 법이 아예 없는 것은 아니다). "이러이러한 상황이 있었고 이럴 때 법원은 이렇게 판단했었다." 이 '상황' 자체가 중요해지는 것이다. 그렇다보니 영미법계에서는 케이스 위주의 공부와 실무가 이루어진다.

인공지능 분야에 관심이 있는 사람이라면 다음과 같은 비유를 생각해보라. 이전까지 우리는 컴퓨터에 if-then 형식의 규칙을 입력하여 각 명령에 따르는 규칙기반 시스템을 설계해왔다. 하지만 이런 식으로는 굉장히 한정적인 업무처리만이 가능하다는 사실이 드러났다. 쓸데없이 규칙 수만 많아져서 관리하기도 힘들며, 시대를 쫓아가기에는 법률 제정 과정이 너무나도 느리다는 당연한 단점도 있고 말이다. 이윽고 머신러닝과 빅데이터의 시대가 도래하면서 케이스별로, 여러 데이터 세트 자체를 학습시켜서 배우고 스스로 규칙을 배우고 형성하는 패러다임의 전환이 이루어졌다. 전자의 모습이 대륙법계의 모습이고, 후자가 영미법계의 시스템이다.

그래서 그게 우리랑 무슨 상관인데? 계약서 분량과 내용이 차이가 난다.

대륙법계 국가에서는 법전에 '우리'가 지켜야 할 온갖 '규칙'들이 다 정해져있으므로 거기에 따르기만 하면 된다. 그래서 계약서가 간단하다. 여러분들이 가장 쉽게 접했을, 부동산에서 30분이면 완성되는 임대차 계약서를 떠올려보자.[1]

달랑 한 장이다.

계약이 누구와 누구 사이에서, 어떤 부동산에 대해서, 언제부터 언제까지, 얼마주고 이루어졌는지와 같은 기본적인 사항을 써넣고 나면 나머지 사항들은 특약 사항 정도만 대충 집주인과 협의해서 써넣는다. 왜? 우리 임대차 계약과 관련된 내용은 민법과 임대차보호법에 다 써있으니까 그렇다. 미리 정해진 규칙들이 있다는 것이다. 그래서 여러분들 입장에서 유리한 법 규정들이 존재하는 경우 그에 대한 내용을 굳이 계약서에 적을 필요가 없다.

여기서 주의할 것은 그렇다고 해서 모든 것을 법대로 따라야 하는 것은 아니라는 것. 일반 국민과 국민 사이를 규율하는 법들 중 많은 경우가 당사자 간의 합의를 더 우선시한다. 이 말은 사인(국가기관이 아닌 일반인이라고 이해하면 된다)간의 계약과 관련된 법들은 거의 모두가 당사자들의 합의로 배제할 수 있다는 것이다. 민법이나 상법 등의 계약과 관련된 일반 원칙을 정한 규정들의 상당수가 여기에 속한다. 이러한 규정들을 '임의법규'라 한다. 그래서 이러한 법에 규정된 일반

원칙들보다 우선시되는 '우리만의 약속'을 만들어내는 계약서의 '특약사항'들이 그렇게 중요한 것이다. 예를 들어 회사들 간의 거래에서는 일방이 이행을 늦게 한 경우라면 계약서에 아무런 얘기를 써두지 않았다 하더라도 상법 규정에 의해 연 6%의 법정이자를 받아낼 수 있다. 하지만 계약서에 '이행에 늦으면 연 10%의 지체상금을 내야 한다'라고 규정해서 상법 규정을 적용하지 않을 수 있는 것이다.

다만 사회적 약자보호 등의 특정 사회적 목적을 가진 법들은 합의로 배제할 수 없다. 소위말하는 '강행법규'이다. 여러분들이 '규제'라고 생각하는 법들은 대부분 이쪽에 속한다. 어쨌든 그래서 계약서를 작성하는 대한민국 국민 입장에서는 문제가 쉽다. 계약서를 대충 써도 당사자 사이에 문제가 생길 수 있는 전형적인 상황들은 법에 다 규칙이 마련이 돼있다. 그래서 국내 업체끼리의 국내계약을 체결하는 경우라면 특별히 신경써야 될 것 같은 중요한 사항들만 적어두어도 된다. 물론 우리는 일반적인 계약에서 생기는 전형적인 문제들이 뭐가 있는지를 배워나가는 단계이므로, 뭘 특별히 신경써야 할지 알기 위해서 기본적인 계약법내용을 배울 것이다. 그러니 이 책의 뒷부분을 열심히 읽도록 하자.

반면 영미법계는? 미리 정해진 규칙이 없기 때문에 온갖 내용들을 계약서에 다 집어넣는다. 하자가 생기면 어떻게 처리할 것인지, 나중에 분쟁해결은 어떻게 할 것인지, 입금 방법은 어떻게 할 것인지 등등 오만가지 내용들을 다 집어넣는다. 그래서 간단한 계약이라도 계약서 분량이 책자만큼 불어난다. 조금이라도 큰 계약이라면 계약서 사이즈가 백과사전을 방불케한다. 변호사들에게도 버거운데 일반인들은 들여다볼 엄두도 나지 않는다.

그래서 글로벌 시장을 상대하는 수출기업들의 경우 영미권 스타일의 온갖 사항들을 다 집어넣은 계약서들을 많이 사용한다. 업계에 따라 계약서 스타일이 다른 것이다. 글로벌 계약에 익숙한 기업들의 경우 국내 계약에서도 두툼한 영미권 스타일의 계약서를 사용하고, 반대로 국내 계약이 익숙한 업체의 경우 글로벌 계약에서도 그리 두껍지 않은 계약서를 선호한다. 팀 드라이브에서 굴러다니는 계약서들이 다 그렇게 생겼으니 결국 그걸 가지고 적당히 수정해서 계속 돌려쓰다 보니 그렇게 되는 것이다.

여러분이 종사하는 업계에 따라서, 프로젝트에 따라서 어떤 계약서는 들춰보기도 싫게 생긴 푸짐한 사이즈의 책이고 어떤 계약서는 얇다면, 그리고 그 이유가 궁금했다면 그 차이가 이런 연유에서 발생한다는 것을 알아두면 좋다. 안그래도 영어로 쓰인 계약서는 읽기 싫은데 왜 이렇게 쓸데없이 두껍냐? 하는 의문이 들었던 엔지니어라면 이제 후배들에게 아는 척 한번 해주자.
정리해보면 다음과 같다.

	대륙법계	영미법계
시스템	규칙 기반	케이스 기반
계약	특약만 간단히 작성	세부적인 케이스까지 작성

이제 계약과 관련된 일반적인 내용을 살펴 보자.

계약서를 나누어 '문과 부서'에서 검토하는 상업계약서와, 여러분들의 부서에서 검토하는 기술계약서로 따로 관리하는 경우도 있지만[2] 그렇지 않은 경우도 있기 때문에, 즉 여러분들이 온갖 법적 내용이 담긴 계약서 전체를 작성, 관리해야 할 일이 자주 있기 때문에 여러분도 조금은 알아둘 필요가 있다. 그리고 문과 부서에서 상업계약서를 검토하더라도 실제 프로젝트를 진행하다 생기는 문제들은 여러분 선에서 해결해야 하는 경우가 수두룩하기 때문에 적어도 계약서의 어떠한 내용이 중요한지는 필수적으로 알아야 한다.

과학, 공학을 전공할 때까지만 해도 계약서를 쓰게 될 줄은 꿈에도 몰랐던 우리들. 계약서를 잘 만들기 위해서는 무엇을 보아야 할까. 알 리가 없다. 일단 우리가 계약서를 열심히 작성해야 하는 이유부터 알아야 한다. 계약서 작성의 핵심은 법의 한도 내에서 최대한 여러분의 회사에

1 뭐? 여러분은 전세라서 전세계약만 해봤지 임대차 계약서 안써봤다고? 전세권 등기를 안했다면 법적으로는 그것도 '임대차' 계약이다.
2 규모가 큰 계약의 경우 여러분들이 검토하는 기술적 내용을 적어놓은 부분은 Technical Specification 등의 이름을 달고 계약서의 '첨부'로 들어간다.

유리하도록 작성하는 것이다.

여기서 '유리'라는 말은 애매하기 그지없다. 기준이 있어야 한다. 뭐에 비해서 '더' 유리해야 유리한 것인가. 이 기준으로 삼을 만한 것이 있다. 민법이나 상법 등에 규정된 계약법의 기본 원칙들과 공정위 같은 정부기관이나 업계사람들이 모여서 만든 표준계약서이다. 이러한 기준들은 상대적 비교를 할 때에도 유용하지만, (실무에서 꽤나 자주 벌어지는) '맨 땅에 헤딩'해서 처음부터 계약서를 작성해야 할 경우에 좋은 길라잡이가 되어준다는 측면에서 알아두면 매우 유용하다.

계약법의 내용들은 뒤에서 살펴보도록 하고 표준계약서를 먼저 보자.

표준계약서에 관하여 주의할 것이 있다. 아무 표준계약서나 인터넷에서 주워다가 사용하면 안 된다. 인터넷에서 표준계약서라고 이름붙어 돌아다니는 것들의 상당수가 아무 내용이 없거나 일방에게 유리하게 작성된 것이다. 그래서 막 가져다 썼다가는 낭패를 볼 수 있다. 대기업들의 경우 회사 법무팀에서 만든 역사와 전통이 있는 표준계약서를 쉽게 찾아볼 수 있을테지만(상당수가 너무 오래된 것이긴 하지만) 모두가 그렇게 운이 좋은 것은 아니다. 회사에서 사용하는 표준계약서를 구하지 못했을 경우 계약의 양 당사자의 입장과 법률 내용들을 최대한 반영하여 각계 전문가들이 모여 오랜 시간동안 머리싸매고 만든, 정부부처에서 발행한 표준계약서가 좋은 길잡이가 돼준다. 그래서 그걸 어디서 보냐고? 정부는 국민들을 위해 공정거래위원회 사이트에 표준약관양식을 모아두었다.

검색엔진에서 "공정거래위원회"를 검색, 공정거래위원회 사이트에 접속해서 "정보공개"를 클릭한 후 "표준계약서"를 클릭하면 된다. 이것조차 하기 귀찮은 여러분을 위해 각주로 링크를 달아놨다.[3] 정말 온갖 계약들의 표준계약서들을 다 마련해두었다.

만약 여기서 찾지 못하였다면 자신이 관련된 업계를 관할하는 정부부처 사이트에서 찾아보면 된다. 우리는 산업분야의 계약서를 작성코자 하는 것이므로 공정위보다는 이쪽에서 찾을 수 있을 확률이 더 높다. 보통 해당 업계를 관할하는 정부부처에서는 훈령이나 고시의 형식으로, 즉 이 책 맨 앞에서 배웠던 '행정규칙'의 형식으로 그 업계에서 자주 쓰이는 계약의 표준계약서를 작성해 발표한다(그래서 정부부처에서 고시한 표준계약서를 사용하지 않았더라도 여러분들이 잡혀가지 않는 것이다!).

예를 들면 건설과 관련된 계약의 경우 국토교통부에서 관장한다. 건설엔지니어라면 국토교통부 사이트4에 들어가보자. 메뉴에서 "정책자료"를 클릭하면 "법령정보"가 보인다. "법령정보"를 클릭하면 "행정규칙(훈령·예규·고시)"이 보인다. 이제 검색창에서 "계약서"를 검색해보면 된다.

물론 표준계약서를 업로드 해둔 카테고리는 부처 사이트별로 다를 수 있다. 예를 들어 소프트웨어 엔지니어들이 볼 '디지털콘텐츠 표준계약서'는 과학기술정보통신부에서 관리하는데, 과학기술정보통신부 사이트5에서는 표준계약서를 "정보공개" > "사전정보공표" > "사전정보공표목록" 게시판에서 찾을 수 있다. 사실 게시판 찾기가 상당히 까다로우니 그냥 어떤 정부기관 사이트를 들어가든 우측 상단의 전체검색 버튼을 클릭해 활용하도록 하자.

사소한 팁 한 가지. 정부기관 사이트에서 검색시 주의할 점은 "계약서"나

---

3 https://www.ftc.go.kr/www/cop/bbs/selectBoardList.do?key=201&bbsId=BBSMSTR_000000002320&bbsTyCode=BBST01

4 http://www.molit.go.kr/portal.do

5 https://www.msit.go.kr/index.do

"표준"을 검색해야지 "표준계약서"라고 검색하면 안 된다는 것. 왜냐하면 표준계약서를 올릴 경우 2022년 8월 18일 현재 기준으로 국토교통부의 가장 최신 표준계약서인 '민간건설공사 표준도급계약서 일부개정'과 같이 '표준××계약서'라고 표기하는 경우가 잦기 때문이다.

그리고 정부기관뿐 아니라 건설엔지니어링업계의 FIDIC[6]과 같이 업계사람들이 모여서 만든 표준계약서들도 있다. 해당 업계를 관할하는 협회의 홈페이지에서 위와 같은 과정을 거쳐 찾아보자.

이렇게 찾은 표준계약서를 계약서 작성시 사용하거나 다른 사람이 작성한 계약서와 비교하는 용도로 사용하시면 막막함이 조금 풀리실 것이다.

표준계약서 얘기가 나온 김에 중요한 내용을 하나 보고 가자. 정부부처나 업계사람들이 작성한 표준계약서가 아니라 계약당사자 일방이 '회사 내부적으로 작성해서 가지고 있는 표준계약서'를 사용할 때의 문제이다.

계약실무에서는 '갑'과 '을'의 협상력 차이뿐만 아니라 계약서를 누가 작성했는지에 따라 계약의 유불리가 확연히 갈린다. 당연히 계약서를 먼저 작성해서 상대방에게 던지는 쪽이 유리하다. 일단 먼저 작성해놓으면 그것이 '기준'이 되고 거기에 어떤 내용을 더하거나 빼려면 상대방 측이 협상안을 제시해야 하니까 말이다. 더군다나 상대방이 제대로 된 계약서 검토 능력이 없다면 '갑'이 작성해서 집어넣은 독소조항에 눈 뜨고 코 베일 수 있다. 그래서 자신의 회사가 '갑'이든, '을'이든 자주 이루어지는 계약에 대해서는 표준계약을 마련해두는 것이 좋다. 아니, 필수적이다. 평소에 '을'인 회사라도 어떤 계약관계에서는 '갑'이 될 수도 있고, 이

---

6 Fédération Internationale Des Ingénieurs-Conseils. 국제컨설팅엔지니어링연맹의 이름이자 이 기관에서 만드는 표준계약서의 이름이기도 하다.

번에 만난 '갑' 회사가 운이 좋게도 '너네가 계약서 알아서 준비해와'라고 할 수도 있을 뿐더러, '갑'이 던져준 계약서를 비교 검토할 대상이 필요하다.

어쨌든 '갑'이 내부적으로 작성해서, 여러 상대방에게 돌려가며 사용하고 있는 표준계약서를 '을'이 계약서 문구 수정을 할 엄두도 못내고 사인을 하는 것이 우리 산업의 계약 실무 현실이다. 영화에서 보는 것처럼 각 당사자를 대리하여 정장 쫙 빼입은 변호사들이 우르르 몰려나와 서류가방들고 미팅하며 협상하는 계약은 극히 드물다. 만에 하나 협상을 하더라도 '을'의 협상 테이블에 앉은 사람은 계약서의 문구가 뭘 의미하는지도 모르는, 법을 배우지 않은 현업실무자이다. 현실에서 대등한 당사자 간의 자유로운 의사에 따른 합의는 찾기 힘들다.

그래서 '을'을 보호할 필요가 있다. '갑'이 미리 작성해둔 계약서에 말도 안되게 부당한 내용을 적어두어도 '을'의 입장에서는 이것을 막을 수 없다는 현실을 반영한 것이다. 이 때문에 "약관의 규제에 관한 법률(약칭: 약관법)"이 만들어졌다. 사실 우리가 '약관'하면 보험사나 은행에 가서 사인해야 하는 눈에 보이지도 않는 작은 글자들이 더덕더덕 붙어있는 종이만을 떠올릴 텐데 그보다 넓은 말이다. 약관법에서의 약관의 정의가 다음과 같기 때문이다.

약관법 제2조(정의)

이 법에서 사용하는 용어의 정의는 다음과 같다.

1. "약관"이란 그 명칭이나 형태 또는 범위에 상관없이 계약의 한쪽 당사자가 여러 명의 상대방과 계약을 체결하기 위하여 일정한 형식으로 미리 마련한 계약의 내용을 말한다.

그렇기 때문에 단 몇 명을 위해 미리 작성해 둔 계약서도 약관에 해당, 약관법의 적용을 받게 되는 것이다.

우리가 신경써야 하는 약관법의 주요 조항들을 살펴보고 가자. 먼저 우리가 알아둬야 할 핵심 아이디어는 약관법에 의하여 특정 조항에 문제가 있다고 판단되어도 계약서 전체가 통째로 다 날아가는 것이 아니라 개별 조항별로 유효인지 무효인지 여부가 판단된다는 것이다. 부분과 전체를 구별해야 하는 것이다. 이것은 일부무효의 특칙으로 제16조에 규정되어 있다.

약관법 제16조(일부 무효의 특칙)

약관의 전부 또는 일부의 조항이 제3조 제4항에 따라 계약의 내용이 되지 못하는 경우나 제6조부터 제14조까지의 규정에 따라 무효인 경우 계약은 나머지 부분만으로 유효하게 존속한다. 다만, 유효한 부분만으로는 계약의 목적 달성이 불가능하거나 그 유효한 부분이 한쪽 당사자에게 부당하게 불리한 경우에는 그 계약은 무효로 한다.

그리고 제4조에서는 개별 약정의 우선 원칙을 정하고 있다. 그 내용은 "약관에서 정하고 있는 사항에 관하여 사업자와 고객이 약관의 내용과 다르게 합의한 사항이 있을 때에는 그 합의 사항은 약관보다 우선한다"는 것이다.

약관에 주절주절 쓰여져 있는 내용에는 '갑'이 '을'에게 돈을 100을 준다고 쓰여 있더라도 당사자간 합의로 '특약사항'란에 50만 주기로 합의해서 따로 써 두었다면 그러한 '개별 약정'이 우선한다. 그래서 약관은 대충 읽었더라도 별도로 적어둔 특약사항 부분은 확인의 확인을 거쳐 철저히 작성해야 한다.

그리고 약관은 공정하게 해석되어야 하며, 고객에 따라 다르게 해석될 수 없고, 뜻이 명백하지 않을 때에는 '고객', 즉 약관을 '받아 본' 상대방에게 유리하게 해석되어야 한다(제5조).

약관법의 하이라이트는 불공정한 약관조항을 무효로 규정하고 있다는 것이다.

약관법 제6조(일반원칙)

① 신의성실의 원칙을 위반하여 공정성을 잃은 약관 조항은 무효이다.

② 약관의 내용 중 다음 각 호의 어느 하나에 해당하는 내용을 정하고 있는 조항은 공정성을 잃은 것으로 추정된다.

1. 고객에게 부당하게 불리한 조항

2. 고객이 계약의 거래형태 등 관련된 모든 사정에 비추어 예상하기 어려운 조항

3. 계약의 목적을 달성할 수 없을 정도로 계약에 따르는 본질적 권리를 제한하는 조항

제2항에 불공정 약관의 예시를 세 가지로 들고 있다. 하지만 제6조 제2항에 쓰인 내용들은 너무 추상적이라 실제로 적용하기에는 별 쓸모가 없어 보인다. 그래서 제7조부터 제14조까지 불공정한 약관 조항의 유형들을 따로 규정해두고 있다. 그 내용을 다 설명할 수는 없기에 간단히 이름만 보고 가자. 제7조(면책조항의 금지)는 간단히 말하면 '줄건 줘라' 조항이다. "'갑'이 고의 또는 과실로 '을'에게 손해를 입히더라도 손해배상을 해주지 않아도 된다"는 식으로 법률상, 계약상의 당연한 책임을 면제해주는 조항은 무효라는 뜻이다. 법을 좀 배운 사람들은 너무 말도 안되는 규정 아니냐고, 누가 그런 계약서에 사인을 하냐고 따져묻지만, 이런 계약서들이 난무하는 것이 산업계의 현실이다.

그리고 제8조(손해배상액의 예정)은 우리가 LD라는 이름으로 잘 알고 있는 지연손해금 등을 너무 과도하게 정해두면 무효라는 것이다. 지연손해금에 대해서는 뒤에서 조금 더 자세히 알아보도록 하자.

제9조(계약의 해제·해지)는 예를 들어 '갑'의 훼방으로 당연히 계약을 해제 할 수 있는 상황인데도 '을'은 해제를 못한다고 규정하거나, '갑'

은 계약을 아무 이유없이 해제할 수 있다거나, 계약이 해제되더라도 손해배상을 할 필요없다는 식으로 해제와 관련되어 부당한 내용을 정하는 조항은 무효라는 의미이다. 주의할 것은 계약을 해제하는 것은 당사자의 의사가 결정적으로 중요하기 때문에 위에 언급한 경우라면 모두 해당 약관 조항이 무효가 된다는 것은 아니고 '고객에게 부당한 불이익'을 줄 우려가 있어야만 한다는 것이다. 워낙 유동적인 거래분야라서 서로서로 계약을 물르는 경우가 잦다면 '갑'이 마음대로 해제를 할 수 있어도 그것이 '을'에게 딱히 불리하지 않을 것이다.

제10조(채무의 이행)는 '갑'이 제멋대로 '을'이 이행해야할 내용을 정하도록 하는 조항 또는 '갑'이 자신이 이행하여야 할 것을 일방적으로 중지하거나 제3자에게 대행할 수 있도록 하는 조항은 무효로 정하고 있다. 예를들어 '을'이 '갑'에게 물건을 납품하는데, 구체적인 물건의 스펙을 정해둔 것이 아니라 '갑'은 "'갑'이 적당하다고 판단하는 물건"을 받아야 '을'에게 대금을 지급한다는 식으로 규정하는 경우이다. 일반인들이 보면 누가 이런 말도안되는 식으로 계약을 하냐며 절레절레할 내용들이지만 우리 실무자들은 안다. 이런 '을'의 서러움을. 어쨌든 그런 조항은 무효다.

그 외에 고객의 정당한 법적 권리를 부당하게 박탈하거나(제11조), 고객의 의사를 무시하거나(제12조), 고객의 대리인이 계약을 체결할 때 대리인에게 계약상 책임을 뒤집어 씌우거나(제13조), 고객이 소송제기를 하지 못하도록 규정하는 조항(제14조)는 무효로 규정하고 있다.

"약관규제법"에는 이런 규정들이 있으니 '갑'의 입장에 있는 회사의 근무자들은 미리미리 나중에 무효로 될 조항들은 무리해서 집어넣지 말고, '을'의 입장에 있는 회사의 근무자들은 너무 상심하지 마시라.

그리고 자신의 회사가 '갑'의 위치에 있다고 신나서 "약관규제법"상 무효로 될 정도는 아니더라도 상당히 부당한 조항들을 계약서에 마구 집어넣는 경우가 왕왕 있는데 그것도 조심해야 한다. 보통 이런 경우 자신의 권리를 "'갑'은 ~을 할 수 있다"의 형식으로 과다하게 집어넣고는 하는데 나중에 내부감사를 받을 때 '계약서에 의하면 우리 회사는 이럴 때 ~할 수 있게 규정되어 있는데 너는 왜 그걸 안해서 우리 회사의 이익을 깎아먹었니?'라고 문책을 당할 수 있다. 우리는 여기서 갑질 좋아하다 짤릴 수도 있다는 교훈을 얻어갈 수 있다.

표준계약서는 어디서 찾아야 하고, 회사에서 일방적으로 만든 표준계약서를 사용할 때 무엇을 주의해야 하는지 알았다. 그럼 이제 계약법의 기본 원칙들을 파악해보는 시간을 갖도록 하자. 계약법은 사실 제대로 배우려면 백과사전 사이즈의 책 몇 권의 분량이지만 최대한 직장인들의 실무에서 필요한 부분들만 추리고 추려봤다. 기본개념은 유사하기에 기본적으로는 국내법의 규정을 소개하되 필요한 경우 영미계약법 혹은 국제거래법의 내용을 곁들일 것이다.

아무튼 이 정도만 알아두어도 어디가서 아는 척은 못해도, 읽지도 않고 인터넷에서 긁어다온 표준계약서 복사, 붙여넣기 해넣은 박대리, 김과장보다는 훨씬 훌륭한 성과를 내실 수 있으리라 확신한다.

계약이란 무엇인가

계약은 서로 대립하는 둘 이상의 의사표시의 합치로 성립하는 법률행위라고 정의된다.[1] 우리들은 계약서를 보면 무슨 말인지 잘 몰라 두려워하지만 계약이라는 것 자체는 간단하다. 일단 둘 이상의 당사자들이 짝짜꿍이 맞아 의사의 합치를 이루면 그게 계약이다. 이 '짝짜꿍Mutual Assent'은 청약Offer과 승낙Acceptance으로 나누어지며 그 효과로 계약이 '성립'된다. 대부분의 계약들은 특별한 양식도 필요없고 심지어 계약서가 없어도 된다. 말로만 합의해도, 냅킨에 대충 휘갈겨도 계약이 된다.

그렇지 않고 일정한 양식을 지켜가며 계약을 해야되는 경우가 있는데 이런 계약들을 요식계약이라고 한다. 다행히도 몇 종류 되지 않는다. 더욱더 다행히도 여러분이 업무적으로 다룰 계약 중에 이러한 요식계약은 없다고 보면 된다. 이렇게 일정한 양식이 없이 마음대로 체결해도 되는 계약을 불요식계약이라 한다. 여러분이 다룰 대부분의 계약은 이렇게 마음대로 해도 되는 불요식계약이다.

'그러면 번거롭게 계약서를 안써도 되나요?'하는 물음이 뭉게뭉게 피어오를 것이다. 당연히 서면으로 계약서를 쓰지 않으면 추후 굉장히

---

1 지원림(2019). "민법원론 제2판". 홍문사. p.256 참조

골치아픈 일들이 생길 것이 뻔하므로(인간의 기억은 믿을만한 게 못 된다) 우리가 열심히 계약서를 쓰는 것이고, 그래서 지금 이 재미있고 유익한 책을 읽고 있는 것이다.

다만 법에서 일정한 경우에는 서면 또는 전자계약 등으로 계약서를 작성할 것을 강제하고 있는 경우가 있는데 국가기관과의 계약이나 하도급계약이 대표적이다. 이는 "국가를 당사자로 하는 계약에 관한 법률(국가계약법)[2]"과 "하도급거래 공정화에 관한 법률(하도급법)[3]"에 "계약서를

---

2 국가계약법 제11조(계약서의 작성 및 계약의 성립)
① 각 중앙관서의 장 또는 계약담당공무원은 계약을 체결할 때에는 다음 각 호의 사항을 명백하게 기재한 계약서를 작성하여야 한다. 다만, 대통령령으로 정하는 경우에는 계약서의 작성을 생략할 수 있다.
1. 계약의 목적
2. 계약금액
3. 이행기간
4. 계약보증금
5. 위험부담
6. 지체상금(遲滯償金)
7. 그 밖에 필요한 사항
3 하도급법 제3조(서면의 발급 및 서류의 보존)
① 원사업자가 수급사업자에게 제조등의 위탁을 하는 경우 및 제조등의 위탁을 한 이후에 해당 계약내역에 없는 제조등의 위탁 또는 계약내역을 변경하는 위탁(이하 이 항에서 "추가·변경위탁"이라 한다)을 하는 경우에는 제2항의 사항을 적은 서면(「전자문서 및 전자거래 기본법」 제2조 제1호에 따른 전자문서를 포함한다. 이하 이 조에서 같다)을 다음 각 호의 구분에 따른 기한까지 수급사업자에게 발급하여야 한다.
1. 제조위탁의 경우: 수급사업자가 제조등의 위탁 및 추가·변경위탁에 따른 물품 납품을 위한 작업을 시작하기 전
2. 수리위탁의 경우: 수급사업자가 제조등의 위탁 및 추가·변경위탁에 따른 수리행위를 시작하기 전
3. 건설위탁의 경우: 수급사업자가 제조등의 위탁 및 추가·변경위탁에 따른 계약공사를 착공하기 전
4. 용역위탁의 경우: 수급사업자가 제조등의 위탁 및 추가·변경위탁에 따른 용역수행행위를 시작하기 전
② 제1항의 서면에는 하도급대금과 그 지급방법 등 하도급계약의 내용 및 제

써야된다"고 규정되어 있기 때문이다. 둘 다 중요한 조항이고 계약서를 적을 때 꼭 써넣어야 할 법정기재사항이 함께 규정되어있으니 한번 훑어두고 가자. 각주에 친절하게 달아두었다. 계약서에서 어떤 것들이 중요한 사항들인지 판단할 좋은 길잡이가 되어 줄 것이다.

어쨌든 "누가/언제/무엇을/어떻게 해야하는가?"와 같은 계약의 주요 사항들에 대한 의사의 합치가 있으면 계약은 '성립'된 것이다. 계약이 성립되면 그 계약의 내용은 계약을 한 사람들(계약당사자)을 구속한다. 성립된 계약은 준수되어야 한다. 이 당연한 얘기를 조금 멋있는 말로 '계약준수의 원칙'이라 한다.

그리고 기본적으로 계약을 어떤 내용으로 할 것인지는 당사자들의 자유이다. 이를 '계약자유의 원칙'이라 한다. 하지만 자유에는 한계가 따르기 마련이다. 법이 꼭 지키라고 강제하고 있는 사항(강행법규)들에 반하는 계약 내용은 당사자가 자유롭게 정할 수 없다. 당연하지 않은가? 계약으로 다 법을 회피할 수 있다면 뭐하러 법을 만들겠는가(위에

16조의2제1항에 따른 하도급대금의 조정요건, 방법 및 절차 등 대통령령으로 정하는 사항을 적고 원사업자와 수급사업자가 서명[「전자서명법」 제2조 제2호에 따른 전자서명(서명자의 실지명의를 확인할 수 있는 것을 말한다)을 포함한다.] 또는 기명날인하여야 한다.

하도급법 시행령 제3조(서면 기재사항)

법 제3조 제2항에 따라 원사업자가 수급사업자에게 발급하는 서면에 적어야 하는 사항은 다음 각 호와 같다.

1. 위탁일과 수급사업자가 위탁받은 것(이하 "목적물등"이라 한다)의 내용
2. 목적물등을 원사업자(原事業者)에게 납품·인도 또는 제공하는 시기 및 장소
3. 목적물등의 검사의 방법 및 시기
4. 하도급대금(선급금, 기성금 및 법 제16조에 따라 하도급대금을 조정한 경우에는 그 조정된 금액을 포함한다. 이하 같다)과 그 지급방법 및 지급기일
5. 원사업자가 수급사업자에게 목적물등의 제조·수리·시공 또는 용역수행행위에 필요한 원재료 등을 제공하려는 경우에는 그 원재료 등의 품명·수량·제공일·대가 및 대가의 지급방법과 지급기일
6. 법 제16조의2제1항에 따른 하도급대금 조정의 요건, 방법 및 절차

서 본 약관규제법 규정들이 강행법규의 대표적인 예이다). 그래서 결론적으로 우리는 계약서를 잘 써야 하고 관련 법을 잘 알고 있어야 하는 것이다.

이제 계약서를 펼쳐 일반적으로 사용되는 조항들을 가볍게 훑어보자.

먼저 '서문' 또는 '목적조항'이 있을 것이다. 별 내용은 아니다. '이 계약이 무슨 목적을 달성하기 위해 체결되는 것이고 그 목적을 달성하기 위하여 양 당사자의 권리와 의무를 규정하고자 함'이 주내용이다. 관례적으로 쓰고, 이러한 목적조항이 없는 경우도 많다. 하지만 의외로 이 부분이 중요해질 수 있는 경우가 있다. 민법 교과서에는 '동기의 착오'라는 것이 나온다. 무슨 말인지 뜯어보자.

기본적으로 우리가 법률행위를 할 때 그 내용의 중요부분에 있어 착오가 있는 경우 그 법률행위를 취소할 수 있다.[4] 즉, 너무 재미있는 최기욱 작가의 책을 구매하기로 했는데 잘못 알고 최기숙[5] 작가의 책을 구매했다면 계약을 무를 수 있다.

그런데 문제는 우리가 계약을 체결하기를 원하는 '동기'는 계약의 내용이 아닌 것이 보통이다. 그래서 '나는 기똥차게 재미있는 최기욱 작가의 책을 산 뒤, 5년 뒤 비싼 값에 팔아야지'라고 생각했지만 5년 뒤 내 책이 똥 값이 됐더라도 계약을 취소할 수 없다. 하지만 동기를 이렇게 계약 내용으로 포함시켜버린다면, 그리고 그것이 계약의 중요한 부분이라면 착

---

4 민법 제109조(착오로 인한 의사표시)
　① 의사표시는 법률행위의 내용의 중요부분에 착오가 있는 때에는 취소할 수 있다. 그러나 그 착오가 표의자의 중대한 과실로 인한 때에는 취소하지 못한다.
　② 전항의 의사표시의 취소는 선의의 제삼자에게 대항하지 못한다.
5 쉬운 이해를 위해 내가 만들어낸 상상 속의 인물이다. 실제로 이런 분이 존재한다 하더라도 실제 인물을 상정하고 쓴 말이 아니다.

오가 있었을 경우 취소가 가능한 것이다.[6]

그 다음으로 첨부서류의 목록이 있다. 건설계약과 같이 규모가 큰 계약의 경우에는 뭐가 '계약서'인지부터 문제다. 우리가 일반적으로 생각하는 내용의 주계약서 뿐만아니라 시방서, 계산서, Technical Specification, 온갖 계산서와 스케줄, 입찰시 제출한 견적서 등이 첨부서류로 들어간다. 이런 첨부서류를 계약서에 첨부한다는 행위는 그 서류의 내용을 계약 내용의 일부로 받아들이겠다는 것이다. 즉 그 내용과 다르게 행하면 계약불이행책임을 져야할 수도 있다는 생각을 항상 하고 있어야 한다. 아무생각 없이 계약상대방이 다 내라니까 내면 안 된다. '첨부'서류라고 해서 단순한 '참조' 자료라고 생각해서는 안 된다는 것이다. 첨부서류도 계약서의 일부를 이루며 그 내용에 양 당사자가 구속받는다.

따라서 공사가 진행됨에 따라서 내용이 바뀔 수 있는 세부적인 내용의 서류의 경우 계약서에서 제외하거나 본문에 '해당 문서는 참조용이며 계약이 진행되면서 내용이 바뀔 수 있다'는 사실을 명기해두는 것이 좋다. 물론 입찰시 받

---

6 대법원 2000. 5. 12. 선고 2000다12259 판결.
　　[1] 동기의 착오가 법률행위의 내용의 중요부분의 착오에 해당함을 이유로 표의자가 법률행위를 취소하려면 그 동기를 당해 의사표시의 내용으로 삼을 것을 상대방에게 표시하고 의사표시의 해석상 법률행위의 내용으로 되어 있다고 인정되면 충분하고 당사자들 사이에 별도로 그 동기를 의사표시의 내용으로 삼기로 하는 합의까지 이루어질 필요는 없지만, 그 법률행위의 내용의 착오는 보통 일반인이 표의자의 입장에 섰더라면 그와 같은 의사표시를 하지 아니하였으리라고 여겨질 정도로 그 착오가 중요한 부분에 관한 것이어야 한다.
　　[2] 매매대상 토지 중 20~30평 가량만 도로에 편입될 것이라는 중개인의 말을 믿고 주택 신축을 위하여 토지를 매수하였고 그와 같은 사정이 계약 체결 과정에서 현출되어 매도인도 이를 알고 있었는데 실제로는 전체 면적의 약 30%에 해당하는 197평이 도로에 편입된 경우, 동기의 착오를 이유로 매매계약의 취소를 인정한 사례.
　　[3] 착오에 의한 의사표시에서 취소할 수 없는 표의자의 '중대한 과실'이라 함은 표의자의 직업, 행위의 종류, 목적 등에 비추어 보통 요구되는 주의를 현저히 결여하는 것을 의미한다.

아봤던 서류상의 조건이 너무 마음에 들었던 발주처 입장의 근무자라면 해당 서류를 반드시 계약서의 일부로 포섭시키는 것이 중요할 것이다.

그래서 이러한 각종 서류 중 1) 계약서에 포함시킬 서류들을 정해서 나열하고, 2) 그것의 효력 순위를 규정하는 조항을 계약서 제일 앞 부분에 놓는 것이 좋다. 영미권 계약서에서는 자주 볼 수 있지만 국내 계약서에서는 좀처럼 찾기 힘든 조항이다. 좋은건 수입하자. 복잡한 프로젝트의 경우 서류가 너무 많으니 서류별로 서로 다른 말이 오갈 수밖에 없다. 그래서 효력 순위를 정해야 한다. 당연히 지금 사인을 하려는 계약서가 최우선의 효력을 갖도록 하고, 나머지는 최근에 작성된 서류일수록, 일반적인 내용보다 구체적인 내용을 담은 것일수록 우선하도록 정하는 것이 타당할 것이다.

✔ 우선 순위 규정에 대해 덧붙이고 싶은 말이 있다!

이러한 우선 순위 규정은 보통 위에서 언급한 것과 같이 계약서 자체가 굉장히 여러 서류들로 나누어져 있을 경우, 그 서류들 간의 우선순위를 따지기 위해서 사용된다. 그런데 실무적으로 사용되는 계약서에서는 주된 계약서 내에서도 굉장히 잡다한 내용들이 두서없이 짜깁기되어 들어가는 경우가 많고, 그 사이에 내용적 충돌이 일어나는 경우가 허다하다. 이런 경우에도 우선 순위 규정으로 교통정리를 해두는 것이 바람직할 것이다. 즉 계약서에 포함되는 서류가 여러 종류가 있는 경우뿐만 아니라 한 장의 계약서에 여러 내용들이 포함되어 있는 경우에도 우선 순위 규정으로 교통정리를 하고 가자는 것이다.

예를 들어 엔지니어들이 사용하는 계약서에는 이 물건을 제작할 때 어떠어떠한 "기술표준"을 지키라는 내용을 담아두는 "Code and Standard" 섹션을 둔다. 여기에는 보통 여러분들이 아는 모든 기술표준들을 다 담아둔다. 해당 물건과는 별 상관 없는 표준이라도 그 물건을 필요로 하는 '전체 프로젝트'에서 요구하는 모든 기술표준들을 리스트로 만든 다음, 해당 프로젝트에서 이루어지는 모든 계약서에 복사−붙여넣기 하는 것이다. 그런데 업계에서 통용되는 그러한 기술표준들 중 상당수는 "미국" 기술표준인 경우가 많다. 그래서 해당 물건은 "미국" 기술표준에 따라 설계, 제작되었다. 계약서에 그 표준을 지켜서 설계하라고 써있으니까.

그런데 문제는 해당 프로젝트는 "유럽"에서 진행되고, 계약서 구석 어딘가에는 "제작업체는 현지 국가의 법령을 준수해야 한다"라고 규정되어 있다. 실무자분들이라면 잘 알다시피 "미국"과 "유럽"의 규제는 상당히 다르다. 주로 유럽 쪽은 안전이나 환경 관련 규제가 상당히 촘촘하고 신경쓰지 않는다면 완전히 준수하기 어려운 편이다. 계약서 내에서 혼동이 생긴다. 서로 할 말은 있다. 제작업체는 "나는 계약서에 적힌대로 기술표준을 지켰다."라고 주장할 것이다. 여러분들은 "관련 법규도 준수해야지"라고 주장할 것이다.

사실 충분히 이해가 가는 상황이다. 제작업체든 매수인측이든 엔지니어들은 기술표준들은 어느 정도 알아도 국외법은 잘 알지도 못하고 알아볼 엄두도 못낸다. 그러니 기술표준에 따라서 제작하는 것이 자연스럽다. 이러한 상황이 문제되는 것도 프로젝트를 신나게 진행해놓고 보니 나중에 설계가 해당 국가 법률 위반이라는 행정청의 경고가 날아와서 그제서야 문제가 되는 경우가 태반이다. 이게 다 우리들이 계약서에 기술표준들을 무더기로 집어넣고, 관련 국가의 법을 제대로 알아보지도 않고 계약서를 작성한 탓이다. 반드시 계약서 작성 전 현지 법률 전문가에게 상담을 먼저 받아야 한다!

이렇게 계약서 내에서도 충돌이 발생할 우려가 많다. 실제로 비일비재하다. 이러한 경우 계약서에 계약서 내의 내용 간 우선순위를 미리 설정해두면 혼란을 피할 수 있다. "현지 국가의 법령과 'Code and Standard'에 규정된 기술표준이 충돌하는 경우 현지 국가의 법에 따른다"와 같은 규정 한마디만 넣어두어도 원만한 분쟁해결은 물론이요, 제작업체도 설계를 함에 있어 훨씬 주의를 기울이게 될 것이다.

이렇게 어떤 문서들은 계약서의 일부로 포함시켰지만 우리가 실무적으로 계약까지 이르기까지에는 주고받은 서신, 이메일 등 상당히 많은 '서류'들이 존재하기 마련이다. 경우에 따라 다르겠지만 이런 '계약서' 외의 서류들은 계약의 내용으로 받아들이기를 원치 않을 수 있다. 예를들어 김부장님이 계약 전 상대방을 계약 테이블로 끌어들이기 위해 온갖 감언이설과 살짝 무리한 조건을 제시하는 듯 아닌 듯 오묘한 말투로 던졌던 이메일 같은 것들이다. 나중에 분쟁이 생겼을 때 상대방이 그 내용도 약속이니 지켜야 한다고 우기면 회사 입장에서는 낭패가 아닐 수 없다.

위에서 살펴보았듯이 계약은 서로간 짝짜꿍만 맞으면 체결되는 것이고 구두합의도 구속력이 있다. 계약을 체결할 권한이 있는 김부장이 실적 욕심에 눈이 멀어 '계약서 싸인만 해! A뿐만 아니라 B도 해줄게!'라고 말했고 상대방이 'OK!' 했다면 김부장네 회사는 상대방에게 A와 B를 해줘야 할 의무가 생기는 것이다. 이런 어처구니 없는 일을 방지해야 한다.

그래서 '이 계약서에 포함되지 않은, 이 계약 체결 이전에 주고받은 논의나 서면은 계약 내용에 포함되지 않으며, 특히 그 중에서도 이 계약 내용에 반하는 것은 주장할 수 없다'는 내용의 규정을 포함시킨다. 이를 완전합의 조항 entire agreement clause이라 부른다. 역시 주로 국제계약에서 쓰이는 규정이고 국내 기업들 간의 계약서에서는 잘 사용되지 않는데 분쟁해결 편의를 위해 국내 계약에서도 사용하는 것이 좋을 것이다.

단, 이는 계약 체결을 위한 협상 테이블에 앉기 직전까지의 이야기이고, 계약을 체결하는 과정에서 오가는 말은 상당히 중요할 수 있다. 많은 경우 계약 협상테이블에는 법률전문가가 아닌 여러분들이 앉아있다. 계약은 하나도 모르지만 그 계약을 통해 달성하고자 하는 사업의 내용은 여러분이 제일 잘 아니까 그게 당연하다.

이 단계에서 계약서는 이미 수차례 이메일로 주고받으며 검토하여 완성돼있고 다만 정리되지 않은 세부쟁점들이 다소 남아있는 상태이다. 이때 논의되는 내용은 실무적으로 무척 중요하다. 하지만 말로만 하면 계약서에 근거가 남지 않는다. 거기다가 계약서에 위와 같은 '완전합의 조항'까지 넣어두었다면 답이 없다. 여러분이 계약 체결 협상 테이블에서 5시간 동안 죽어라고 협의한 실무적인 세부내용은 아무 효력이 없어졌다.

그래서 계약 체결 협상시에는 반드시 회의록을 작성하고 계약서에 첨부하여 계약서의 일부로 만들어두는 작업을 해야 한다(앞서 본 '계약내용에 포함되는 서류 목록'을 정해둔 조항에 이 회의록의 명칭을 포함시키자). 일단 회의가 끝나면 계약 상대방(이나 자리에 참석한 여러분 회사의 제일 높으신 분)은 눈치없이 빨리 사인하고 술마시러 가자고 하는 분위기가 자연스레 조성될테니 쉽지 않을테지만 반드시 해야하는 일이다.

이제 본격적으로 계약 내용을 보자.

계약을 하려면 당연히 누가 누구랑 하는지가 가장 중요하다. 그런 일은 극히 드물지만 당사자를 잘못쓴 경우 계약이 아예 '성립'하지 않을 수 있다. 낭패도 이런 낭패가 없다.

실무자들이 제일 많이 헷갈리는 것들은 계약당사자가 법인인지 개인인지 여부다. 우리는 모든 사업체를 전부 '회사'[7]라고 부르는 것에 익숙하다. 하지만 개인사업자의 경우 '회사'가 아니라 그 대표 개인이 계약의 주체가 된다. 즉 계약서에 그 '사람' 이름이 써있어야 한다는 것이다.

반면 법인의 경우 법적으로 별도의 '인격'을 가지므로(그래서 '법인'이라 부르는 것이다) 법인 자체가 계약의 당사자가 된다. 인류는 사업을 하는 '사람'인 '나'와 사업의 리스크를 분리시키기 위해서 '법인'이라는 개념을 만들어냈다. 그러니 당연히 계약도 사업에 관한 계약이라면 법인의 명

---

7 상법에서 '회사'는 영리를 목적으로 하는 법인을 의미한다. 하지만 여기서는 우리들이 평소에 쓰는 일상 용어로 사용했다.

의로 체결하는 것이 맞다. 이 경우 법인의 대표이사를 함께 병기한다. 법인이 법적으로는 인격체로 인정을 받지만 진짜 최종적인 행위를 하는 자는 '사람'이어야 하니까 말이다.

여기서 꿀팁 한 가지. 그래서 우리가 볼 땐 다 똑같은 '회사'로 보이는 데 개인사업자인지 법인인지 어떻게 아냐고? 사업자등록번호를 보면 알 수 있다. 사업자등록번호는 ○○○-□□-○○○○-○의 10자리 숫자로 구성되어 있는데 □□에 해당하는 두 자리가 개인/법인 구분코드이다. 대략 이 두 자리가 81~88라면 법인이라 보면 된다.

계약 상대방이 법인이라면 인터넷등기소 사이트[8]에서 법인등기부등본을 열람하여 정확한 명칭, 주소, 대표이사 성명을 확인한 뒤 계약서에 당사자로 정확히 기재하록 하자. 참고로 2022년 8월 현재 열람수수료는 700원, 발급수수료는 1,000원이다.

그리고 계약의 대상(누가 뭘 해야하는 것인가 또는 어떤 물건을 주어야 하는가), 그 대가의 금액, 기간 등의 사항 등이 나온다. 여기까지는 여러분들이 이미 사용하고 있는 계약서 1페이지에 표로 정리되어 박혀있을 것이다. 표로 정리를 안해둔 경우에도 계약서 어딘가에 숨어있다. 없다고? 이게 없으면 완벽하게 잘못 쓴 무용지물인 계약서이다.

특히 '대상'의 경우에는 계약서 앞부분에 "정의" 조항을 두어 계약서에서 사용되는 용어의 정의를 꼼꼼하게 적어두는 경우도 많다. 이렇게 하는 것을 권장한다. 우리 이공계 인력들은 기술적으로 복잡하거나, 여러 행위를 포함하는 도급계약이나, 여러 부품으로 이루어진 물건의 구매계약을 체결해야 할 일들이 많다. 이럴 때 계약서에 덜렁 "X는 Y에게 A물건을 주어야 한다"라고 적어두기만 하면 문제가 생길 수 있다.

---

8 http://www.iros.go.kr

용어에 대해 잘 정의해둔다면 'b옵션까지 당연히 같이 줘야 하는 것 아니냐'는 억지 주장을 자연스레 막을 수 있는 것이다.

그래서 정의 규정을 두어(앞서 보았듯 보통 계약서 제1조에 "계약의 목적"을, 제2조에 "정의" 규정을 둔다) "A물건이란 b, c, d로 구성된, e하는 목적으로 작동하는 기계를 의미한다"와 같은 식으로 구체적으로 적시해두는 것이다. 그렇지 않으면 상대방이 c와 d가 빠진 엉터리 A물건을 주어도 계약위반을 주장할 수 없는 불상사가 생길 수 있다. 제일 확실한 방법은 여러분이 기술적인 측면을 고려해서 열심히 작성한 "Technical Specification"을 첨부로 넣고 정의 조항에는 "A물건은 Technical Specification에 기재된 것을 의미한다"로 적어두는 것이다. 도급계약의 경우에도 단순히 "공사를 수행한다"라고만 적어두지말고 그 공사에 어떤 중요 역무들이 포함되는지를 구체적으로 나타내주도록 하자. 물론 이렇게 별도로 계약의 대상을 정의하는 경우 너무 추상적인 표현을 사용하여 자신의 책임범위가 늘어나지 않도록 유의해야 할 것이다.

기타 여러분들이 용어 설명이 필요하거나 구체화시킬 필요가 있는 사항들은 모조리 미리 적어두는 것이 좋다. 물론 수행해야 하는 업무 내용이 뻔한 단순한 계약에서는 굳이 둘 필요는 없다. 하지만 '법관'의 입장에서 보았을 때는 뻔하지 않을 수 있다는 사실을 염두에 두자. 계약서를 볼 때에는 항상 미래를 내다보고 '이 프로젝트가 망해서 다툼이 생겼을 때 상대방이 뭐라고 따지고 들지', 그리고 '남들은 이 계약서를 보고 이 프로젝트에 대해 어떻게 머릿속에 그림을 그려낼지'를 염두에 두어야 한다.

계약 '기간'도 계약서 초반에 위치하는 경우가 많다. (일반적인 물건의 매매와 같이) 한번에 이행이 끝나는 계약이 아니라 (계속적으로 물품을 공급받기로 하는 계약이나 공사계약, 유지보수계약과 같이) 일정기간 진행이 필요한 계약의 경우 이러한 기간이 중요할 수 있다. 쉽게 '이 계약서의 유효기간'이라 생각하면 된다. 기간이 길어질 것 같은 경우라면 일반적으로 자동연장 조항을 둔다. 대략 '이 계약의 기간은 계약체결일로부터 N년이다. 계약종료일 M개월 전까지 계약을 계속 이어나갈지 여부를 통지하지 않으면 자동으로 이 계약과 같은 내용으로 연장된다'와 같은 취지가 들어가면 된다. 물론 일정 기간이 경과시 바로 계약을 끝내고 싶은 경우라면 뒷문장을 살짝 바꾸어 '계약종료일 M개월 전까지 계약을 계속 이어나갈지 여부를 통지하지 않으면 이 계약은 N년＋1일에 자동종료된다'와 같은 취지를 드러내면 될 것이다.

여기까지가 계약의 기본 사항이다. 쉽게 말해 "이 계약이 어떤 계약인지" 틀을 잡은 것이다.

우리가 신경써야 할 것, 그리고 여태까지 우리 이공계 실무자들이 무시해온 것은 그 뒤에 나온다. 기본 사항 외의 어떤 것들이 중요하게 서술되어야 하는지를 살펴보자. 스포일러를 미리 하자면 무엇보다 중요하게 보아야 하는 내용들은 '돈'과 관련된 규정들이다.

돈, 해제 그리고 손해배상

가장 중요한 것은 뭐니뭐니해도 '돈'이다. 디테일한 대금지급 '방법'에 대해서는 각 회사별로 내부 구매 혹은 대금지급 규정이 있을테고 그것을 계약에 반영할 테니 우리가 공부할 것은 없다. 다만 그 '돈'들의 종류별 성질은 좀 알아둘 필요가 있다.

계약금을 보자. 계약금은 말 그대로 '계약 체결시' 계약이 성사되었다는 의미로 일방이 다른 일방에게 주는 돈이다. 그리고 우리 민법은 계약금을 '해약금'으로 추정한다.[1] 계약이 일단 이루어졌음에도 불구하고, 상대방이 계약 상의 의무를 이행하기 위해 으쌰으쌰 일을 시작하기 전이라면 이 해약금을 내고 언제든지 계약을 해제할 수 있기 때문에 '해약금'이라 표현하는 것이다. 그래서 집주인이 (중도금지급 전까지) 집 값이 급상승하면 계약금을 던지며 계약을 물러대고는 하는 것이다.

다만, 우리가 사용하는 회사의 표준계약서들에서는 이 민법 조문을

---

[1] 민법 제565조(해약금)
① 매매의 당사자 일방이 계약당시에 금전 기타 물건을 계약금, 보증금등의 명목으로 상대방에게 교부한 때에는 당사자간에 다른 약정이 없는 한 당사자의 일방이 이행에 착수할 때까지 교부자는 이를 포기하고 수령자는 그 배액을 상환하여 매매계약을 해제할 수 있다.

적용할 수 없도록 '해제'에 관해서는 굉장히 깐깐한 규정들을 마련해놓는 경우가 대부분이다. 이렇게 '계약'과 관련된 법 규정들은 상당수가 양 당사자간 합의에 의해 적용하지 않을 수 있다.

계약금 얘기를 한 김에 중요한 사항을 하나 보고가자. 큰 규모의 매매계약이나 공사계약에서 선급금을 주거나 받는 경우가 있다[2]. 선급금은 계약에서 정한 채무의 이행 전에 미리 지급하는 돈을 통틀어 부르는 말이다. 쉽게 말해서 내가 뭘 하지도 않았는데 돈을 받았으면 다 선급금이라 부른다. 이러한 선급금은 계약체결 전, 계약체결 시, 계약체결 후 일정 기간 내에 지급하도록 하는 것이 보통이다. 돈을 주는 입장에서 생각해보면 상대방이 아무것도 안했는데 내가 돈을 줘야하는 것이다. 매우 위험할 수밖에 없다.

이런 경우 상대방이 돈만 받고 도망가면 우리는 닭 쫓던 개 지붕 쳐다보는 신세가 된다. 그래서 선급금을 주는 입장에서는 금융기관을 통해 선급금 보증을 받기를 원한다. 특히 계약상대방이 처음 거래해보는 업체이거나, 상대방의 신용도를 가늠하기 힘들거나, 수입상을 통해 계약하는 경우와 같이 '선급금을 들고 도망가도 막기 힘든' 경우라면 선급금 보증을 필히 받는 것이 좋다. 그리고 계약서에도 선급금 관련 조항을 집어넣어 선급금 반환 사유를 정해놓아야 한다. 당연히 계약이 해제되거나, 물건을 판 사람이 재료를 살 생각도 안하거나, 일을 맡아 하기로 한

---

2 뒤에서 보겠지만 공사계약, 즉 도급계약은 후급이 원칙이다. 즉 일이 다 끝나고 완성된 목적물을 인도받음과 동시에 대금을 지급하는 것이 원칙이다. 그런데 그렇게 되면 시공사 입장에서는 계약을 했어도 긴 공사기간 동안 인원 투입, 자재 구입 등을 할 재원이 없게된다. 그래서 실무적으로 도급계약에서는 선급금을 주고 받는 것이 일반적이다. 도급뿐만 아니라 예를들어 해외판매자에게로부터 물건을 떼와서 매수인에게 넘겨주는 형태의 수입업자와의 매매계약의 경우처럼 '계약 하자마자 돈 나갈 일이 생기는 계약의 경우 선급금을 지급하는 경우가 많다.

사람이 일을 제때 시작하지 않는 경우가 이러한 선급금 반환 사유에 포함될 것이다. 그러한 사유가 발생하면 선급금을 받은 측에서 상대방에게 선급금을 반환하여야 하고, 이를 반환하지 않는 경우 보증기관으로부터 선급금을 지급받을 수 있다.

✔ 본드콜(Bond Call)이란?

프로젝트 경험이 풍부한 엔지니어라면 '본드콜'이라는 용어를 들어봤을 것이다. 특히 망한 프로젝트 경험이 있다면 말이다.

프로젝트 내부에서 이 용어가 나오는 순간 문과부서 친구들이 얼굴이 새하얘지고 여기저기서 '본드콜', '본드콜'하면서 웅성웅성거리는 모습을 보았을테고, 그 모습을 본 여러분은 '본드콜이 뭐지?'하면서도 문과친구들이 벌벌 떠니 막연히 무서운 것이겠거니 생각하면서 '본드콜', '본드콜'하며 따라 외치고 다녔을 것이다. 이제 그 정체를 알아보자.

위에서 설명한 보증과 관련된다.

'발주처' 입장에서 생각해보자. 우리가 다루는 큰 프로젝트들을 수행하기 위해서는 큰 돈이 들어간다. 큰 돈은 곧 큰 리스크이다. 도급업체가 일을 제대로 수행할까? 물건제작업체가 물건을 제대로 만들까? 물론 대부분의 경우 일이 조금 늦는 경우는 생길지언정 제대로 수행되기 마련이고 별 문제없이 지나간다. 하지만 그렇지 않는 경우라면? 발주처 입장에서는 엄청난 리스크가 아닐 수 없다.

그래서 상대업체가 선급금을 받고 '먹튀'하지는 않을지(선급금보증), 계약을 제대로 이행할지(계약이행보증, 공사이행보증), 받은 목적물에 하자가 발생할지(하자보증)에 대해 '보험'이 필요하다. 만약 계약상대방이 이렇게 계약을 제대로 이행하지 않는다면 돈으로 받아내야 한다. 하지만 상대방이 잘못을 인정하고 바로 돈을 물어주면 얼마나 아름다운 세상이겠는가. 세상은 그리 호락호락하지 않다. 그래서 발주처 입장에서는 계약상대방에게 이러한 보증보험'증권'을 끊어오라는 요구를 한다.

이 경우 계약서에는 '을은 어느 시점까지 갑에게 XX보증보험증권을 제출하여야 하고, 그 증권은 갑이 인정하는 신뢰할만한 금융기관에서 발행되어야 한다'는 취지의 문구가 삽입된다.

그럼 계약상대방은 금융기관(또는 해당 업계의 협회)에 가서 (일정 수수료를 지급하고) 발주처가 요구한 보증보험 증권을 끊어와야 한다. 그 내용은 '특정한 사실이 발생하고(을이 계약을 제대로 이행하지 않았거나, 늦게 이행했거나, 물건에 하자가 발생했거나 등등) 발주처의 청구가 있으면 해당 금융기관이 발주처에게 약속한 돈을 지급한다. 그리고 금융기관은 을에게 그 돈을 받아간다'는 취지이다. 그 증권을 받음으로써 발주처는 안심하고 프로젝트를 맡길 수 있게 된다. 이것이 많은 대형 프로젝트가 진행되는 모습이다.

그래서 진짜로 문제가 발생하면? 공사기간이 한도 끝도 없이 늘어지고 물건은 너덜너덜하다면? 당연히 처음에는 말로 해결한다. 협상이다. 처음엔 프로젝트 실무자가, 관리자가, 나중에는 더 '높으신 분'들끼리 만나 눈물겨운 협상을 한다. 그러다 발주처 측에서 참다참다 '얘들은 안되겠다' 싶으면 보험증권의 취지에 따라 금융기관에 '그 돈 달라'는 청구를 한다. 이걸 바로 '본드콜'이라 한다. 그러니 을 입장에서는 이제 그 프로젝트는 망한 것이다. 문과부서 친구들이 무서워서 벌벌 떠는 이유를 이제 우리도 알았다.

선급금은 특히 도급계약에서 중요한데 일단 계약이 시작되면 바로 장비와 자재와 인력을 투입해야 하므로 선급금이 없으면 일을 진행할 수 없기 때문이다. 물론 돈이 무척 많은 건설사라면 가능하겠지만 말이다. 어쨌든 그래서 '해낸 일이 하나도 없음에도 불구하고' 선급금을 먼저 지급한다. 문제는 선급금 지급 이후부터는 '해낸 일만큼' 기성지급을 하는 경우가 보통이기 때문에 선급금의 성질이 오묘해진다. 다른 돈은 다 일을 한 뒤, 그에 대한 대가로 받은 것인데(그것이 기성의 본래적 의미인데!) 일도 안하고 미리 받은 이 돈은 도대체 무엇이란 말인가?

이와 관련해서 특히 공사가 열심히 진행되던 중 계약이 해제가 되었을 경우 받았던 돈을 '어디까지' 돌려줘야 하는지가 문제된다. 당연히 일단 '그때까지 진행한 데까지'의 기성고 비율만큼의 돈은 수급인에게 주는 것이 우리 상식에 맞다. 그런데 일의 진행률과 무관한 '선급금'이 이미 넘어가있으므로 선급금의 성질에 따라 도급인이 '지금 현재의 상태'에서 얼마를 더 줘야하는지 그 액수가 달라지게 된다.

판례는 "선급금이 공사대금의 일부로 지급된 것인 이상 선급금은 별도의 상계의사표시 없이 그때까지의 기성고에 해당하는 공사대금에 당연 충당되고 그래도 공사대금이 남는다면 그 금액만 지급하면 되고, 거꾸로 선급금이 미지급공사대금에 충당되고 남는다면 그 남은 선급금에 관하여 도급인이 반환채권을 가진다고 보는 것이 선급금의 성질에 비추어 타당[3]"하다고 한다.

한마디로 선급금도 공사대금 명목으로 준 것이니, 공사 진행 도중에 계약이 해제되는 경우 도급인이 수급인에게 그때까지의 기성대금을 따로 주지 않고, 돌려받을 선급금에서 '까'면 된다는 얘기다.

기성 얘기가 나왔으니 기성지급도 조금 보고가자. 도급계약에서 허다하게 쓰는 방식이다. 일이 얼마나 진행되었는지, 그 정도에 따라서 공사비를 지급하는 방식이다. 실무적으로는

1) 수급인이 발주처에 월간 보고서Monthly Progress Report를 제출, 승인 받고 '단위 기간'을 정해서 꼬박꼬박 월급처럼 일정한 돈을 받거나, 해당 단위 기간 동안의 실투입비를 고려하여 산정하는 방식,

2) 진도율Progress Measurement Payment에 따라 지급하는 방식, 즉 공사 스케줄을 세분화하여 일정 단계의 작업까지 도달하는 경우(예를 들어 주요 자재 구매했을 때, 터파기 공사를 시작했을 때, 시운

---

3 대법원 2007. 9. 20. 선고 2007다40109 판결

전을 마쳤을 때 등) 각 단계별로 따로 정한 전체 대금의 일정 퍼센
티지의 금액을 지급하는 마일스톤Payment Milestone 방식,

3) 그리고 이런 방식들을 혼합하는 방식이 많이 사용된다(사실 단위
기간을 나누어 일정액을 따박따박 받는 방식은 기성지급이라 보기 어려우
나 총 액을 한번에 지급하는 것이 아니라 나눠서 지급하는 이런 모든 방식
들을 실무상으로는 모두 기성이라고 부른다).

기성지급은 꾸준히 인력과 자금이 투입되어야 하고 기간이 긴 공사
계약에서 아주 자연스런 대금지급 방식이다. 공사가 잘 진행되고 발주
처가 기성을 따박따박 지급해줬을 때는 너무 아름답게 프로젝트가 굴
러간다.

이 경우도 문제는 계약이 해제됐을 경우이다. 공사계약이 해제됐을
때에도 기성고 비율대로 돈을 받아야 하는데 이제 그 계산이 헷갈려지
기 시작한다. 이와 관련된 재미있는 판례들과 계약의 중요 원칙 몇 가
지를 배우고 가도록 하자.

원래 계약의 '해제'는 개념상 완전히 계약이 없던 상태로 되돌리는 것이다.
물건을 준 사람은 물건을 돌려받고, 돈을 준 사람은 돈을 돌려받는다.
이게 '원상회복'이다. 그러면 끝이다. 추가로 더 주고받을 돈은 없는게
원칙이다.

그래서 영미권 스타일의 계약서에는 계약이 해제되었을 경우 원상
회복 외에 따로 주고 받아야 될 손해배상과 같이 '계약이 없던 상태'가
되더라도 유지되어야 할 내용들(그 외에 하자담보책임, 비밀유지의무 등이
있다)을 규정한 계약조항의 경우 '이 조항의 내용은 해제에도 영향이
없다' 혹은 '이 조항의 내용은 계약의 해제에도 불구하고 일정기간 유

효하다'는 취지의 문구를 꼭 집어넣는다. 우리나라의 경우 민법 제551
조에 "계약의 해지 또는 해제4는 손해배상의 청구에 영향을 미치지 아
니한다"라는 규정이 있어서 국내계약에서는 굳이 넣을 필요가 없는 문
구이다.

아무튼 건설공사의 경우에 건물을 완성하진 못했지만5 어느 정도 지
어났는데 공사계약이 해제된 경우 문제가 생긴다. 해제는 계약이 없던
상태로 돌리는 것이라 했다. 돈은 돌려받으면 된다. 그러면 그때까지
올린 건물은 다시 날려야하나? 우리나라는 건물을 신성시하는 부동산
공화국이다. 이 땅에서 건물이 없어지는 것은 세상 큰일날 일이다. 건
물을 하나라도 더 만들고 유지하는 것이 우리 정부의 지상과제다. 그

---

4 해제는 위에 쓴 바와 같이 한방에 끝나는 일시적 계약관계에서 계약을 아예
'처음부터 없는' 상태로 돌리는 것이고(이를 '계약을 소급하여 실효시킨다'고
표현한다), 해지는 임대차처럼 시간적으로 계속 이루어지는 계약에서 '이제부터
관두는'(이를 '장래를 향하여 그 계약의 효력을 소멸시킨다'고 표현한다) 개념
으로 이 둘은 구별된다.
하지만 실질적으로 해제와 해지는 그 사실상의 효과나 요건이 동일한 경우가 대
부분이라 법령이나 계약서에도 "해제 또는 해지"와 같이 병기하는 경우가 많다.
참고로 영미계약법에서도 비슷하게 Termination과 Rescission이라는 용어가 있
지만 이들의 구별은 조금 더 '기능적'으로 판단한다. Rescission은 계약의 취소
로 번역되곤 하는데 주로 사기나 강박 등 계약성립에 관한 하자가 있을 때 당
사자의 이행책임을 면제해주는 형평에 따른 구제의 측면이 있고, Termination
은 계약상 의무이행의 완료 전에 계약을 종료하는 것으로 주로 계약위반에 대
한 상대방의 구제수단으로 등장한다. 이론적으로는 그렇지만 실무적인 이해는
유사한 개념으로 취급하며, 일반적인 계약서에는 보통 우리가 이 파트에서 공
부하고 있는 계약불이행에 따른 계약해제의 측면에서 Termination만 등장하는
경우가 많다.
5 건물이 완성됐으면 완성된 건물에 하자가 있어도 도급인은 계약을 해제할 수 없다.
민법 제668조(동전-도급인의 해제권)
도급인이 완성된 목적물의 하자로 인하여 계약의 목적을 달성할 수 없는 때에
는 계약을 해제할 수 있다. 그러나 건물 기타 토지의 공작물에 대하여는 그러하지
아니하다.

러다보니 건설공사의 해제의 경우 특이한 상황이 벌어진다.

"건축공사도급계약의 수급인이 일을 완성하지 못한 상태에서 그의 채무불이행으로 말미암아 건축공사도급계약이 해제되었으나, 해제 당시 공사가 상당한 정도로 진척되어 이를 원상회복하는 것이 중대한 사회적·경제적 손실을 초래하고, 완성된 부분이 도급인에게 이익이 되는 경우에, 그 도급계약은 미완성 부분에 대해서만 실효되고 수급인은 해제 당시의 상태 그대로 그 건물을 도급인에게 인도하고, 도급인은 특별한 사정이 없는 한 인도받은 미완성건물에 대한 보수를 지급해야 하는 권리의무관계가 성립하며, 이와 같은 사정으로 말미암아 수급인의 공사대금채권이 남아있는 경우에는 설사 그 도급계약의 일부가 해제되었더라도 그에 부수된 공사대금채권 양도금지특약은 실효되지 않는다.6"

우리 대법관님들이 사회·경제적 이익을 얼마나 중시하는지 알 수 있는 감동적인 대목이다. 즉 건물을 짓는 공사계약은 건물이 어느 정도 지어졌다면 해제가 되어도 건물을 날려버리면 안 된다. 앞서 본 '해제'의 개념과는 다른 예외를 인정한 것이다. 왜? 건물은 너무나도 소중하니까. 대신 수급인은 도급인에게 그 상태로 건물을 넘기고, 도급인도 수급인에게 그때까지 들어간 돈도 계산해서 줘야 한다는 것이다.

---

6 대법원 1994. 11. 4. 선고 94다18584 판결

그리고 이 돈을 계산하는 방법에 대한 판례가 있다.

"건축공사도급계약이 중도해제된 경우에 도급인이 지급해야 할 보수는 특별한 사정이 없는 한 당사자 사이에 약정한 총 공사비에 기성고 비율을 적용한 금액이지 수급인이 실제로 지출한 비용을 기준으로 할 것은 아니다.

기성고 비율은 공사대금 지급의무가 발생한 시점, 즉 수급인이 공사를 중단할 당시를 기준으로 이미 완성된 부분에 들어간 공사비에다 미시공부분을 완성하는 데 들어갈 공사비를 합친 전체 공사비 가운데 완성된 부분에 들어간 비용이 차지하는 비율을 산정하여 확정해야 한다. 그러나 공사 기성고 비율과 대금에 관하여 분쟁이 있는 경우에 당사자들이 공사규모, 기성고 등을 참작하여 약정으로 비율과 대금을 정산할 수 있다.[7]"

말이 어렵게 써 있지만 이를 간단히 공식으로 표현한다면 다음과 같다.

$$중도해제시\ 지급해야\ 할\ 보수 = 약정한\ 총\ 공사비 \times \frac{완성된\ 부분에\ 들어간\ 비용}{전체공사비}$$

계약금, 기성금을 보았고 이제 잔금이다. 잔금은 원래 매매계약에서 매도인이 물건의 완전한 소유권을 넘기는 것과 '동시에' 이루어져야 한다는 점에서 의미가 있다. 그래서 실생활의 부동산 계약에서 입주일에 잔금을 치르는 것이다. 하지만 우리가 '업무적으로' 체결하게 될 계약

7 대법원 2017. 1. 12. 선고 2014다11574 · 11581

서에는 99% 확률로 별도로 정한 대금지급 기일이 있을테니 원칙적인 모습이 오히려 그리 큰 의미는 없다. 우리는 실무자를 위한 것만 공부하고 있는 것이니 바로 넘어가도록 하자.

계약불이행 책임

이제 계약서를 잘 써야 되는 이유 중 하이라이트라 할 수 있는 계약불이행 책임에 대해 살펴보자. 계약을 맺은 당사자들은 계약에 따라 각각 서로에게 '채무'를 진다. 채무는 채무자가 채권자에 대하여 일정한 '급부'를 하여야 할 의무라 정의된다. 물건은 판 사람은 산 사람에게 '물건을 넘겨'(급부)야 할 채무를, 물건을 산 사람은 판 사람에게 '돈을 줘'(급부)야 할 채무가 있는 것이다. 상황에 따라 문제가 되는 의무가 어떤 것인지에 따라 채무자가 달라지니 용어 사용에 주의하도록 하자.

아무튼 양 당사자가 해당 계약을 통해 "누가 뭘 해야하는지"를 정하므로 '언제 채무불이행 책임을 져야 하는가'가 계약서 문구 때문에 확 달라질 수 있다. 그래서 되도록 구체적으로 "누가 뭘 해야하는지"를 정해두되, 투입인원이나 사용장비와 같이 상황에 따라 얼마든지 바뀔 수 있는 것에 대한 너무 디테일한 사항은 제외시키는 것이 현명하다. 상대방이 수틀리면 일이 잘 진행되고 있음에도 '너 계약서에는 최대리, 김부장, 박과장 투입한다고 했는데 왜 박과장 대신 이과장 투입했니? 이거 계약위반이야.'라고 주장할 수도 있기 때문에 꼬투리잡힐 일을 만들지 않는 것이 좋다.

본론으로 돌아가자. 교과서적인 설명을 하자면 채무불이행의 종류
에는 '늦는 것'과 '못하는 것', '안하는 것', '이행을 하긴 했는데 문제가
있는 것'이 있다. 약속된 날짜보다 늦게 이행하는 것을 이행지체, 물건
이 부서진 경우 물건을 판 사람의 처지처럼 이행을 아예 못하게 되는
것을 이행불능, 계약 내용대로 자신의 의무를 안하겠다고 버티는 것을
이행거절, 이행을 했지만 문제가 있는 것을 담보책임 또는 불완전이행
의 문제라고 한다. 쉬운 이해를 위해 다소 품위 없는 용어를 사용한
점에 대해 사과드린다.

그런데 이러한 개념 구분이 우리의 실무에서는 그리 중요하지 않다.
"계약 내용대로 의무를 이행하지 않을 경우"와 같은 문구를 사용해 모
든 채무불이행을 둥그스름하게 뭉뚱그려 묶은 뒤 "모든 법적 손해를
배상한다."로 맺어버리고 그 한 조항으로 모든 채무불이행 책임을 '통
치는' 경우도 상당히 많기 때문이다.[1]

어찌됐건 채무불이행은 민사법에서 가장 중요하게 배우는 개념들이
고 엄청나게 방대한 분량을 자랑하는 챕터이다. 하지만 다행히도 우리
에겐 각종 표준계약서들이 있으니 우리에게 문제될 수 있는 개념들만
슬쩍 보고 넘어가자.

---

1 민법 제390조(채무불이행과 손해배상)
　채무자가 채무의 내용에 좇은 이행을 하지 아니한 때에는 채권자는 손해배상을 청구할
　수 있다. 그러나 채무자의 고의나 과실없이 이행할 수 없게 된 때에는 그러하
　지 아니하다.
　참고로 영미권의 계약서에서는 계약위반Breach of Contract을 중대한 계약위반
　Material Breach와 경미한 계약위반Minor Breach으로 구분, 중대한 계약위반의 경
　우 계약 자체의 취소가 가능하도록 하고, 경미한 계약위반은 계약 자체의 취소
　는 불가능하며 계약 위반에 대한 손해배상청구만 가능하도록 구성하기도 한다.
　그리고 중대한 계약위반의 경우 계약을 위반한 당사자의 상대방은 이행중단
　suspend performance 또는 계약해지terminate the contract가 가능하다.

일반적인 경우 우리의 계약서에는 계약불이행과 관련된 세 가지 규정이 존재한다.

1) 지체상금 규정

2) 일반적인 채무불이행에 따른 손해배상 규정

3) 담보책임 규정

이 중 '담보책임 규정'은 매매와 도급, 위임의 경우 내용이 다르기 때문에 계약별 검토에서 보도록하고 지체상금과 손해배상에 대해 보고 가자.

1) 지체상금은 무엇인가. 지체상금 규정은 말 그대로 일방 당사자가 일을 늦게했을 때, 법률용어로 '이행을 지체했을 때'에 돈을 물어줘야 한다는 내용을 담고 있다.

이행지체는 말 그대로 이행기가 도래했고, 이행이 가능함에도 불구하고 고의나 과실로 채무를 이행하지 않는 것이다.[2] 우리가 하는 거의 모든 계약은 이행기가 확정적으로 정해져있다. 그때까지 계약에서 정해둔 해야할 일을 하지 않는 당사자는 지체책임을 진다. 지체책임을 진다는 말은 이행기 다음날부터 '지체상금(Liquidated Damage)'을 내야한다는 의미이다. 2022년 2월 22일에 물건을 납품하기로 했는데, 공사를 완성하기로 했는데 그러지 못했다면 23일부터 지체상금을 내야 하는 것이다.

---

2 민법 제387조(이행기와 이행지체)

① 채무이행의 확정한 기한이 있는 경우에는 채무자는 기한이 도래한 때로부터 지체책임이 있다. 채무이행의 불확정한 기한이 있는 경우에는 채무자는 기한이 도래함을 안 때로부터 지체책임이 있다.

② 채무이행의 기한이 없는 경우에는 채무자는 이행청구를 받은 때로부터 지체책임이 있다.

지체상금은 말 그대로 계약이행을 지체하였을 때 배상해야 되는 돈이다. 일반적으로 일정 '액수'를 내도록 하는 것보다는 지체가 된 일 수 당 계약금액의 일정 '비율'에 해당하는 금액을 내는 것으로 정해둔다.

업계마다, 회사마다 정해두는 것이 다르지만 보통 1일마다 총 계약금액의 1/1,000~3/1,000 정도를 내는 것으로 정한다. 1/1,000이라 하면 얼마 안돼보이지만 건설계약 같이 애초에 금액 단위가 큰 프로젝트의 경우 하루하루 어마무시한 금액을 지불해야 할 수 있다. 만약 계약서에 지체상금을 정해두지 않았다면? 그런 경우 일반적으로 상사법정이율(연 6%. 상법 제54조)을 따르게 된다.

왜 이런 지체상금 규정을 따로 마련해두는가? 지체상금은 결국 손해배상의 일종이다. 손해배상은 항상 '얼마'인지가 중요하기 마련이다. 그런데 보통의 계약서에 들어가는 일반적인 손해배상 규정은 너무 간단해서 '얼마'에 대한 다툼이 생기기 쉽다. 세부적으로 경우의 수를 나누어서 복잡하게 규정할 수도 있지만 일반적인 손해배상 조항은 다음과 같은 내용이 핵심이다.

"당사자 일방이 고의 과실로 계약 내용을 불이행한 경우 그로 인하여 상대방이 입은 손해를 배상해야 한다."

위 목록에서의 2) 일반적인 채무불이행에 따른 손해배상 규정이 바로 이렇게 규정된다. 문제는 단순히 늦게 이행을 한 경우에는 손해가 얼마인지 명확하게 드러나지 않기 때문에 생긴다.

✔ 손해배상에는 두 종류가 있다

손해배상 얘기가 나온 김에 여기서 잠깐 상식으로 알아가자. 손해배상은 크게 '채무불이행 손해배상'과 '불법행위 손해배상'으로 나뉜다. 뭐가 다른건데?

전자는 해야 될 의무가 있는데 안한 경우 돈으로 물어주는 것이다.3

후자는 하면 안될 나쁜 짓을 해서 상대방에게 입힌 손해를 물어주는 것이다.4 여러분의 이해를 위해 일상용어로 풀어 설명한 것이고 진짜 법률용어를 보고 싶은 분들을 위해 각주에 각 민법 규정을 실어뒀다. 어쨌든 똑같은 '손해배상'의 이름을 달고 있지만 법률 규정이 다르니만큼 손해배상을 해야 되는지 말아야 되는지 판단하는 기준도 조금씩 다르다.

우리가 '계약'관계에서 문제삼는 손해배상은 '채무불이행 손해배상'이다. 왜? 계약이라는 것 자체가 합의로 당사자의 권리와 의무를 정하는 것이다. 그 약속을 안지킨 것은 자신이 이행해야 할 의무를 안한 것이고 그래서 채무불이행 손해배상 책임을 지는 것이다.

불법행위 손해배상은 '니 개가 내 다리를 물었다. 돈 내놔라' 같은 데에 쓰이는 것으로 계약관계가 없어도 청구가 가능하다. 물론 갑질에 너무 시달린 채무자가 채권자를 두들겨팬 경우와 같이 별도의 계약관계가 있어도 근거가 다른 이상 불법행위 손해배상 책임이 성립하는 데에는 문제가 없다.

본론인 지체상금으로 다시 돌아오자. 이행을 아예 안한 경우라거나 누가 홧김에 공장을 때려부순 경우라면 손해배상을 '얼마나' 해야 하는지를 산정하기 편하지만, 늦게 한 경우에 불과한 이행지체의 경우 손해가 얼마나 있는지 산정하기 힘들다. 그래서 '늦으면 하루에 얼마씩 내라'

---

3 민법 제390조(채무불이행과 손해배상)

채무자가 채무의 내용에 좇은 이행을 하지 아니한 때에는 채권자는 손해배상을 청구할 수 있다. 그러나 채무자의 고의나 과실없이 이행할 수 없게 된 때에는 그러하지 아니하다.

4 민법 제750조(불법행위의 내용)

고의 또는 과실로 인한 위법행위로 타인에게 손해를 가한 자는 그 손해를 배상할 책임이 있다.

하고 미리 정해두는 것이 편하다. 이게 지체상금의 핵심가치이다. 손해가 발생하기 한참 전인 계약서를 작성할 당시부터 지체할 경우 얼마의 손해배상을 해야 할지 미리 정해두는 것이다. 이런 것을 '손해배상의 예정'이라 부른다.

그래서 지체상금은 손해배상의 예정인데 뭐가 어쨌다는 것인가? 지체상금은 앞서도 언급했지만 엄청나게 커질 수 있다. '1일 당' 총 계약금액의 1/1,000이나 되고, 그 상한이 없거나 상당히 높은 경우도 비일비재하다. 마음씨가 좋은 발주처의 경우 지체상금의 상한을 총 계약금액의 10%로 정해두는 경우도 있지만, 계약금액의 100%로 상한을 정하는 경우도 실무에서 흔히 보이며 상한을 따로 정해두지 않는 경우도 허다하다. 거기다가 규모가 큰 계약의 경우 한번 늦어지면 하루이틀 늦어지는 것이 아니라 수개월이 늦어지는 것이 보통이다. 일을 열심히 했음에도 불구하고 오히려 돈을 줘야 하는, 배보다 배꼽이 더 커질 수 있는 무시무시한 것이 바로 이 지체상금이다. 그래서 우리 민법은 손해배상의 예정의 경우 너무 과다하면 법원이 적당히 감액할 수 있다고 규정해놓고 있다.

민법 제398조(배상액의 예정)

① 당사자는 채무불이행에 관한 손해배상액을 예정할 수 있다.
② 손해배상의 예정액이 부당히 과다한 경우에는 법원은 적당히 감액할 수 있다.
③ 손해배상액의 예정은 이행의 청구나 계약의 해제에 영향을 미치지 아니한다.
④ 위약금의 약정은 손해배상액의 예정으로 추정한다.
⑤ 당사자가 금전이 아닌 것으로써 손해의 배상에 충당할 것을 예정한 경우에도 전4항의 규정을 준용한다.

이 법 규정을 보자마자 추상적인 말을 싫어하는 우리 이과출신들은
'부당히 과다'한 것을 어떻게 판단하란 말인가? 하는 의문이 솟구칠 것
이다. 판례 몇 가지를 보고가자. 역시 추상적이기 그지없지만 대강의
'감'을 잡을 수는 있을 것이다.

> "손해배상의 예정액이란 문언상 그 예정한 손해배상액의 총
> 액을 의미한다고 해석되므로, 손해배상의 예정에 해당하는 지
> 체상금의 과다 여부는 지체상금 총액을 기준으로 판단하여야
> 한다.[5]"

> "법원이 손해배상의 예정액을 부당히 과다하다 하여 감액하
> 려면 채권자와 채무자의 경제적 지위, 계약의 목적과 내용, 손
> 해배상액을 예정한 경위(동기), 채무액에 대한 예정액의 비율,
> 예상손해액의 크기, 당시의 거래 관행과 경제상태 등을 참작한
> 결과 손해배상 예정액의 지급이 경제적 약자의 지위에 있는 채
> 무자에게 부당한 압박을 가하여 공정을 잃는 결과를 초래한다
> 고 인정되는 경우라야 할 것이다.[6]"

그리고 우리가 지체상금을 통해 배운 손해배상액의 예정Liquidated
Damage과는 구별되는 개념으로 "위약벌Penalty"이라는 개념이 있다. 지체
상금은 '너 계약한 대로 이행하지 못한 것에 대한 손해배상으로 이만
큼의 돈을 내라'라는 의미이지만, 위약벌은 '어쭈? 감히 계약을 위반했
어? 혼 좀 나봐라'하는 의미이다. 즉 전자는 계약의 불이행으로 인한

---

5 대법원 1996. 4. 26. 선고 95다11436 판결
6 대법원 1993. 4. 23. 선고 92다41719 판결

'손해'에 대한 보상인 반면, 후자는 계약위반자에 대한 제재적 성격을
갖는 것이다(지금 여러분은 일상용어로 자주 쓰이는 '위약금'이라는 개념과 머
릿속에서 혼동이 일어났을 것이다. '위약금'이라는 개념이 손해배상액의 예정과
위약벌 두 가지로 쪼개진다[7]). 당사자의 자유를 중시하는 국가의 법체계에
서는 이러한 위약벌을 정하는 것은 무효이고, 강제할 수 없다고 보는
경우도 많지만 우리나라는 위약벌을 인정하고 있다.

그래서 오히려 일반인들끼리 간단히 주고받는 거래에서는 '계약 위
반시 (손해와 상관없이) 위약금 얼마를 내야한다'는 위약벌(의 의미를 갖
는) 규정을 굳이 끼워넣는 경우가 많은 반면, 여러분들이 주로 볼 글로
벌 대기업들에서 사용하는 계약서들의 경우 위약벌 조항을 찾아볼 수
없다. 오히려 손해배상액의 예정 조항에 '이것은 위약벌의 성격을 가지
지 않는다'는 규정을 넣는 경우들이 있다.

앞서 손해배상액의 예정의 경우 법원에 의해 감액될 수 있다고 했
다. 위약벌은 그렇지 않다. 그럼 마음껏 과다하게 위약벌을 규정해도
되나? 그럴리가 없다. 위약벌은 지나치게 과다한 경우 아예 무효가 돼
버릴 수 있다.

"위약벌의 약정은 채무의 이행을 확보하기 위하여 정해지는

---

7 앞서 언급한 민법 제398조에 '위약금'의 약정은 손해배상액의 예정으로 추정한
   다는 말이 이때문에 나오는 것이다. 비록 미리 정해진 돈을 배상하는 것이지만
   손해에 대한 배상인 손해배상액의 예정과 손해에 상관없이 제재적 의미로 지
   불해야 하는 위약벌이 구별되기 때문에, 단순히 계약서에 '계약위반시 위약금
   얼마를 주어야 한다'라고 적어둔 경우 당사자의 일반적인 의도일 손해배상액의
   예정으로 해석해주는 것이다. 그래서 꼭 위약벌을 규정하고 싶다면 계약위반시
   손해와 상관없이 무조건 줘야 되는 돈이라고 명시를 해두어야 한다. 하지만 엔
   지니어들이 보는 글로벌 기업들의 계약서에서 이런 경우는 찾기 힘들 것이다.

것으로서 손해배상의 예정과는 내용이 다르므로 손해배상의 예
정에 관한 민법 제398조 제2항을 유추적용하여 감액할 수 없으
나, 의무의 강제로 얻어지는 채권자의 이익에 비하여 약정된 벌
이 과도하게 무거울 때에는 일부 또는 전부가 공서양속에 반하
여 무효로 된다. 다만 위약벌 약정과 같은 사적 자치의 영역을
일반조항인 공서양속을 통하여 제한적으로 해석할 때에는 계약
의 체결 경위와 내용을 종합적으로 검토하는 등 매우 신중을
기하여야 한다.[8]"

다시 지체상금으로 돌아가자. 일반적으로 지체상금을 납입해야 하
는 것은 고의나 과실에 의한 이행지체의 경우로 한정되나, 꼭 그렇지는 않
다. 계약 당사자들이 소위말하는 '갑·을'관계에 있는 경우 '을'에 해당
하는 업체의 경우 고의나 과실을 불문하고 '갑'의 '모든' 손해를 배상하
도록 규정해버리는 경우가 있음에 주의해야 한다. 가슴아픈 현실이다.

보통 이런 일은 '갑'의 표준계약서에 의해 계약이 체결될 때 일어나
는 데 이러한 경우 추후 "약관규제법"에 의해 불공정한 약관의 무효를
주장하여 고의, 과실에 의한 그리고 당사자가 예상할 수 있었을 손해
로 손해배상 책임을 한정시킬 여지가 있다[9].

그리고 위와 같은 지체상금은 당연히 계약상 의무 이행과 별도로 청
구하는 것이다. 즉 공사가 늦었으면 당연히 공사(계약상 의무)는 마무리
지어야하고, 지체상금은 지체상금대로 내야 된다는 말이다.

---

8 대법원 2015. 12. 10. 선고 2014다14511 판결
9 약관의 규제에 관한 법률 제8조(손해배상액의 예정)
 고객에게 부당하게 과중한 지연 손해금 등의 손해배상 의무를 부담시키는 약관 조
 항은 무효로 한다.

그런데 늦게 이행을 제공받는 것이 별 이익이 되지 않는 경우에는 '너 그냥 그 의무 이행하지 말고, 대신 손해배상을 해라'라고 할 수 있다. 이러한 '대신'하는 손해배상을 '전보'배상이라 한다[10]. 이러한 전보배상은 '제때 자신의 의무를 다 했을 때의 상태'를 기준으로 액수를 산정하며 지연손해도 포함한다. 하지만 우리의 계약서는 당연히 계약이 '늦을 때 늦더라도 잘 굴러가는' 것을 전제로 작성되므로 이런 전보배상에 대한 조항은 따로 넣지 않는 경우가 많다. 그러니 우리에게 이런 선택권이 있다는 사실만 알아두자.

또한 손해배상은 그 '범위'에 있어 '통상손해'와 '특별손해'로 나뉜다.

통상손해는 "그러한 채무불이행이 있으면 사회 일반의 거래관념이나 경험칙에 비추어 통상 발생할 것으로 생각되는 범위의 손해[11]"로 정의된다. 한마디로 그런 일이 있으면 으레 발생하리라 여겨지는 만큼의 범위라는 것이다. 일반적으로 말하는 손해배상의 대상이 되는 것이 이러한 통상손해다.

그리고 그러한 으레 발생하리라 여겨지는 범위를 넘어서는 손해가 특별손해다. 뭐가 다른가? 특별손해는 민법 제393조 제2항에 "특별한 사정으로 인한 손해는 채무자가 그 사정을 알았거나 알 수 있었을 때에 한하여 배상이 책임이 있다"고 규정되어 있다. 즉 특별손해는 원칙적으로 배상해줄 필요가 없지만, 채무자가 '특별한 사정의 존재'를 예견했거나

---

10 민법 제395조(이행지체와 전보배상)
채무자가 채무의 이행을 지체한 경우에 채권자가 상당한 기간을 정하여 이행을 최고하여도 그 기간내에 이행하지 아니하거나 지체후의 이행이 채권자에게 이익이 없는 때에는 채권자는 수령을 거절하고 이행에 갈음한 손해배상을 청구할 수 있다.
11 대법원 2009. 7. 9. 선고 2009다24842 판결

또는 예견가능성이 있었다면 특별손해도 배상을 해주어야 한다. 예견가능성이라는 멋들어진 표현을 썼지만 결국 이는 "내가 그걸 어떻게 알았겠나?"는 뜻이다.

이 예견가능성이 있는지 없는지는 '채무불이행시'를 기준으로 하고, 계약성립시가 아니라는 것이 통설과 판례[12]다. 즉, 이행지체의 경우(늦게 한 경우) 이행기(했어야 할 때)를 기준으로, 이행불능의 경우(물건이 박살났거나 회사가 망한 경우와 같이 아예 이행을 못하게 될 경우) 불능 당시(박살난 시점 또는 회사가 망한 시점)를 기준으로 예견가능성 여부를 판단한다. 당연하다. 계약성립시에는 모두가 사업이 잘 진행될 것이라 믿고 싱글벙글하고 있을 때인데 그 시점에 '특별한 사정'까지 어떻게 알겠는가? 돈을 줘야 되는 날짜(이행기)에 돈을 안줬으면 그 때 알았던 사정까지는 배상을 해야되는게 맞다.

그런데 이 '특별한 사정으로 인한 손해'가 무슨 소리인지 감이 잘 오지 않을 것이다. 민법교과서에서 주로 나오는 예시는 전매차익이다. 매매계약에서 매도인이 물건을 늦게줬다면 늦게 받음으로 인해 그 기간 동안 물건을 사용 못한 것에 대한 손해만을 배상하는 것이 일반적일테고, 그러한 '일반적'인 손해가 통상손해의 개념이다. 그런데 알고보니 매수인이 다른 사람한테 또 팔아넘기려고, 즉 전매를 하려고 이미 계약을 해둔 상태였다. 덕분에 매수인은 위약금까지 잔뜩 물게 됐다. 매도인이 그 위약금 상당의 손해까지 배상을 해야 될까? 이럴 때 매도인은 외친다. "내가 그걸 어떻게 알았겠냐?"[13] 이게 바로 예견가능성의 개

---

12 대법원 1985. 9. 10. 선고 84다카1532 판결

13 물론 전매차익의 경우에도 매수인이 장사꾼이어서 물건을 떼다 파는 게 일이라는 사실, 즉 전매를 할 것이 뻔하다는 사실과 물건 값이 상당히 오른 뒤 팔아넘길 예정이라는 사실을 알았다면 예견가능성이 인정된다.

념이고, 우리가 통상손해와 특별손해를 구별하는 이유이다.

한마디로 정리하자면 일반적이지 않은 손해는 예견가능성이 없었다면 배상할 필요가 없다.

손해의 개념에 대한 이야기가 길어졌는데 지체상금을 설명하다가 이 이야기를 한 이유는 "계약 당시 손해배상액을 예정한 경우에는 다른 특약이 없는 한 채무불이행으로 인하여 입은 통상손해는 물론 특별손해까지 예정액에 포함되고 채권자의 손해가 예정액을 초과한다 하더라도 초과부분을 따로 청구할 수 없[14]"기 때문이다.

예를들어 지금 계산된 손해배상의 예정이 100이라 하자. 총 계약금액이 10,000이었고 지체상금을 1일 당 1/1,000로 규정했는데 상대방이 열흘 늦게 이행했다(이때 지체상금을 계산해보면 다음과 같다. 10,000*1/1,000*10 = 100).

그리고 그 지체로 인해 여러분이 입은 실제 손해를 계산해 보았더니 통상손해가 70, 특별손해가 40이다. 손해배상의 예정에는 특별손해까지 포함되므로 총 손해는 110임에도 불구하고, 여러분은 100까지만 받을 수 있다는 얘기다. 지체상금 100은 손해배상액의 예정이고, 이는 통상손해와 특별손해를 모두 포함한다는 것이 이런 의미이다. 이제 계약의 '갑'들이 지체상금의 상한을 잘 씌우지 않으려는 이유를 알았을 것이다.

물론 위의 논의는 지체로 인한 손해들만 고려했을 때의 경우이다. 지체로 인한 손해가 생긴 경우가 아닌 일반적인 다른 사유, 예를들어 부실공사 때문에 손해가 생긴 경우에는 얘기가 다르다. 우리가 사용하는 대부분의 계약서에는 앞서 검토했듯 일반적인 손해배상 규정이 있고, 지체상금

---

14 대법원 1993. 4. 23. 선고 92다41719 판결

규정은 따로 마련돼있다. 늦은 건 지체상금 규정에 의해, 부실공사는 일반 손해배상 규정에 의해 따로 배상을 받을 수 있고 지체상금 규정에 의해 정해지는 액수를 초과하여도 배상받을 수 있는 것이다[15].

이것이 기본적인 법리이지만 혹시 발생할 수 있는 다툼을 방지하기 위하여 지체상금 규정에 "이러한 지체상금의 배상은 일반적인 다른 사유에 의한 손해배상에 영향을 미치지 않는다"는 문장을 끼워넣는 경우도 있다.

그리고 이행지체는 가장 대표적인 채무불이행 사유이므로 해제가 가능하다. 우리 민법은 이행지체와 해제에 대해 다음과 같이 규정하고 있다.

민법 제544조(이행지체와 해제)

당사자 일방이 그 채무를 이행하지 아니하는 때에는 상대방은 상당한 기간을 정하여 그 이행을 최고하고 그 기간내에 이행하지 아니한 때에는 계약을 해제할 수 있다. 그러나 채무자가 미리 이행하지 아니할 의사를 표시한 경우에는 최고를 요하지 아니한다.

---

15 대법원 2010. 1. 28. 선고 2009다41137, 41144 판결.
"공사도급계약을 체결하면서 건설교통부 고시 '민간건설공사 표준도급계약 일반조건'을 계약의 일부로 편입하기로 합의하였고, 위 일반조건에서 지체상금에 관한 규정과 별도로 계약의 해제·해지로 인한 손해배상청구에 관한 규정을 두고 있는 경우, 채무불이행에 관한 손해배상액의 예정은 당사자의 합의로 행하여지는 것으로서, 그 내용이 어떠한가, 특히 어떠한 유형의 채무불이행에 관한 손해배상을 예정한 것인가는 무엇보다도 당해 약정의 해석에 의하여 정하여지는바, 위 일반조건의 지체상금약정은 수급인이 공사완성의 기한 내에 공사를 완성하지 못한 경우에 완공의 지체로 인한 손해배상책임에 관하여 손해배상액을 예정하였다고 해석할 것이고, 수급인이 완공의 지체가 아니라 그 공사를 부실하게 한 것과 같은 불완전급부 등으로 인하여 발생한 손해는 그것이 그 부실공사 등과 상당인과관계가 있는 완공의 지체로 인하여 발생한 것이 아닌 한 위 지체상금약정에 의하여 처리되지 아니하고 도급인은 위 일반조건의 손해배상약정에 기하여 별도로 그 배상을 청구할 수 있다. 이 경우 손해배상의 범위는 민법 제393조 등과 같은 그 범위획정에 관한 일반법리에 의하여 정하여지고, 그것이 위 지체상금약정에 기하여 산정되는 지체상금액에 제한되어 이를 넘지 못한다고 볼 것이 아니다."

　여기서 '최고'는 '일정한 행위를 하도록 상대방에게 요구하는 의사의 통지'라고 정의된다. 한마디로 독촉하는거다. 그래서 상대방이 돈을 안 갚으면 얼른 내용증명부터 보내야 하는 것이다. 어쨌든 보통의 계약서에는 이러한 취지의 조항이 거의 그대로 들어가있다.

　계약 해제의 프로세스는 이렇다.

1) A가 채무를 이행하지 않음
2) B는 '상당한 기간을 정하여' 이행할 것을 통지(최고)
3) A가 그 '상당한 기간' 동안에도 여전히 이행하지 않음
4) B가 계약 해제를 통지

　이행지체 외에도 해제가 되는 사유들은 많다. 해제 사유는 크게 법정해제 사유와 약정해제 사유가 있다. 법정해제 사유는 말 그대로 법에서 정해둔 계약해제를 할 수 있는 사유로 민법에는 이행지체(늦게한 경우)와 이행불능(하는 것이 불가능하게 된 경우), 그리고 담보책임 규정에 의한(즉 이행을 하긴 했는데 문제가 생긴) 경우가 있다. 그리고 약정해제 사유는 당사자가 합의를 통해 계약을 해제할 수 있는 사유들을 정해두는 것이다. 이 약정해제 사유는 뭐든지 될 수 있다. 당사자 일방이 파산, 회생절차가 개시되는 등의 재정적인 문제가 생겼거나, 직원이 공무원에게 뇌물을 줬다는 등의 도덕적인 문제가 생겨 그 회사와의 거래를 계속 하는 것이 우리 회사의 이미지에 심대한 타격을 줄 수 있는 경우 같은 것도 약정할 수 있고 실제로 그런 규정들을 많이 넣는다. 정하기 나름이다. 그리고 일반적으로 계약서의 해제 규정에 해제 가능 사유로 이행지체, 이행불능 등 법정해제사유도 굳이 써두는 것이 보통이다.

　어찌됐건 법에서 정해져 있는 경우든, 약정한 경우든 계약해제 사유

가 될 수 있는 것은 많다. 역사적으로 약속을 안지키는 녀석들이 많았기 때문에 별의별 내용들을 다 규정해둔다. 그렇더라도 회사에서 이루어지는 계약들의 경우 해제는 상당히 심각한 문제이기 때문에(상대방이 아무리 잘못했다 하더라도 여러분이 당당하게 나서서 지금 상황은 해제 사유에 해당하니 사업을 물르겠다고 사장님께 보고할 엄두가 나겠는가? 난 못한다) 일방이 해제를 할 수 있는 사유를 한정적으로 나열해두고, 그 사유가 생겼다고 해서 바로 해제가 되도록 하지 않고 위와 같이 상대방에게 해제의 의사를 서면 통지로 알리고 계약을 이행할 충분한 기간을 주도록 하는 것이 일반적이다. 실무적으로도 조금 늦은 것 가지고 바로 해제를 하지는 않고 실무자들끼리 적절히 윽박도 지르고 달래기도 하면서 해결하는 것이 보통이지만 만일의 사태를 대비해서 '독촉'했다는 증거를 남기기 위해 Reminder는 전화나 구두로 하지 말고 이메일로 보내, 꼭 증거를 남겨두는 습관을 가지자.

민법과 '일반적'인 계약서들에는 위와 같이 해제를 쉽게 하지 못하도록 힘든 절차적 규정을 두지만, 실제 세계에서는 '갑'이 임의로 해제를 할 수 있도록 정하는 계약도 상당히 많은 것이 현실이다. "갑의 합리적인 판단에 의해 을의 이행 제공이 불필요하다고 판단될 경우", 심지어는 "갑의 편의를 위해" 갑이 해제를 할 수 있다는 등의 규정이 들어가 있는 계약서들이 왕왕 보인다. 이러한 가슴아픈 현실을 바로잡기 위해 "독점규제 및 공정거래에 관한 법률(공정거래법)[16]"이나 "하도급거래 공정화에

---

16 너무너무 중요한 조문이니 이 기회에 다 보고 가자.
   공정거래법 제45조(불공정거래행위의 금지)
   ① 사업자는 다음 각 호의 어느 하나에 해당하는 행위로서 공정한 거래를 해칠 우려가 있는 행위(이하 "불공정거래행위"라 한다)를 하거나, 계열회사 또는 다른 사업자로 하여금 이를 하도록 하여서는 아니 된다.
   1. 부당하게 거래를 거절하는 행위

관한 법률(하도급법)[17]"에서는 이러한 일방에게 불리한 해제를 하지 못하도
록 강제하는 규정이 존재한다. 둘 다 굉장히 중요한 규정이니 각주를 한
번씩 읽어보도록 하자.

다만 이러한 '편의해제' 규정이 업계에 따라, 거래에 따라 필요할 수
도 있을 것이다. 거래와 관련된 상황이 급속도로 변하거나 상대방과의
신뢰가 굉장히 중요한 경우 등 필요할 때 해제가 가능한 것이 중요한
거래들이 실제로 존재한다. 이러한 경우라면 형평을 위해 편의해제를
한 당사자는 상대방에게 일방적인 해제에 따른 손해배상을 해주도록
규정하는 것이 타당할 것이다.

---

2. 부당하게 거래의 상대방을 차별하여 취급하는 행위
3. 부당하게 경쟁자를 배제하는 행위
4. 부당하게 경쟁자의 고객을 자기와 거래하도록 유인하는 행위
5. 부당하게 경쟁자의 고객을 자기와 거래하도록 강제하는 행위
6. 자기의 거래상의 지위를 부당하게 이용하여 상대방과 거래하는 행위
7. 거래의 상대방의 사업활동을 부당하게 구속하는 조건으로 거래하는 행위
8. 부당하게 다른 사업자의 사업활동을 방해하는 행위
9. 부당하게 다음 각 목의 어느 하나에 해당하는 행위를 통하여 특수관계인
   또는 다른 회사를 지원하는 행위
   가. 특수관계인 또는 다른 회사에 가지급금·대여금·인력·부동산·유가증
      권·상품·용역·무체재산권 등을 제공하거나 상당히 유리한 조건으로
      거래하는 행위
   나. 다른 사업자와 직접 상품·용역을 거래하면 상당히 유리함에도 불구하
      고 거래상 실질적인 역할이 없는 특수관계인이나 다른 회사를 매개로
      거래하는 행위
10. 그 밖의 행위로서 공정한 거래를 해칠 우려가 있는 행위
17 하도급법 제8조(부당한 위탁취소의 금지 등)
   ① 원사업자는 제조등의 위탁을 한 후 수급사업자의 책임으로 돌릴 사유가 없
   는 경우에는 다음 각 호의 어느 하나에 해당하는 행위를 하여서는 아니 된다.
   다만, 용역위탁 가운데 역무의 공급을 위탁한 경우에는 제2호를 적용하지 아
   니한다.
   1. 제조등의 위탁을 임의로 취소하거나 변경하는 행위
   2. 목적물등의 납품등에 대한 수령 또는 인수를 거부하거나 지연하는 행위

계약불이행 책임을 논하는 파트라서 자연스럽지 않긴 하지만, 별 사유가 발생하지 않았는데에도 불구하고 당사자들끼리의 합의로 계약을 해제하는 것도 계약자유의 원칙상 당연히 가능하다. 이를 "합의해제"라고 한다. 조금 철두철미한 계약서의 경우 합의 해제를 할 경우 각각 누가 무엇을 얼만큼 돌려주고 돌려받아야 할지까지 정해두기도 한다. 안써두면 안되냐고? 이렇게 합의 해제를 하는 경우에는 보통 별도의 "합의서"를 작성하기 때문에 지금 당장 걱정할 것은 없을 것이다.

앞서 '이행기에 이행하지 않았을 것'이 이행지체를 이유로한 해제의 요건이라 했다. 당연하다. 그게 이행지체니까. 그런데 이행기일까지 기다릴 필요 없이 '신의성실의 원칙상' 해제가 가능한 경우가 있다. 소위 말하는 이행거절의 경우이다. 이는 '채무자가 채무를 이행하지 않을 의사를 진지하고 종국적으로 표시함으로써 채권자로 하여금 임의이행을 기대할 수 없게 만드는 경우'를 의미한다. 쉽게 말해 '나 안해'하고 뻗대는 경우이다. 이런 경우까지 계약을 해제하려 할 때 이행기까지 기다리라고 하면 '좀 아니다' 싶다. 그래서 이런 경우에는 바로 해제를 할 수 있다. 이게 '신의성실의 원칙상' 이행기를 기다릴 필요없이 해제가 가능하다는 의미이다. 법률용어, 알고 보면 별거 없다.

불가항력 규정

계약불이행 책임은 이렇게 무서운 것이다. 지체상금도 물어야되고 해제도 당할 수 있다. 그럼 '계약을 불이행했으면 항상 계약불이행 책임을 져야하는가?'하는 의문이 든다. 살다보면 내 뜻대로 안되는, 어쩔 수 없는 일들이 생기기 마련이다.

먼저 당연히 채무자(의무를 이행해야 하는 측)가 계약상 의무를 이행하지 않아도 되는 사유가 있다면 이행지체 책임을 지지 않는다. 예를들어 내가 물건을 사서 2022. 2. 22.에 물건을 납품받고, 같은 날 대금을 지급해주기로 하는 계약을 체결했는데 상대방이 물건을 주지 않았다면 나는 돈을 지급하지 않은 상태에서 2022. 2. 23.이 되더라도 이행지체책임을 지지 않는다. 이렇게 '니가 해야될 것을 안해서, 나도 못하겠다'하고 버티는 것을 유식한 말로 '동시이행의 항변'이라 한다.

그리고 천재지변이나 전쟁 등 내가 책임질 수 없는 사유로 계약상 의무를 이행하는 것이 불가능한 경우가 있다. 일반적으로 우리가 사용하는 계약서들에서는 이러한 예외적인 경우를 "불가항력" 조항에서 나열한다. 영문계약서에서는 "Force Majeure" 또는 "Exceptional Events" 등으로 표현한다. 이 두 영어 표현은 엄밀히 말하자면 다른 개념이지만 일반적으로 계약서에는 둘 중 하나를 써놓고 거기에 모든 내용들을 다 포함시킨다.

어쨌든 "내 잘못도 아닌데" 계약불이행 책임을 물게되는 것은 정말 억울하다. 그래서 계약서 작성시에 이 부분을 신경쓰는 것이 좋다. 실무적으로 최근에는 코로나 때문에 이 불가항력 조항들이 전세계적으로 많이 문제가 됐다.

1) 일반적으로 천재지변, 전쟁과 같은 사유는 대부분의 계약에서 이러한 불가항력 사유로, 즉 이런 일이 발생하면 계약 이행을 못해도 계약불이행 책임을 지지 않아도 되는 예외로 인정된다. 코로나와 같은 판데믹 상황에서는 아예 인력 수급자체가 불가능하게 되므로, 앞으로는 판데믹 정도로 인정되는 감염병과 같은 사유도 불가항력 조항에 포함시켜 불확실성을 없애는 것이 좋을 것이다.

2) 급격한 경제적, 정치적 상황변화는 조금 애매한 측면이 있다. 아예 너무 급격해서 쿠데타가 일어날 정도였다면 확실히 불가항력이 인정되지만 그정도는 아닌 경우가 대부분이다. 그래서 이러한 경제적, 정치적 상황변화는 '예외의 예외'로, '이정도 사유정도만 가지고는 계약불이행 책임을 지는 것이 맞다'고 규정하는 경우가 종종 있다. 종종 있다는 말은 불가항력 사유로 규정하는 계약서들도 많다는 의미이다. 그래서 계약을 체결하기 전에 프로젝트가 이루어질 지역의 상황을 미리 조사해둬서 계약서에 반영여부를 결정해야한다.

3) 노사분규, 운송지연 같은 '인재'의 경우들은 어찌보면 당하는 회사 입장에서는 억울하겠지만 사실 그런것들까지 다 인정해주면 제대로 돌아가는 계약이 하나도 없을 것이다. 이러한 사정들은

경우에 따라 명시적으로 불가항력 사유에 해당하지 않는다고 규정하는 경우가 많다. 물론 여러분이 노사분규나 운송지연 등의 위험을 안고사는 회사에 소속되어 있다면 되도록이면 이러한 사유까지 불가항력 사유에 포함되도록 협의를 잘 해야할 것이다. 특히 하도급업체들을 많이 쓰는 업계라면 각별히 신경써야할 부분이다.

이러한 불가항력 사유에 해당하는 사실이 발생하면 끝인가? 아니다. 세상은 그리 호락호락하지 않다. 이러한 사유들은 계약불이행책임을 면하게 해주는 강력한 효과를 발휘하기 때문에 일을 시키거나 물건을 주문한 입장에서는 굉장히 신경이 쓰일 수밖에 없다. 더군다나 계약서에 예시로 적어둔 불가항력에 해당하는 사건들의 리스트에 포섭되지 않는, 그렇지만 계약을 제때 또는 제대로 수행하는 것이 객관적으로 힘든 사유가 발생하면 불가항력 조항이 적용되는지 자체부터가 고민거리이다. 그리하여 일단 계약의 이행에 영향을 미칠만한 사유가 생겼다면 양 당사자가 얼른 사실을 파악해야 할 필요가 있다.

그래서 보통은 이러한 사유가 발생했을 때에는 즉시 또는 일정기한 내에 '이러이러한 사정이 생겨서 어느 정도의 기간까지 일을 못할 것 같다'는 통지를 상대방에게 보내도록 규정해놓는다. 조금 더 나아가서 '손실을 최소화하도록 노력하여야 한다'와 같은 내용을 추가하기도 한다.

통지는 귀찮고 신경써서 챙겨야 하는 짜증나는 것이기도 하지만 이후 분쟁이 발생하거나 불가항력 사유 발생을 이유로 공기연장 클레임 Extension Of Time Claim을 걸어야 할 경우 매우 중요하다. 실무적으로 불가항력 사유 발생 후 적정 기일 내에 통지를 하지 않아서 시공사에서 발주처에 공기연장 클레임을 시도하려다가 실패하는 경우가 허다하다.
문제가 생기면 재깍재깍 알리도록 하는 습관을 길러두자.

통지 규정

통지 이야기가 나온 김에 통지 규정도 한번 살펴보자. 위와 같이 클레임이나 손해배상 청구, 해제의 경우 적절한 기한 내의 통지가 전제조건이다. 그러니만큼 이러한 클레임이 비일비재한 업계의 계약서의 경우에는 "통지의 방법"을 규정하는 조항도 계약서에 따로 두는 경우가 많다(간단한 계약서들의 경우는 없는 경우도 많다).

이러한 규정의 경우 크게 1) 통지의 방법, 2) 어디로 통지해야 하는지(주소 등), 그리고 3) 수령간주에 대한 내용을 적어둔다.

통지의 방법은 '어떻게 보내나'이다. 말 그대로 서면으로 써서 우편으로 보낼지, 이메일로 보낼지, 그냥 말로 전해도 될지 등을 정하는 것이다. 확실성을 위해 종이에 적힌 글로 남기는 것이 좋지만 21세기에는 실무상 편의를 위해 이메일로 통지하는 것도 통지 방법으로 포함시켜 정하는 것이 좋을 것이다. 아니, 다들 그렇게 한다.

그리고 통지받을 주소나 전화번호, 이메일 주소 등을 각 당사자들이 기재해 놓는다. 이걸 계약서에 적어둔 경우 이메일 주소 변경시 반드시 상대방에게 주소 변경을 알려야 할 것이다. 본인이 바뀐 주소를 알려주지 않았는데, 상대방이 (계약서에 기재된) 이전 주소로 통지를 보냈다면 통지가 적법하게 이루어진 것이기 때문이다. 난 못받았는데도!

마지막으로 수령간주 규정은 '일방이 적절한 방법과 주소로 통지를 보냈고, 일정 시간이 지났으면 상대방이 읽었든 아니든 수령한 것으로 간주'한다는 규정이다. 소위 말하는 '안읽씹'을 방지하는 규정이다. 계약해제 통보와 같은 중요한 상황에서 '난 안받아서 너가 뭐라 보냈는지 모르겠다'고 뻗대는 것을 방지할 수 있는 유용한 규정이니, 계약상대방과 확고한 신뢰관계가 형성되지 않았다면 이런 규정을 넣는 것을 고려해보자.

비밀유지 및 지식재산권 규정

    비밀유지 규정은 거의 모든 계약서에 들어가는 규정으로 말 그대로 이 계약과 관련된 또는 이 계약의 이행 과정 중 얻게된 자료나 정보를 관련없는 제3자에게 누설하면 안 된다는 규정이다. 일반적으로 계약서의 조항 중 하나로 들어가지만 업계에 따라 보안이 중요한 거래의 경우 별도의 비밀유지계약NDA_{Non Disclosure Agreement}를 따로 체결하기도 한다. 특히 첨단기술분야, 라이센스, 합작투자, 금융거래와 관련된 계약에서 중요하게 여겨진다.

    일반적으로 비밀유지 규정이 계약서의 조항 중 하나로 들어가는 경우에는 "각 당사자는 본 계약과 관하여 상대방으로부터 제공받은 모든 정보와 자료를 비밀로 유지하여야 하며, 다른 목적으로 사용하여서는 아니된다." 정도의 문구로 구성된다. 조금 더 자세히 살펴보자. 핵심은 무엇이 "기밀"이고 무엇이 기밀이 아닌지를 규정하는 것이다.

    어떤 것들이 기밀에 해당하는지를 상상력을 총 동원하여 나열해두는 경우도 있지만, 주로 기밀은 '매체를 불문하고 상대방이 비밀로 유지할 가치가 있는 모든 정보와 자료'와 같이 일반적으로 규정한 다음, 기밀이 아닌 '예외'를 열심히 나열하는 방식으로 규정된다.

이러한 예외에는 제3자로부터 적법하게 취득한 자료나, 이미 잘 알려진 공지의 자료 등이 포함된다. 이부분에 있어서는 변호사들보다 여러분들이 실무에 있어 작성되고 전달되는 서류나 물건 등을 훨씬 더 잘 알기 때문에 여러분들이 적극적으로 목소리를 낼 필요가 있다. 프로젝트가 진행되면서 양 당사자 사이에 어떤 서류들이 오가고, 그 중 어떤 서류에 핵심 기술이 담겨져 있는지는 오로지 실무자인 여러분만이 판단할 수 있다. 관행적으로 주고받는 물건이 "기밀이 아닌" 목록에서 빠져있거나, 굉장히 중요한 서류가 "기밀" 목록에서 빠져있을 수 있다. 계약서의 다른 조항은 몰라도 이 조항은 반드시 이공계 실무자 여러분들이 체크하여야 한다.

만약 여러분의 회사가 라이센스의 소유자이고 그 기술이 무척 중요하고 값비싸다면 최대한 깐깐하게 굴 필요가 있다. 이러한 경우 유출돼서는 안되는 "기밀"을 굉장히 촘촘히, 범위는 최대한 넓게 구성해야 할 것이다. 그리고 권리와 성과물의 이용에 있어서도 여러분이 지식재산권을 계속 가지되, 상대방은 계약의 목적 범위 내에서만 성과물을 이용가능토록 규정하는 것이 좋다.

그러한 경우까지는 아니라면 일반적으로 계약 이행의 '성과물'들은 이를 제공 받은 상대방에게 귀속되게 하는 것이 원칙이므로(당연하다. 내 돈 주고 물건 만들어달라고 했는데 그 물건을 내 마음대로 사용하지 못하면 말이 안 된다!), 계약의 이행에 있어 상대방에게 제출한 물건이나 서류에 자신의 노하우, 영업비밀 등이 포함되지 않도록 각별히 주의해야 할 것이다.

어떤 정보가 "기밀"이라고 써놨다고 다 끝나는 것은 아니다. "누가" "어떤" 행위를 하는지도 중요하다. 어떤 짓을 해야 비밀유지의무 위반인 것인가? 관련 임직원끼리 그 내용을 회의시간에 말하는 것이 비밀유지의무 위반일리가 없다. 그래서 이 부분은 주로 "비밀 공개 가능범위"를 '최소한의 관계 임직원'으로 한정시켜서 해결한다.

그리고 당연한 얘기지만 기밀이라 하더라도 법원이나 수사기관, 관련업계를 관할하는 정부부처 등에의 제출은 예외에 해당한다고, 즉 비밀유지의무 위반이 아니라고 덧붙여 규정할 수도 있다.

관련 쟁점으로, 지식재산권 규정은 비밀유지 규정과 별도로 마련해두는 것이 보통이다. 위에 적어둔 부분은 일반적인 매매나 도급 계약의 경우이고, 지식재산권 자체가 메인 쟁점이 되는 기술개발용역계약 같은 경우는 훨씬 더 촘촘하게 권리 귀속을 규정해야 한다.

출원 후의 권리뿐만 아니라 출원 전 단계의 권리(앞서 보았던 '특허를 받을 권리')까지 모든 시점의 경우를 빠짐없이 규정해야 하며(즉 어느 시점에 누구에게 권리가 귀속되는지), 더 나아가 누가 얼마를 내고 어디까지의 연구개발업무를 수행할 것인지, 관련 장비나 장소의 제공은 어떻게 할 것인지 그리고 각각 권리의 어느 정도의 지분을 가질 것인지를 명확히 합의하여 규정해야 할 것이다. 각 당사자의 권리와 의무를 시간 순서대로 촘촘히 정하자. 그리고 당사자의 지위의 양도, 즉 중간에 권리를 팔고 나갈 때 상대방의 동의를 얻어야 하는지, 아니면 아예 팔고 나갈 수 없도록 규정할 것인지도 협상의 중요 요소이다.

계약 변경

계약의 변경에 관한 내용은 여러분의 회사가 협상력이 작은, '을'의 위치에 있다면 반드시 신경써야 하는 파트다. 프로젝트를 진행하다 보면 기존 구상이나 설계의 변경이 있기 마련이다.

일반적으로 법률가들은 '계약은 그대로 지켜져야 하고 그 내용이 바뀌는 것은 예외'라는 전제하에 계약서를 작성, 검토하기 마련이다. 그러나 엔지니어들이 다루는 복잡하고 지난한 프로젝트의 계약들은 반대로 프로젝트가 진행되면서 그 모습이 바뀌는 것이 일반적이고 최초 구상대로 진행되는 것이 오히려 보기 드물다. 그래서 계약 변경을 신경써야 한다. 만약 계약 진행 중 '갑'이 (계약 내용에 없거나) 다른 것을 지시하면 "어떤 기준으로 대금을 산정해서 그 증감분을 정산할 것인지"에 대한 내용을 미리 정하여 반드시 넣어두도록 하자. 실무적으로 정말 많은 다툼이 벌어지는 부분이다.

해외업체들과 다르게 국내업체들, 특히 '을'의 위치에 놓이게 되는 업체들은 '갑'이 '이 부분은 (계약과 다르게) 이렇게 진행해라'라고 말하면 '받들겠습니다'하고 그냥 따르는 것이 업계 관행인 경우가 많다. 안타깝게도. 국내업체들은 상대방이 요구하는 추가적인 지시를 이행하는 데에 드는 비용이 아주 크지 않다면 '서비스로 해드리는' 것에 익숙하다. 하지만 국내업체들도 서서히 이러한 불합리한 관행을 타파하고 자신의 권리를 찾으려는 움직임이 보인다. 아주 바람직하다. 그리고 이 책을 읽고 있는 여러분들이 바로 국내 기업들의 권리찾기에 일조하는 산업역군이 될 것이다. 아주 바람직하다.

실무자들은 이러한 계약변경이 Variation 또는 Change Order라는 이름으로 더 익숙할 것이다. 이론적으로 둘은 다소 다르다. 전자는 모든 종류의 계약내용의 변경을, 후자는 일정한 절차를 밟아 계약의 일정한 내용(주로 작업의 내용scope of work과 대금)의 변경을 꾀하는 공식적인 서류를 의미한다.[1] 하지만 현실세계에서는 널리 혼용되어 사용된다.

이에 대해 계약서에는 1) 어떤 사유로, 2) 어떤 절차를 거쳐서, 3) 어떠한 내용의 변경된 지시 또는 제안을 할 수 있는지, 4) 상대방은 이에 대해 어떤 경우 불복할 수 있는지, 5) 그에 따른 변경된 대금은 어떻게 산정할 것인지 등을 정해두어야 한다.

사유로는 기간 단축이나 비용 절감, 업무 효율성 증대 등이 대표적이다.

절차는 당사자 일방의 변경요청이 있는 경우 보통 상당한 기간(FIDIC의 경우 28일)[2]을 주고 해당 변경으로 인해 얼마의 돈과 시간과 인력이 투입하여 해야하는지에 대해 통지하도록 정한다.

불복 사유는 기존 계약 내용에 비추어 너무 뜬금없는(예견가능성이 없는) 지시이거나, 해당 변경 내용을 이행하기 위한 필요 물품을 구할 수 없거나, 환경이나 안전규정에 반하거나, 그로 인해 약속한 일정이나 성

---

1 Fisk 1997; O'Brien 1998
2 FIDIC YELLOW BOOK (2017) 13.3 Variation Procedure 참조.

능을 보장할 수 없는 경우와 같은 사유를 정하는 것이 보통이다.

변경된 대금 산정방법은 최대한 직관적이고 간단하게 정하는 것이 좋다. 변경된 작업에 소요되는 물품, 인력, 시간 등을 고려하여 실투입비를 산정토록 하고 거기에 일정 이익률을 곱하도록 하는 것이 보통이다. 예를 들어 어떠한 추가 작업을 해야할 때 실제로 들어가는 비용이 100이라면 20%의 마진을 두어 120을 지급해야 한다고 정해두는 것이다.

이왕 계약변경 규정을 두는 김에 조금 더 나아가 프로젝트가 진행되는 국가의 법령 변경으로 인한 계약변경 절차도 정해두는 것이 좋다. 실무적으로 은근히 문제가 많이 되는 지점이다. 코로나 사태에서도 이러한 내용을 계약서에 미리 규정해두었더라면 훨씬 편하게 프로젝트를 진행할 수 있었을 것이다. 하지만 실제 세계에서는 법령 변경에 대한 대응방안까지 규정해두는 계약서들은 그리 많지 않다.[3] 적어도 변경 절차와 대금 산정 방안 정도만이라도 미리 정해두면 편할 것이다.

이렇게 계약변경 규정에 따라 적절한 절차를 밟아 계약을 변경하는 경우 외에는 쉽게 계약이 변경되게 해서는 안될 것이다. 계약은 약속이니까. 하지만 법률, 계약 전문가들이 아닌 실무진들이 계약을 체결하고, 일을 진행하기 때문에 계약서와 현실의 괴리가 생기기 마련이다. 계약서에는 'A일 때는 B이다'라고 규정해놨어도 일을 하다보면 C로 처리하고 양 당사자가 묵인하고 넘어가는 일들이 허다하다. 그렇게 C로 처리하는 '관행'이 생겼다면 계약 분쟁이 벌어졌을 때 골치가 아플 수

---

3 FIDIC에는 규정되어 있다. YELLOW BOOK (2007) 기준 13.7은 Adjustments for changes in Laws 를 규정한다. FIDIC은 법령변경에 대한 대응에 있어서 일반적인 Claim 절차를 따르도록 규정하고 있다.

밖에 없다. '나는 평소 하던대로 했고, 너네도 묵인해놓고 왜 이제와서 딴 소리냐'라고 주장할 여지가 생기는 것이다.

일방이 상대방의 행위를 용인해놓고 나중가서 '그건 아니다'라고 주장하는 것은 '금반언의 원칙'에 반하며, 법원에서도 '업계관행'에 대해서는 어느정도 관대하게 인정해주는 경우가 많아서 계약서에 명확한 규정이 없다면 일이 복잡해질 수 있다.

이를 막기 위해 '각 당사자의 서명이 들어간 서면에 의하지 않는 한, 업무내용의 변경이 있거나 이 계약서의 내용과 다른 관행이 형성된 경우 이는 각 당사자들에게 구속력이 없다'는 취지의 규정을 두는 것이 좋다. 이를 임의변경금지 조항이라고 부른다. 이러한 규정은 굳이 넣지 않는 계약서들도 많다. 실무자 여러분들의 경험으로 프로젝트 진행시 관행과 다른 계약조항의 사용이 잦은 업계라면 현실에 맞추어 이러한 규정을 두어 분쟁을 방지할 필요가 있을 것이다.

분쟁해결방법

해당 계약과 관련된 분쟁이 발생했을 때를 대비해 우리가 신경써야 할 것은 크게 두 가지이다. 1) 어떤 법에 따라 해결할 것인가, 2) 어디서 판단을 받을 것인가.

국내 회사들끼리의 계약의 경우 굳이 신경을 쓰지 않아도 된다. 당연히 국내법이 적용되고 민사소송법상의 관할 규정(어느 법원에서 소송을 해야하는지)[1]이 적용될테니 어느 법원으로 가야할지 별로 고민할 필

---

1 우리 민사소송법은 제2조부터 제40조까지 관할을 결정하는 규정을 두고 있다. 이걸 모두 알고있기는 어려우니 기본적인 내용만 조금 보고 가자.

관할은 기본적으로 "피고" 즉 소송을 제기 "당하는 사람"의 주소(를 관할하는 법원)에서 하는 것이 원칙이다(제2조). '사람'의 경우 주소이지만(제3조), 우리는 회사 일을 다루고 있으므로 '법인'을 봐야하는데, 법인은 주된 사무소 또는 영업소가 있는 곳을 기준으로 한다(제5조). 대충 본사 주소라고 기억하면 된다.

간혹 '국가'를 상대로 소송을 해야하는 경우가 있는데 국가를 대표하는 관청인 법무부장관의 소재지(과천시) 또는 대법원이 있는 곳(서울특별시 서초구)이다. 잘 모르겠으면 서울중앙지방법원에 넣으면 된다. 다만 일반 민사소송이 아니라 예를들어 정부부처에서 우리 회사에 무슨무슨 조치를 취해서 이에 대해 싸우고자 하는 행정소송의 경우라면 서울행정법원에 제소하자.

아까 원칙은 소송을 당하는 사람의 주소에서 하는 것이 원칙이라 했다. 그러다보니 '채무자'의 주소지에서 소송을 하는 것이 일반적인 모습이 된다. 채권자가 채무자를 상대로 소를 제기하는 것을 생각해봤을 때 소를 제기하는 채권자의 입장에서는 조금 아쉽다. 하지만 '재산권'에 관한 소를 제기하는 경우에는 '의무이행지'의 법원에 제기할 수 있다(제8조). 그리고 보통 거래의 경우 '채권자'의

요가 없다. 조금 더 디테일하게 보고 싶다면 각주를 참고하도록 하자. 여하튼 이 경우에는 여러분은 고민하지 말라는 취지에서 본문에서는 의도적으로 제외한 것이다.

하지만 해외업체와의 계약이라면 반드시 위 두 내용을 삽입해야 한다. 일단 어느 나라 법이 적용될 지부터가 불분명하면 회사차원에서 대응전략을 짜기 굉장히 힘들다. 일반적으로는 협상력이 큰 회사('갑')의 사무소가 위치한 국가의 법에 따라 이 계약서를 해석하며, 그 국가의 법원에서 분쟁을 해결한다고 규정하는 경우가 많다.

그런데 국제 무역, 국제 건설업계 같이 특수한 산업분야에 따라서는 특정 국가의 법원보다는 국제중재를 활용하는 경우가 많다. 중재나 조정은 분쟁해결방법이지만 법원에서 하는 소송이 아니라는 뜻에서 '대체적 분쟁 해결 제도ADR, Alternative Dispute Resolution'라고 불린다. 우리가 아무리 국제 업계에 근무한다고 하더라도 해외에서 외국인들과 분쟁 해결을 하는 것이 부담스러울 수 있다. 대한민국에도 서울 삼성동에 대한상사중재원[2]이 존재한다. 각주에 있는 대한상사중재원 홈페이지에 접속하면 간단하게 중재신청에 필요한 서류들을 다운받을 수 있다. 대신 인터넷에서 원클릭으로는 신청할 수 없고 내방 또는 우편으로 중재신청서를 작성해야 한다. 아무튼 분쟁해결방법으로 중재를 선택했다면 대한상사중재원에서 중재를 한다고 규정하는 것이 여러분들에게 편할 것이다.

그 외에도 각 정부부처에서 각종 '조정위원회'를 두는 경우가 있는데

주소에서 의무이행을 한다. 그래서 이 규정에 의해서 '채권자'의 주소지에서도 소를 제기할 수 있다.

2 http://www.kcab.or.kr/servlet/main/1000

규모가 작은 계약의 경우 복잡한 소송보다 편하고 싸고 빠르게 분쟁을 해결할 수 있는 좋은 방안이다. 예를 들어 국토부 산하의 건설분쟁조정위원회를 들 수 있다.

물론 해당 업계에서 중재나 조정을 하는 것이 관행이라고 여러분들까지 반드시 그렇게 규정할 필요는 전혀 없다. '대한민국 법'에 의해 '대한민국의 법원'에서 해결하는 것으로 지정하는 것이 여러분들에게 거의 무조건적으로 편할 것이다. 대한민국 법원에서 대한민국 법에 의한 판단을 받으면 분쟁이 어떻게 진행되고 전략은 어떻게 짜야 할지 얼추 검색엔진에서 검색이라도 해볼 수 있지만, 해외로 나가는 순간 전문 로펌의 도움 없이는 한발자국도 움직이기 힘들다. 실무자의 판단 여지가 없어지는 것이다. 결국 해당 업무의 담당자는 여러분인 데에도 불구하고, 여러분이 해당 문제 해결에 대한 주도권을 잃게된다.

그래서 국제 계약에서는 어떤 법을 적용하고, 어디서 판단을 받아야 할 것인가를 계약서에 규정해두는 것은 지금 당장은 무슨 상관이냐 하는 생각이 들지 몰라도 문제가 생겼을 때 무척 중요하니 신경써서 미리 정해두도록 하자.

02

각 론

매매계약과 도급계약 그리고 위임계약

계약의 일반적인 내용을 보았으니 이제 각각의 계약을 보자. 여러분들이 작성하게 되는 계약서는 대부분 세 종류의 계약이다.

1) 매매계약

2) 도급계약

3) 위임계약

각 계약들의 특성을 알아야지 계약서도 잘 쓸 수 있다.

문제는 위 계약들이 정확히 저렇게 깔끔하게 나뉘면 얼마나 쉽고 좋으련만, 이게 어떤 계약인지 헷갈리게 만드는 경우들이 있다. 계약서 이름을 보면 되지 않냐고? 계약서의 명칭은 계약의 성질과 전혀 상관없다. 우리가 아무생각 없이 작성하는 계약서들의 상당수가 계약의 성질에 맞지 않는 명칭을 사용하고 있다. 주로 우리를 헷갈리게 만드는 경우 몇 가지를 보고 가자.

먼저 매매계약인지 도급계약인지가 헷갈리는 경우가 있다. "제작물 공급계약"의 경우인데, 판례에 따르면 이는 매매계약일수도, 도급계약이 될 수도 있다.

"당사자의 일방이 상대방의 주문에 따라 자기 소유의 재료를 사용하여 만든 물건을 공급할 것을 약정하고 이에 대하여 상대방이 대가를 지급하기로 약정하는 이른바 제작물공급계약은, 그 제작의 측면에서는 도급의 성질이 있고 공급의 측면에서는 매매의 성질이 있어 이러한 계약은 대체로 매매와 도급의 성질을 함께 가지고 있는 것으로서, 그 적용 법률은 계약에 의하여 제작 공급하여야 할 물건이 대체물인 경우에는 매매로 보아서 매매에 관한 규정이 적용된다고 할 것이나, 물건이 특정의 주문자의 수요를 만족시키기 위한 부대체물인 경우에는 당해 물건의 공급과 함께 그 제작이 계약의 주목적이 되어 도급의 성질을 띠는 것이다.[1]"

쉽게 말해 일반적으로 사용되는 볼트, 너트 같은 규격품과 같은 '대체물'은 매매계약으로, 공장에서 사용하는 기계들과 같은 특별히 우리만을 위해 만든 '부대체물'의 경우에는 도급계약으로 보는 것이다.

지금 매매인지 도급인지가 도대체 뭐가 중요한지 여러분 머리 위에 물음표들이 잔뜩 떠있는 것이 눈에 생생하다. 담보책임이나 권리행사 기간 등의 규정이 다르며 특히 상법 제69조[2] 등 매매에만 적용되는 규

---

1 대법원 1996. 6. 28. 선고 94다42976 판결
2 상법 제69조(매수인의 목적물의 검사와 하자통지의무)
　① 상인간의 매매에 있어서 매수인이 목적물을 수령한 때에는 지체없이 이를 검사하여야 하며 하자 또는 수량의 부족을 발견한 경우에는 즉시 매도인에게 그 통지를 발송하지 아니하면 이로 인한 계약해제, 대금감액 또는 손해배상을 청구하지 못한다. 매매의 목적물에 즉시 발견할 수 없는 하자가 있는 경우에 매수인이 6월내에 이를 발견한 때에도 같다.
　② 전항의 규정은 매도인이 악의인 경우에는 적용하지 아니한다.

정이 있기 때문이다. 차차 보도록 하자.

다만 "국제물품계약에 관한 UN협약(CISG)"이 적용되는 국제물품매매의 경우3 판단기준이 조금 다르다. 협약은 "물품을 제조 또는 생산하여 공급하는 계약은 매매로 본다. 다만, 물품을 주문한 당사자가 그 제조 또는 생산에 필요한 재료의 중요한 부분을 공급하는 경우에는 그러하지 아니하다."(CISG 제3조 제1항)라고 규정하고 있다. 따라서 이 경우 매매의 대상 물건이 대체물인지 부대체물인지는 '매매인지 여부'의 판단기준이 되지 않는다. 즉, 협약이 적용되는 경우에는 대체물이든 부대체물이든 물품을 주문한 당사자가 재료의 중요한 부분을 공급하였다면 '매매'가 아니라고 보아 CISG 규정을 적용하지 않도록 정하고 있다.

---

3 글로벌 매매계약에서는 국내법보다는 국제협약인 CISG가 적용되는 경우가 왕왕 있다. CISG는 "국제물품매매계약에 관한 UN협약"으로, 영업소가 서로 다른 국가에 있는 당사자간 동산물품매매계약에 적용된다. 여러분들이 글로벌 기업에 근무하고 있다면 여러분이 작성할 매매계약의 상당수는 CISG가 적용될 수 있다. 우리나라가 CISG의 체약국이기 때문이다. 물론 계약자유의 원칙에 따라 당사자간의 협의가 우선하도록 규정(제6조)되어 있기에, CISG에서 다루고 있는 테마들(내용이 별로 많지 않다. 심심할 때 한번 훑어보면 30분이면 다 읽을 수 있다!)을 모두 규정해둔 계약서를 사용할 경우 CISG를 볼 일이 없을 것이다.
하지만 여러분들이 계약서를 얇게 작성하는 것에 익숙하다면, 그래서 국제계약에서 일반적으로 정하는 내용들을 다 빼먹었다면 CISG와 관련된 문제가 생길 수 있다. 그럼에도 불구하고 실무적으로는 국제 거래의 경우 계약서에서 일방 당사자(주로 '갑')가 소속된 국가의 법을 분쟁발생시 사용할 법으로 지정하는 경우가 대부분이기에 여러분이 CISG를 펼쳐볼 일은 거의 없을 것이다. 그래서 앞에서도 언급했듯이 국제계약에서는 "어떤 법에 의할 것인지"를 계약서에 규정해두는 것이 중요하다!
CISG가 적용되기 위해서는 국제, 물품, 매매에 해당해야 하고(제1조), 당사자가 합의하여 CISG 규정 내용을 배제하지 않았어야 한다(제6조). 사실 조금 더 복잡한 판단기준이 적용되지만 여러분들은 이정도만 알고계셔도 충분하다. 즉, 계약서에 CISG 규정 내용과 다른 내용의 합의가 적혀있는 경우 그에 따르면 된다. 그래서 여러분들이 계약서를 잘 작성했다면 실제로 CISG를 펼쳐볼 일은 거의 없을 것이다.

그리고 도급계약과 위임계약의 차이는 무엇인가? 둘 다 일을 시키는 것이라는 점에서 공통점이 있다. 하지만 도급은 "일의 완성"에 대해 대가를 지불한다는 측면을, 위임은 "업무의 수행" 자체를 맡긴다는(보통 업무의 '위탁'이라는 표현을 사용한다) 측면을 강조한다. 여기서 이 둘의 결정적인 차이가 나타난다. 위임계약의 경우 일을 했다면 '완성'된 것이 없더라도 채무불이행책임을 지지 않는다. 병원에서 진료를 받았으면 병이 낫지 않았어도 진료비를 내야하는 것이다. 반면 도급계약의 경우 아무리 일을 열심히 했더라도 '완성'된 것이 없다면 돈을 안줘도 되는 것이 원칙이다.

통상적인 예를 들어 건설공사계약은 건물을 다 지어주는게('목적물의 완성') 목적이라는 점에서 도급계약이고, 위임계약의 대표적인 예는 변호사에게 법률사무처리를 맡기는 것이다. 건설분야의 예로는 건축사에게 인허가나 감리 일을 맡기는 경우이다.

이공계 출신인 우리가 신경써야 할 계약 중 도급인지 위임인지 여부가 논란이 되는 가장 대표적인 계약이 바로 "연구개발위탁계약"이다. "소프트웨어개발계약"도 마찬가지다. 이는 위탁자가 수탁자에게 기술의 연구개발을 위탁하는 계약이다. 애초에 혼합적인 내용으로 계약을 구성하는 경우가 대부분이지만 그래도 굳이 구별을 하자면, 원칙적인 구별기준은 앞서 말한 바와 같이 "연구의 완성"이 보수와 대가관계가 있다면 도급계약으로 보고, 연구의 완성여부와 보수의 지급이 별개라면, 즉 연구성패와 관계없이 보수가 지급된다면 위임으로 본다.[4]

---

4 판례는 소프트웨어 개발·공급계약을 원칙적으로 도급계약으로 보면서도 앞서 본 건설공사에서의 예외에서처럼 일부 완성 후 계약이 해제된 경우 수급인의 당시까지 보수 청구를 인정한 바 있다.
대법원 1996. 7. 30. 선고 95다7932 판결.

이러한 도급과 위임의 법적 성격의 구별실익은 연구비를 줄지말지, 줘야한다면 언제 줘야 하는지뿐만 아니라, 연구개발 성과품의 소유권 귀속 등에서 차이가 난다. 이 계약이 도급인지 위임인지 사람마다 판단하는게 달라질 수 있고, 도급인지 위임인지에 따라서 특정 결과값이 달라질 수 있다는 개념은, 정확히 딱 떨어지는 것을 좋아하는 우리 이공계출신들에게는 생소할 것이다. 그래서 우리가 뭘 해야되나 결론만 알고가자. 결과적으로 이러한 도급인지 위임인지 그 법적성질이 명확하지 않은 계약을 체결할 때에는 보수지급 시기, 방법, 연구단계별 성과품의 귀속(발명 완성 전·후, 특허 등 출원 전·후, 등록 전·후) 등의 당사자의 관계와 권리·의무의 귀속을 명확히 계약서에 명시하여야 추후 분쟁을 피할 수 있다. 즉 딱 떨어지지 않는 법적 성질에 따른 불확실성을, 계약서에 (계약의 법적성질에 따라) 달라질 수 있는 사항들을 명확하게 기재함으로써 해소하자는 것이다.

그리고 꼭 하나의 계약이 매매, 도급, 위임 중 하나의 성격을 가지라는 법은 없다. 앞서 말했듯 절대 계약서 이름만 보고 계약의 성격을 단정해서는 안 된다. 하나의 계약에서 여러가지 계약의 성격을 뒤섞어 두는 경우도 허다하다. 물건을 사면서 매도인에게 물건 설치의 역무도 수행하도록 하는 경우가 대표적인 예이다. 이 경우 표면적인 계약서의 명칭은

"소프트웨어 개발·공급계약은 일종의 도급계약으로서 수급인은 원칙적으로 일을 완성하여야 보수를 청구할 수 있으나, 도급인 회사에 이미 공급되어 설치된 소프트웨어 완성도가 87.87%에 달하여 약간의 보완을 가하면 업무에 사용할 수 있으므로 이미 완성된 부분이 도급인 회사에게 이익이 되고, 한편 도급인 회사는 그 프로그램의 내용에 대하여 불만을 표시하며 수급인의 수정, 보완 제의를 거부하고 나아가 수급인은 계약의 당사자가 아니므로 상대하지 않겠다고 하면서 계약해제의 통보를 하였다면, 그 계약관계는 도급인의 해제통보로 중도에 해소되었고 수급인은 당시까지의 보수를 청구할 수 있다고 인정한 사례."

매매계약서이지만 전부 아래에서 배울 매매계약의 법리를 적용하는 것이 아니라, 일을 수행하게 하는 내용의 규정들은 도급이나 위임의 법리에 따라 계약서의 문구를 해석해야 한다.[5]

또 다른 혼합계약의 예로 건설프로젝트에서 시공사와 '건축사'가 나뉘지는 경우, 건축사와 발주자 사이의 계약은 설계도면의 완성이라는 측면에서는 도급계약, 감리의 측면에서는 위임계약의 성격을 갖는다.

이렇게 계약의 성격과 구별방법을 알아보았으니 각 계약을 하나씩 살펴보자.

---

5 단, 이 예시(매매＋도급)는 위에서 본 CISG가 적용되는 국제물품매매의 경우에는 해석이 조금 다를 수 있다. CISG는 "이 협약은 물품을 공급하는 당사자의 의무의 주된 부분이 노무 그 밖의 서비스의 공급에 있는 계약에는 적용되지 아니한다."(제3조 제2항)라고 규정하고 있다. 여기서 전체 계약에서 서비스의 공급의 비중이 '얼마나 커야' 주된 부분이라 할 수 있는지는 논의의 대상이지만 일반적으로 경제적 가치의 50% 이상을 의미한다고 본다. 안강현(2020). "로스쿨 국제거래법". 박영사. p.25

매매계약

먼저 매매계약을 보자.

매매는 당사자 일방(매도인)이 일정한 재산권(매매의 목적물)을 상대방(매수인)에게 이전하고, 매수인이 매도인에게 대금을 지급할 것을 약정함으로써 성립하는 계약이다.[1] 즉 매도인이 매수인에게 물건을 주고, 매수인으로부터 돈을 받는 계약이다. 여러분들은 온갖 기기, 장비들을 사거나 파는 계약서를 작성하고 있다. 주로 "RFQ(Request for Quotation. 견적요청서)" 혹은 "물품구매계약서"를 작성할 것이다. 또는 "Technical Specification"만 작성하여 계약서의 첨부로 넣거나 말이다. 어쨌든 가장 많이 이루어지는 계약인만큼 우리 법에서 어떤 내용을 규정하고 있는지, 그리고 계약서에서 어떤 것들을 주의깊게 봐야하는지를 알아보자.

여기서 '우리 법'의 내용을 본다는 것에 살짝 의문을 가지시는 분이 계실 수도 있다. 계약자유의 원칙 때문에 계약과 관련된 법(대부분 '임의법규'다)들보다는 당사자간 합의가 더 중요하다면서 왜 '법'을 같이 보

---

1 민법 제563조(매매의 의의)
　매매는 당사자 일방이 재산권을 상대방에게 이전할 것을 약정하고 상대방이 그 대금을 지급할 것을 약정함으로써 그 효력이 생긴다.

는지에 대한 의문이다. 우리 이공계 인력들의 가장 큰 문제는 계약이든 법이든 '뭘 봐야하는지, 본인이 뭘 모르는지'조차 모르기 때문에 길잡이가 필요하기 때문이다.

계약서를 작성하고 관리하는 단계에서 관여하는 여러분들은 일단 '어떠한 내용이 계약에 있어서 중요한지'를 알아야 하기 때문에, 그리고 실무적으로 중요한 의미를 가지는 계약의 내용들은 법에서도 자세히 규정해두는 것이 보통이기 때문에 법을 살펴보는 것이다. 법을 알아야 계약서의 문구들이 보이기 시작한다. 그러니 잘 따라오시라. 너무 많지 않냐고? 여러분의 실무에 별 도움이 되지 않는 내용들, '스텝부서'에서 다룰 것이 확실한 내용들은 다 과감히 제외했으니 걱정마시라.

먼저 매도인은 목적물을 인도할 의무뿐만 아니라 재산권 자체를 이전해줄 의무도 진다. 즉 물건을 물리적으로 넘겨줘야 할 뿐만 아니라, 등기나 등록 등의 '공시방법'을 갖추어야 하는 것이라면 이에 협력해야 하며 권리의 증명에 필요한 서류도 교부해야 한다. 이러한 매도인의 의무는 매수인의 대금지급의무와 동시이행관계에 있는 것이 원칙이다.[2]

무슨 말인가? 만약 매도인이 물건의 소유권을 물리적으로 뿐만 아니라 법적으로도 완전히 넘겨주는 데에 실패한 경우에는(예를들어 등기, 등록을 해야 하는 물건의 매매의 경우에는 등기, 등록에 필요한 서류까지 넘겨주어야 완전히 소유권이 매수인에게 넘어가는데 이러한 서류를 교부해주지 않은 경우) 매수인이 대금을 안줘도 된다(정확히는 돈을 늦게주는 것에 대한 책임을 지지 않아도 된다)는 얘기다.

---

2 민법 제568조(매매의 효력)
  ① 매도인은 매수인에 대하여 매매의 목적이 된 권리를 이전하여야 하며 매수인은 매도인에게 그 대금을 지급하여야 한다.
  ② 전항의 쌍방의무는 특별한 약정이나 관습이 없으면 동시에 이행하여야 한다.

하지만 이 법에 규정된 '동시이행관계'는 실질적으로 의미가 없을지도 모른다. 우리들이 사용하는 표준계약서에서는 대개 물건은 언제까지 납품하는 것으로 특정 지급기일을 지정해두고, 대금지급은 '물품 검수완료 후 얼마간의 기간 이내'에 지급하는 것으로 정해둘 테니 말이다. 이렇게 물건을 줄 날과 돈을 줄 날을 정했으면 그 날짜만 맞춰주면 되는 것이지 물건과 돈을 동시에 맞바꾸는 것이 아니라는 것이다. 계약서에 그렇게 정했으니까.

다만 이행날짜를 지정해놨더라도 매도인이 물건을 줘야할 날짜가 지났음에도 물건을 주지 않고 있고, 매수인도 대금지급일을 넘어서 대금을 안주고 있다면 이 둘은 '이제는' 동시이행관계에 있게 된다.

그래서 동시이행관계가 되면 뭐가 달라지는데? 동시이행관계에 있게 되면 이제 '지체'에 따른 손해배상을 줄 필요가 없다. 예를 들어보자. 물건을 넘겨줘야 할 날이 1월 1일, 대금지급일이 2월 1일로 규정돼 있다. 매도인이 물건을 안넘기면 매수인은 1월 2일부터 이행지체에 따른 손해배상(앞서 배운 '지체상금')을 청구할 수 있다. 그런데 2월 1일에 매수인도 돈을 안줬다. 그러면 이 둘은 '이제는' 동시이행관계에 있게 되고, 더이상의 지체에 대한 '손해배상'을 청구할 수 없게 된다. 즉 매수인은 매도인에게 1월 2일부터 2월 1일까지의 손해배상만 청구할 수 있다. 바꾸어 말하면 매도인은 1월 2일부터 지금까지 계속해서 계약을 안지키고 있는 상태인 데에도 불구하고 2월 1일까지의 책임만 지면 되는 것이다!

매매계약-운송

매매계약에서 우리가 조금 많이 신경써야 할 것이 있다면 운송과 관련된 사항들이다. 국내 계약이라면 그리 큰 문제가 되지 않지만 엔지니어들은 선박과 항공기를 이용해야 하는 복잡한 국제적인 운송을 다루어야 하는 경우가 많다. 상세한 내용은 구매팀 또는 운송팀, 그리고 보험팀에서 잘 다룰 것이니 우리는 기본적인 용어만 알아두고 가자.

FOB와 CIF라는 용어를 들어봤을 것이다. 우리는 그게 뭔지몰라도 '선적'과 관련된 용어라는 것만 알고있다. 그래서 엔지니어들끼리의 실무에서는 "야 그거 FOB 됐냐?", "야 그거 FOB 언제냐?"와 같이 '선적된 상태' 또는 '선적되는 날짜'를 가리키는 의미로 사용된다. 하지만 이상하기 짝이 없는 용례이다. 이것들은 '구매조건'에 관한 용어이다.

이는 무역용어 해석 국제규칙인 INCOTERMSInternational Commercial Terms (참고로 이것의 부제는 "국내, 국제거래조건의 사용에 관한 ICC규칙"이다. 영어로는 다음과 같다. ICC rules for the use of domestic and international trade terms)에 나온다. 뭔 용어 해석가지고 국제규칙까지 있나 하겠지만 국제거래에서는 어쩔 수 없는 측면이 있다. 통관, 운송, 보험, 위험부담과 같은 중요한 주제들에 대해 국제무역 '관행'에 따른 거래조건들이 형성되어 왔는데, 이 관행이라는 것의 특성상 내용도 다르고 나라마다 지역마다 같은 용어를 다르게 사용하는 경우들이 허다하기 때문이다. 그래서 ICC국제상업회의소, International Chamber of Commerce에서 용어를 정리해 INCOTERMS를 공표하고 있다. 얼마전까지는 INCOTERMS 2010이 많이 사용되었으나 2020년 버전이 공표되었다는 사실을 알아두자.

2020년 버전을 기준으로 11개의 무역조건이 있다. 이 11개나 되는 조건들을 구별하는 핵심은 "'언제, 어디까지' 매도인이 비용과 위험을 부담해야 하는가'이다. 국제거래에서는 운송 자체에 오랜 시간이 걸리고 그렇기에 기간 동안의 물건이 손상될 위험이 커지기 때문에 이렇게 세부적인 구분이 필요한 것이다.

이를 판단하기 위해 '인도' 시점이 중요하다. '인도'를 했다는 얘기는 이제 거기서부터 매도인은 손을 뗀다는 얘기이다. 그때부터는 매수인이 자신의 비용과 책임으로 물건을 운송하게 된다. 예를 들어 공장에서 바로 물건을 '인도'하는 것이 계약조건이라면 그 이후에 운송을 하면서 물건이 손상되더라도 매도인은 더이상 정상적인 물건을 새로 가져다 줄 책임이 없고 다 매수인이 책임지는 것이다. 물건이 인도되기 전에 물건이 훼손됐다면 매도인이 책임을 지고 그때까진 매수인은 상품대금을 주지 않아도 된다. 이렇게 물건이 손상, 훼손됐을 때 누가 책임지는가에 대한 것을 멋있게 '위험이 이전Transfer of Risk' 됐다고 표현한다.

위의 경우와 반대로 계약조건을 물건이 사용될 현장까지 매도인이 다 알아서 통관, 운송까지 하고 매수인의 현장에서 인도하기로 계약을 할 수도 있다. 각자가 유리한 방식을 택하면 되지만 그래도 거래라는 것은 양자의 합의가 있어야 하는 것이므로 가장 공평하다고 보여지는, 목록에서도 중앙에 있는 FOB와 CIF가 가장 많이 사용된다.

INCOTERMS의 11개 무역조건은 크게 4가지 그룹으로 나뉜다. E, F, C, D 그룹이 있고 각 그룹들은 '그룹의 이름인 알파벳'으로 시작하는 조건들을 포함하고 있다. 예를 들어 우리가 자주 사용하는 FOB는 F 그룹 소속이다. 이 순서대로 "매도인"측 책임이 무거워진다고 생각하면 편하다.

- E는 '출발지'에서 인도하는 조건이다.

  E 그룹은 EXWEX WORKS, 공장인도 하나만 포함한다. 매도인이 자신의 사업장 내인 공장에서 갓 나온 따끈따끈한 물건을 매수인에게 넘기면 끝이다. 운송부터 수출, 수입통관까지 모두 매수인이 한다. 이 뒤 조건부터는 '수출'통관은 모두 매도인이 한다.

- F 그룹은 (매도인이) 운임을 지급하지 않는 조건이다.

  FCAFREE CARRIER, 운송인 인도, FASFREE ALONGSIDE SHIP, 선측인도, FOBFREE ON BOARD, 본선인도가 포함된다.

- C 그룹은 운임지급조건이다. 즉 여기서부터는 매도인이 운송계약을 체결한다.

  CFRCOST AND FREIGHT, 운임포함인도, CIFCOST INSURANCE AND FREIGHT, 운임, 보험료 포함인도, CPTCARRIAGE PAID TO, 운송비지급인도, CIPCARRIAGE AND INSURANCE PAID TO, 운송비, 보험료 지급인도가 있다.

- D 그룹은 '도착지' 인도조건이다.

  DAPDELIVERED AT PLACE, 도착지인도, DPUDELIVERED AT PLACE UNLOADED, 도착지양하인도, DDPDELIVERED DUTY PAID, 관세지급인도가 있다. DDP는 매도인에게 가장 불리한 조건으로, 모든 조건 중 유일하게 "수입"통관까지 매도인이 해야 하는 조건이다.

이 11가지 조건 중 EXW, FCA, CPT, CIP, DAP, DPU, DDP의 7가지 조건은 모든 운송방식에 사용되고, 나머지 4가지 FAS, FOB, CFR, CIF 조건은 해상운송에 적용된다.

이 모든 조건을 다 살필 수는 없고 가장 자주 쓰이는 FOB와 CIF만 보고가도록 하자.

- FOB FREE ON BOARD, 본선인도

  이 경우는 운송계약은 매수인이 진행한다. 매도인은 매수인이 계약하여 정한 운송 수단에 선적하면 인도가 이루어진 것이다. 말 그대로 물건을 갑판 위에 올려놔야 on board 한다. 그래서 FOB를 실무자 여러분들이 '선적'과 같은 의미로 사용하고는 하는 것이다. FOB 조건에서는 매도인이 물건을 매수인이 지정한 곳에 선적한 그 순간부터 매수인에게 위험과 비용이 이전된다. 매수인은 이후 운송 비용, 보험 등을 모두 부담한다. 그래서 'FOB 부산항'이라고 써놨으면 부산항에서 물건을 선적해야 한다는 얘기이다. FOB 조건은 해상운송에서만 사용 가능하다.

- CIF COST INSURANCE AND FREIGHT, 운임, 보험료포함인도

  C부터는 '운임'을 매도인이 부담하는 것이라고 했다. C 그룹의 첫 번째인 CFR 조건은 운임만 매도인이 부담하는 것이지만, CIF 조건은 한단계 더 나아가 운임과 보험료까지 매도인이 부담하는 조건이다. 이름 자체에서 드러나듯 이 경우는 보험이 필수적이다. 이 조건은 조금 어렵다. FOB는 선적시 '위험'과 '비용' 모두가 매수인에게 넘어갔다. 하지만 CIF 조건은 FOB와 마찬가지로 선적시 '위험'이 전가되지만, '비용'과 '보험'은 매수인이 지정한 목적지

(목적항)에서 하역시, 즉 짐을 내렸을 때 넘어간다. 즉 목적지까지 운송도 보험도 다 매도인이 맡아서 하지만, 운송 도중 물건이 파손되면 매수인이 그 책임을 진다. 그래서 'CIF 부산항'이라고 써놨으면 부산항이 목적지라는 얘기다. 뒤에 붙는 항구가 FOB와 반대의 의미를 가지니 알아두자. 그런데 보험은 매도인이 들었고 비용도 낸다면서? '보험계약자'는 매도인이지만 물건 선적 이후의 '피보험자'가 매수인이 되는 것이다.[1] CIF 조건 역시 해상 운송에서만 가능한 조건이다.

무작정 자신이 매도인 측이라고 매도인에게 가장 유리한 EXW 조건을 적용하거나, 자신이 매수인 측이라고 매수인에게 가장 유리한 DDP 조건을 취하는 것은 상관례에 맞지 않는다. 11개의 조건 중 각 회사와 각 프로젝트의 상황에 맞는 조건을 잘 적용하는 것이 핵심이다. 예를 들어 계약서에 "운송조건은 CIF에 따른다"고 적어놓고, CIF가 적용되지 않는 항공운송을 하는 경우 분쟁의 소지가 클 것이다. 일반적으로 FOB와 CIF 조건을 가장 많이 사용하며, 위와 같은 여러 조건들을 선택할 수 있다는 사실 정도를 알아가자. INCOTERMS라는 단어만 기억해두고 생각날 때 찾아보면 그만이다.

---

1 보통 보험은 구매팀이나 보험팀에서 처리할테지만 상식차원에서 보험용어를 알아두고 가자. 보험계약에서는 보통 세 사람이 등장한다. 정확히 따지자면 보험 유형에 따라 등장인물들과 이름들이 다 다르지만 거기까진 알 필요 없다. 어쨌든 그 세 사람은 '보험계약자', '피보험자', '보험수익자'이다.
먼저 보험계약자는 말 그대로 보험사와 계약을 한 사람이다. 보통 이 사람들이 보험료를 납부한다. 그리고 피보험자는 그 보험이 보장하는 사고로 손해를 입은 사람이다. 보험수익자는 쉽다. 말 그대로 보험금을 받아갈 사람이다. 이렇게 '보험관계에서는 보험회사를 제외하고도 세 사람이 등장할 수 있고 이는 서로 구별되는 개념이다'라는 정도만 알아가도 여러분은 보험 왕이다.

매매계약-물품검사와 하자

물건을 목적으로 하는 계약에서 가장 중요한 것은 하자의 유무이다. 우리는 단순한 물건의 매매보다는 복잡한 기술이 적용된 기기들의 매매를 한다. 검사와 하자에 대한 내용이 굉장히 중요할 수밖에 없다.

일단 "하자"가 무엇인지를 알아야 한다.

하자는 그 물건이 일반적으로 갖추고 있어야 하는 성질이나 품질을 결하고 있는 것을 의미한다. '일반적으로 갖추고 있어야 하는 성질이나 품질'은 이런 것이다. '무릇 펌프라면' 유체를 이동시킬 수 있어야 한다.

그리고 '그 물건의 일반적인 성질'은 아니지만 당사자가 합의하거나 매도인이 매수인에게 어떠한 특수한 성질도 갖추고 있다고 '보증'한 경우에는 그러한 특수한 성질을 갖추지 못한 경우에도 하자에 해당한다.[1] 즉

---

1 대법원 1997. 5. 7. 선고 96다39455 판결.
"매도인이 매수인에게 공급한 부품이 통상의 품질이나 성능을 갖추고 있는 경우, 나아가 내한성이라는 특수한 품질이나 성능을 갖추고 있지 못하여 하자가 있다고 인정할 수 있기 위하여는, 매수인이 매도인에게 완제품이 사용될 환경을 설명하면서 그 환경에 충분히 견딜 수 있는 내한성 있는 부품의 공급을 요구한 데 대하여, 매도인이 부품이 그러한 품질과 성능을 갖춘 제품이라는 점을 명시적으로나 묵시적으로 보증하고 공급하였다는 사실이 인정되어야만 할 것이고, 특히 매매목적물의 하자로 인하여 확대손해 내지 2차 손해가 발생하였다는 이유로 매도인에게 그 확대손해에 대한 배상책임을 지우기 위하여는 채무의 내용으로 된 하자 없는

'모든 펌프에 요구되는 것은 아니지만' 점도가 엄청나게 높은 끈적한 석유화합물을 이동시켜야 하는 용도로 펌프를 구매하고, 매도인이 그것이 가능함을 보증했는데 물 밖에 못쏘아보내는 펌프였다면 하자가 있는 것이다. 또 다른 예로 매수인이 해당 기기를 열악한 환경에서 운용할 예정이라 일반적인 스펙의 장치라면 필요가 없는 높은 IP 등급을 요구하였고 매도인도 그러한 등급의 물건을 주기로 서로 약속을 해둔 경우라면, 매도인이 건네준 물건이 해당 IP등급을 맞추지 못했다면 그것 역시 하자이다.

그리고 하자있는 물건을 넘겨준 당사자가 상대방에게 보수(고쳐주는 것, fix를 의미한다!)나 손해배상을 해줘야 하거나 해제를 당하는 등의 책임을 "담보책임"이라 부른다. 위에서 채무불이행 책임에 대해서 많이 배웠는데 하자담보책임은 무엇이 다른가? 담보책임을 법률가들의 표현으로 정의하면 다음과 같다.

> "'급부'를 주고받는 유상계약에서 채권자가 넘겨받은 권리나 물건에 흠이 있는 경우에 '급부의 등가성'이 깨어진다. 이러한 경우에 등가성을 회복할 수 있도록 채무자가 채권자에 대하여 부담하는 책임을 담보책임이라 한다."
>
> 지원림(2019). "민법원론". 홍문사. p.481

한마디로 그 취지가 일반적인 채무불이행 책임처럼 '약속을 안지켜 상대방에게 손해를 입혔기 때문'이 아니라, '돈'주고 '물건' 받는 거래는

목적물을 인도하지 못한 의무위반사실 외에 그러한 의무위반에 대하여 매도인에게 귀책사유가 인정될 수 있어야만 한다."

'쌤쌤'이 되어야 하는데 그게 안맞는 상황이기 때문에 담보책임으로 저울의 양팔을 맞춰준다는 얘기다.

이런 추상적인 취지보다 일반적인 계약불이행 책임과 하자담보책임을 따로 떼서 다루는 데에는 더 중요한 이유가 있다. 담보책임에는 매도인의 '고의, 과실'이 필요하지 않다는 것이다.[2] '사람'이 잘못한 것이 아니라 '물건'이 잘못된 것에 대한 배상이기 때문이다. 잘못만들어진 물건에 대해 매도인이 아무런 잘못이 없더라도 잘못만들어진 물건 자체가 문제이니 그것에 대해 보상해주는 것이 당연한 것이다.

이 말은 입장바꿔 생각해보면(여러분이 매도인 측이라면) 물건이 잘못됐다고 상대방이 하자담보책임에 기한 손해배상청구를 해왔는데 '나는 아무 잘못이 없어요'라고 주장하는 것은 의미없는 짓이라는 것이다. 그 외에 해당 하자가 있는 물건으로는 계약의 목적을 달성하지 못한다고 판단될 경우 계약 자체의 해제도 가능하다.

실무적으로는 하자가 발견됐을 때에 손해배상을 청구하거나 냅다 해제를 하기보다는 하자보완 또는 대금감액 청구를 한다. 말 그대로 하자 있는 물건을 고쳐달라고 하거나, 정상적인 물건의 가액과 하자있는 물건의 가액과의 차액을 계약금액에서 '까'는 것이다. 계약은 유지되는 것이 서로의 관계에 좋고, 사업이 제대로 진행되는 것이 최우선적인 목표가 되어야 하니 당연하다.

우리가 진행하는 프로젝트의 성격과 그 프로젝트에서 문제되는 물

---

2 주의할 것은 하자있는 물건을 제공한 "매도인"의 고의나 과실 여부에 따라 매도인이 담보책임을 지는지의 여부가 달라지지는 않지만, "매수인"이 그 하자에 대해 알고 있었다면('악의'라면) 매수인은 매도인에게 손해배상책임을 묻거나 해제를 할 수 없다. 결국 '니가 문제 있는 물건인거 알고 샀으면서 왜 그러냐'라는 것이다.

건이 차지하는 중요도를 고려하여 하자 발생시 어떤 식으로 처리할 것
인지 위와 같은 점을 고려해서 계약서의 하자 관련 조항들을 규정해두
도록 하자. 매수인 입장에서는 해당 물건이 다른 공급업체에서 쉽게
구할 수 있는 물건이라면 쉽게 계약해제를 할 수 있도록 구성하는 것
이 좋을 것이다.

반대로 쉽게 구할 수 없는 복잡한 기술의 물건이거나 프로젝트의 진
행 일정이 빡빡한 경우라면 신속한 무상의 하자 보완, Spare part의 충
분한 공급, 대금을 감액할 경우 감액할 금액의 산정방식 등을 상세히
규정해두어 하자발생을 대비해야 한다. 이러한 규정들은 매도인으로
하여금 하자가 없는 물건을 공급해야만 하는 유인을 제공한다는 측면
에서도 권장할만하다.

이러한 하자담보책임에 관한 규정을 계약서에 넣지 않았다면 민법과
상법에 따르게 된다. 사실 국내 계약에서 하자에 관해 상세히 규정하는
경우는 그리 많지 않은 것으로 보인다. 현실적으로도 실무자들끼리의
협상으로 '언제까지 빨리 고쳐놔라' 또는 '말로 할 때 하자 없는 물건을
가져다놔라'라는 결론을 내는 것이 99%의 분쟁해결방식이다. 그렇지
않은 경우를 대비해서 우리 법의 규정을 살펴보도록하자.

민법은 매매계약에서 수량부족, 일부멸실의 경우(민법 574)와 그 외
의 물건의 하자에 대해(민법 580~582) 규정하고 있다. 워낙 중요한 내
용들이고 몇 개 안되니 하나하나 보고가도록 하자.

수량을 정해놓고, 그 수량에 맞춰서 대금을 지급하기로 정한 '수량
을 지정한 매매[3]'에서 그 수량대로 물건이 오지 않거나, 매매목적물의

---

3 판례는 이를 굉장히 엄격히 판단한다. 매매목적물인 특정물이 일정한 수량을
  가지고 있다는 데 주안을 두고 계약을 한 경우의 경우를 말하는 것이지, 수량

일부가 '계약당시에' 이미 멸실된 경우라면 그 사실을 알지 못했던 '선 의'의 매수인은 1) 수량부족, 일부멸실된 비율로 대금 감액 청구, 2) 멀 쩡한 부분만이라면 매수하지 않았을 것이라면 계약 전부의 해제, 3) 손해배상청구를 할 수 있다. 그리고 이러한 권리행사는 그 사실(수량부 족 또는 일부멸실 사실)을 안 날로부터 1년내에 행사하여야 한다. 이 경 우 그 사실을 알았던 '악의'의 매수인의 경우에는 대금감액청구만 가능 하며, '계약한 날'로부터 1년 내에 청구해야 한다.

그리고 물건의 매매에 있어 매매의 목적물에 하자가 있는 경우 그 사실을 알지 못했던 '선의'의 매수인은 1) 그 하자로 인하여 계약의 목적을 달 성할 수 없는 경우(펌프를 구매했는데 물을 빨아들이지 못하는 경우) 계약 해제, 2) 손해배상청구4를 할 수 있다. 그리고 3) 만약에 그 물건이 규 격품처럼 '다른 것으로 대체할 수 있는 물건(이걸 멋있는 말로 '종류물'이 라 한다)'이라서 얼른 다른 제품을 가져다주면 문제가 해결되는 경우라 면 '하자없는 물건'을 청구할 수 있다. 이것을 '완전물급부청구권'이라 하는데 이와 관련하여 재미있는 판례가 있다.

> "민법의 하자담보책임에 관한 규정은 매매라는 유상·쌍무계
> 약에 의한 급부와 반대급부 사이의 등가관계를 유지하기 위하

표시가 단지 대금을 산정하기 위한 방편에 불과한 경우라면 민법 제574조에서 말하는 '수량지정매매'가 아니라고 한다.

4 주의할 점은 여기서의 '손해배상'은 멀쩡한 물건과 하자있는 물건의 차액, 또 는 하자보수비용 등을 의미한다. 결국 실질적인 모습은 '대금감액'으로 이루어 질 것이다. 하자로 인해 발생한 추가적인 손해, 예를들어 '펌프가 제 성능을 발휘하지 못해서 내가 공장운영도 못하고 내 고객들에게 돈을 물어줘야 했다' 와 같은 점은 하자담보책임이 아니라 고의 또는 과실을 요하는 일반적인 채무 불이행에 따른 손해배상을 청구해야 한다. 청구할 수는 있지만 그 근거가 하 자담보책임이 아니라는 말이다.

여 민법의 지도이념인 공평의 원칙에 입각하여 마련된 것인데, 종류매매에서 매수인이 가지는 완전물급부청구권을 제한 없이 인정하는 경우에는 오히려 매도인에게 지나친 불이익이나 부당한 손해를 주어 등가관계를 파괴하는 결과를 낳을 수 있다. 따라서 매매목적물의 하자가 경미하여 수선 등의 방법으로도 계약의 목적을 달성하는 데 별다른 지장이 없는 반면 매도인에게 하자 없는 물건의 급부의무를 지우면 다른 구제방법에 비하여 지나치게 큰 불이익이 매도인에게 발생되는 경우와 같이 하자담보의무의 이행이 오히려 공평의 원칙에 반하는 경우에는, 완전물급부청구권의 행사를 제한함이 타당하다.

그리고 이러한 매수인의 완전물급부청구권의 행사에 대한 제한 여부는 매매목적물의 하자의 정도, 하자 수선의 용이성, 하자의 치유가능성 및 완전물급부의 이행으로 인하여 매도인에게 미치는 불이익의 정도 등의 여러 사정을 종합하여 사회통념에 비추어 개별적·구체적으로 판단하여야 한다.[5]"

한마디로 '별 것도 아닌 하자가지고 비싼 물건을 통째로 새 것으로 바꿔달라하는 것은 좀 그렇다'는 취지다. 참고로 위 판례는 자동차의 계기판 속도계 고장에 대해 완전물급부청구권을 행사하여 신차를 요구했던 사안이다.

그리고 위와 같은 물건의 하자에 대한 담보책임은 매수인이 그 사실(즉 하자)을 안 날로부터 6개월 내에 행사해야 한다. 하자있는 사실을 알았던 악의의 매수인이라면 손해배상도, 해제도, 완전물급부청구도 하지

---

5 대법원 2014. 5. 16. 선고 2012다72582 판결

못한다. 하자있는 물건 알고 산 사람이 물건에 하자있으니 돈내놓으라 하는 것은 말이 안 된다. 법률 규정의 상당수가 이렇게 상식적인 내용을 반영하고 있다.

하자는 발견하는 것이 가장 중요하다. 검사를 해야 한다. 물건 납품에 장거리 운송이 포함되는 경우라면 선적 전에 공장에서 막 만들어진 따끈따끈한 기기에 대해 성능검사Performance Test를 겸해서 1차적으로 검사를 하지만(그리고 엔지니어가 제일 신경쓰는 검사는 이것이지만), "물건을 받고 나서" 현장에서 하는 검사도 무척 중요하다. 여기서는 후자에 대해 다룬다. 전자는 이미 여러분의 전문분야니까 말이다. 필드엔지니어분들의 책임이 막중해진다.

상법 제69조(매수인의 목적물의 검사와 하자통지의무)[6]

① 상인간의 매매에 있어서 매수인이 목적물을 수령한 때에는 지체없이 이를 검사하여야 하며

---

6 CISG에도 같은 취지의 규정이 있다. 하지만 부적합 통지를 해야하는 기간이 물품의 현실적 교부시로부터 2년으로 규정되어 훨씬 여유롭다. 거기다가 '보증기간'을 길게 잡아놨다면 2년의 제한을 받지 않는다. 이 기회에 관련 규정들을 한번 쭉 보고가자.
제38조
(1) 매수인은 그 상황에서 실행가능한 단기간 내에 물품을 검사하거나 검사하게 하여야 한다.
(2) 계약에 물품의 운송이 포함되는 경우에는, 검사는 물품이 목적지에 도착한 후까지 연기될 수 있다.
(3) 매수인이 검사할 합리적인 기회를 가지지 못한 채 운송중에 물품의 목적지를 변경하거나 물품을 전송(轉送)하고, 매도인이 계약 체결시에 그 변경 또는 전송의 가능성을 알았거나 알 수 있었던 경우에는, 검사는 물품이 새로운 목적지에 도착한 후까지 연기될 수 있다.
제39조
(1) 매수인이 물품의 부적합을 발견하였거나 발견할 수 있었던 때로부터 합리적인 기간 내에 매도인에게 그 부적합한 성질을 특정하여 통지하지 아니한 경우에는, 매수인은 물품의 부적합을 주장할 권리를 상실한다.

하자 또는 수량의 부족을 발견한 경우에는 즉시 매도인에게 그 통지를 발송하지 아니하면 이로 인한 계약해제, 대금감액 또는 손해배상을 청구하지 못한다. 매매의 목적물에 즉시 발견할 수 없는 하자가 있는 경우에 매수인이 6월내에 이를 발견한 때에도 같다.
② 전항의 규정은 매도인이 악의인 경우에는 적용하지 아니한다.

즉 여러분이 매수인이라면 물건을 받자마자('지체없이') 검사하고, 하자가 있으면 바로 통지를 보내는 것이 무척이나 중요하다는 얘기다. 물건에 문제가 있을지 없을지 애매한 경우라도 반드시 6개월 내에는 검사와 통지를 해야한다. 여기서 검사는 소위 말하는 '도장' 받는 것으로 끝나는 형식적인 서류 검사가 아니라, 물건이 빠진 것이 없고 제대로 기능하는가에 대한 실질적인 검사이다.

한마디로 '프로'들끼리 물건 받았으면 신속히 정리하고 내일을 향해 나아가라는 취지다. 시간이 지나면 하자 조사 자체가 힘들게 되기 마련이다. 그리고 오랜기간동안 이를 검사하지 않고 방치하는 것을 허락한다면, 이를 이용해 매수인이 물건을 받고 계속 들고있다가 물건 값이 오르면 팔고, 내리면 하자있다고 매도인에게 돌려주는 '투기'가 가능해진다!

---

(2) 매수인은 물품이 매수인에게 현실로 교부된 날부터 늦어도 2년 내에 매도인에게 제1항의 통지를 하지 아니한 경우에는, 물품의 부적합을 주장할 권리를 상실한다. 다만, 이 기간제한이 계약상의 보증기간과 양립하지 아니하는 경우에는 그러하지 아니하다.
제40조
물품의 부적합이 매도인이 알았거나 모를 수 없었던 사실에 관한 것이고, 매도인이 매수인에게 이를 밝히지 아니한 경우에는, 매도인은 제38조와 제39조를 원용할 수 없다.
제44조
제39조 제1항과 제43조 제1항에도 불구하고, 매수인은 정하여진 통지를 하지 못한 데에 합리적인 이유가 있는 경우에는 제50조에 따라 대금을 감액하거나 이익의 상실을 제외한 손해배상을 청구할 수 있다.

취지는 어찌됐건 현실적으로 긴 시간동안 진행되는 프로젝트의 경우는 물건을 납품받은 뒤에도 현장 '창고'에 수개월간 쌓아두는 것이 일반적이라는 것을 생각하면 매우 중요한 규정이다. 일반적으로 우리 엔지니어들은 위와 같은 '창고 보관 기간'을 생각해서 그 동안 녹이 슬지 않도록 계약시 충전재를 포함한 Packing을 최대한 긴 기간 버틸 수 있도록 규정하는 데에 굉장히 신경을 쓴다. 하지만 Packing만 길게한다고 능사가 아니다. 길게 보관할 수 있어봤자 물건이 하자가 있으면 말짱 꽝이다. 이 6개월 검사 및 통지 규정을 항상 염두에 두고있다가 현장에서 창고보관을 하더라도 적어도 수개월 내에 검사가 이루어질 수 있도록 챙겨야 한다.

6개월이 지난 후 하자를 발견했다면 매수인이 '까보기 전에는' 알 수 없었던 하자라도 매도인은 담보책임을 지지 않는다는 것이 판례[7]다. 사실상 까보기 전에는 알 수 없는 하자에 대해서도 6개월 내에 통지해야 하자에 대한 책임을 물을 수 있다고 하는 것은 상식에 어긋난다. 그래서 매우 중요한 판례이다. 각주를 참고하자.

다행히 이 규정은 실무자들 입장에서 상당히 부담스러운 규정이니만큼 아무 때나 다 적용되는 것이 아니고 적용되는 요건이 다소 까다롭다.

이 규정은 '상인간' 매매에만 적용된다. '프로'들끼리의 거래이기에

---

7 대법원 1999. 1. 29. 선고 98다1584 판결.
  상법 제69조는 상거래의 신속한 처리와 매도인의 보호를 위한 규정인 점에 비추어 볼 때, 상인간의 매매에 있어서 매수인은 목적물을 수령한 때부터 지체 없이 이를 검사하여 하자 또는 수량의 부족을 발견한 경우에는 즉시 매도인에게 그 통지를 발송하여야만 그 하자로 인한 계약해제, 대금감액 또는 손해배상을 청구할 수 있고, 설령 매매의 목적물에 상인에게 통상 요구되는 객관적인 주의의무를 다하여도 즉시 발견할 수 없는 하자가 있는 경우에도 매수인은 6월 내에 그 하자를 발견하여 지체 없이 이를 통지하지 아니하면 매수인은 과실의 유무를 불문하고 매도인에게 하자담보책임을 물을 수 없다고 해석함이 상당하다.

그렇게 빠른 기간 내에 거래를 마무리 짓도록 규정해둔 것이다. 법학도들은 이 점을 굉장히 중요하게 배우지만(당사자 중 누가 '상인'인지 아닌지 여부 자체가 굉장히 중요한 쟁점이다) 독자 여러분들은 '회사' 소속이고 계약상대방 역시 '회사'일테니(회사는 무조건 상법상의 상인이다) 계약서에 별 다른 말이 없었다면 이 규정이 적용된다고 보면된다.

그리고 이 규정은 수량부족이나 물건의 하자 '담보책임'에 적용된다. 담보책임이 아닌 (고의 또는 과실을 요하는) 일반적인 채무불이행 책임에는 위 6개월의 짧은 기간이 적용되지 않는다.[8] 그래서 만약 상법 제69조가 문제되는 경우라면, 즉 6개월이 이미 지나가버린 상황이라면 당황하지말고 상대방의 고의 또는 과실을 요하는 계약불이행 책임을 주장하면 된다.

이 규정의 또 다른 취지는 매도인으로 하여금 신속하게 물건을 회수하여 "매도인의 손해"를 줄이고자 하는 것이다. 그런데 앞서 본 '부대체물'의 '제작물 공급 계약'인 경우라면 문제가 있다. 정의상 부대체물은 그 매수인만을 위해 만든 물건이니 회수해서 제3자에게 다시 팔(전매) 수가 없으니 매도인의 손해를 줄일 수가 없다.

판례는 앞서 본 바와 같이 부대체물의 공급 계약의 경우 "도급"의 성격을 강하게 갖기 때문에 "매매"에 적용되는 상법 제69조 제1항이 적용될 수 없다고 한다.[9] 사실상 엔지니어들이 거래하는 상당수의 복잡한 기기들

---

8 대법원 2015. 6. 24. 선고 2013다522 판결

9 대법원 1987. 7. 21. 선고 86다카2446 판결.
   가. 당사자의 일방이 상대방의 주문에 따라 자기소유의 재료를 사용하여 만든 물건을 공급할 것을 약정하고 이에 대하여 상대방이 대가를 지급하기로 약정하는 이른바 제작물공급계약은 그 제작의 측면에서는 도급의 성질이 있고 공급의 측면에서는 매매의 성질이 있어 이러한 계약은 대체로 매매와 도급의 성질을 함께 가지고 있는 것으로서 그 적용법률은 계약에 의하여 제작공급하여야 할 물건이 대체물인 경우에는 매매로 보아서 매매에 관한 규정이 적용된다고 할 것이나 물건이 특정의 주문자의 수요를 만족시키기 위한 불대체물인 경우에는 당해 물건의 공급

의 경우 이러한 부대체물의 공급계약에 해당하므로 반드시 주의해야 한다.

이제 앞서 계약의 성질을 파악하는 것이 중요하다고 한 이유를 알았을 것이다. 계약서에는 분명히 "매매계약서"라고 적혀있지만 사실은 매매에 관한 법규정이 적용되지 않을 가능성이 있다.

다만 이 여러모로 중요한 규정은 임의규정으로, 당사자가 달리 정할 수 있다는 것이 판례[10]이다. 여러분이 매수인 입장이고, 해당 물건이 현장에서의 장기 보관이 예상되는 경우라면 검사 및 통지를 더 늦게 할 수 있도록 규정해야할 것이다.

그리고 실제로 그렇게 많이 규정을 한다. 예를 들어 쉽게 알 수 없는 하자의 경우 '발견한 시점부터 6개월 내에 통지'를 하면 담보책임을 물을 수 있도록 규정하는 것이다. 보다 일반적으로는 '계약체결 후 N년간 담보책임을 지도록 규정하고, 이 기간에 맞춰 하자보증보험 증권을 발행'하는 경우가 많다. 상법 제69조의 규정이 존재한다는 사실을 알고있어야 여러분들이 계약서에 이러한 문구를 넣어 방어를 할 수 있는 것이다. 이제 법과 계약을 공부해야 하는 이유를, 그리고 공부하는 보람을 조금씩 느껴가고 있길 바란다.

과 함께 그 제작이 계약의 주목적이 되어 도급의 성질을 강하게 띠고 있다 할 것이므로 이 경우에는 매매에 관한 규정이 당연히 적용된다고 할 수 없다.

나. 상법 제69조 제1항의 매수인의 목적물의 검사와 하자통지의무에 관한 규정의 취지는 상인간의 매매에 있어 그 계약의 효력을 민법 규정과 같이 오랫동안 불안정한 상태로 방치하는 것은 매도인에 대하여는 인도 당시의 목적물에 대한 하자의 조사를 어렵게 하고 전매의 기회를 잃게 될 뿐만 아니라, 매수인에 대하여는 그 기간중 유리한 시기를 선택하여 매도인의 위험으로 투기를 할 수 있는 기회를 주게 되는 폐단 등이 있어 이를 막기 위하여 하자를 용이하게 발견할 수 있는 전문적 지식을 가진 매수인에게 신속한 검사와 통지의 의무를 부과함으로써 상거래를 신속하게 결말짓도록 한 것이다.

10 대법원 2008. 5. 15. 선고 2008다3671 판결

도급 계약

그 다음으로 도급 계약을 보자.

도급 계약은 당사자 일방(수급인)이 일정한 일을 완성할 것과, 상대방(도급인)이 그 일의 결과에 대하여 보수를 지급할 것을 약정하는 계약이다.[1]

이는 실무적으로 "용역" 계약이라는 이름으로 많이 이루어진다. 특히 건설업의 경우 시공업체한테 일을 맡기거나, 토목설계분야에서 구조설계 같은 특화된 기술이 필요한 업무에 대해 일을 맡기거나 하는 계약들이 많다. 이렇게 다른 사람 또는 회사한테 어떤 일을 맡기는 계약이 도급이다.

도급 계약에서 제일 중요한 것은 "일을 완성"하는 것이 계약의 목적이라는 것이다. "일을 완성"했다고 하려면 어떤 상태를 말하는 것일까?

공사나 제작물공급이 ① 계약에서 당초에 정해진 "최후의 공정"까지 일응 종료되고, ② 그 주요부분이 약정대로 시공되어 사회통념상 일이 완성

---

1 민법 제664조(도급의 의의)
  도급은 당사자 일방이 어느 일을 완성할 것을 약정하고 상대방이 그 일의 결과에 대하여 보수를 지급할 것을 약정함으로써 그 효력이 생긴다.

되었고, 사회통념상 일반적으로 요구되는 성능을 갖추고 있어야 한다.

"일의 완성" 여부가 중요한 것은 '미완성'의 경우와 '일이 완성됐지만 하자가 있는 경우'가 큰 차이가 있기 때문이다.

먼저 공사대금청구다. 미완성의 경우 공사대금청구 자체가 불가능하다. 왜? 도급은 일의 완성을 목적으로 하니까 대금도 일이 완성돼야 청구할 수 있는 것이다². 반면 완성됐지만 하자가 있는 경우에는 대금을 청구할 수 있고, 단지 하자에 대한 담보책임의 문제가 남을 뿐이다.

다음으로 앞에서 열심히 공부한 지체상금의 문제이다. 미완성의 경우에는 '발주처'(도급인)는 지체상금을 청구할 수 있다. 기간 내에 일을 다 못했으니까 말이다. 일반적으로 1일 당 총 공사대금의 1/1,000 즉 0.1%를 지체상금으로 정해둔다. 0.1%면 별거 아닌 것처럼 보이지만 공사 규모가 큰 경우 지체상금으로만 '하루에' '억' 단위가 나갈 수 있다. 그래서 건설사들은 공기준수에 목숨을 걸 수밖에 없는 것이다. 반면 완성됐지만 하자가 있는 것에 불과한 경우에는 지체상금 지급청구가 불가능하다. 일을 다 한 것이기 때문이다.

앞서 매매계약에서 담보책임의 문제를 배웠다. 도급의 경우 다른 규정들이 존재한다.

민법 제667조(수급인의 담보책임)

① 완성된 목적물 또는 완성전의 성취된 부분에 하자가 있는 때에는 도급인은 수급인에 대하여 상당한 기간을 정하여 그 하자의 보수를 청구할 수 있다. 그러나 하자가 중요하지 아니한 경우에 그 보수에 과다한 비용을 요할 때에는 그러하지 아니하다.

---

2 방금 기성을 생각하고 '일 다 안해도 돈 주잖아?'라고 생각한 당신. 기간이 긴 프로젝트에서 대금지급 방식으로 사용되는 기성은 사실 전체의 일을 잘게 쪼갠 뒤 '일을 한만큼' 받는 것이다! 그게 기성의 본질이다.

② 도급인은 하자의 보수에 갈음하여 또는 보수와 함께 손해배상을 청구할 수 있다.

③ 전항의 경우에는 제536조의 규정을 준용한다.

수급인이 일을 완성했는데 목적물에 하자가 존재할 경우 도급인은 수급인에게 그 하자를 보수할(고칠) 것을 청구할 수 있다는 내용이다. 그리고 도급인은 하자의 보수를 청구하는 대신에 전부 손해배상(돈)으로 해결하라고 할 수도 있고, 하자의 보수와 함께 손해배상을 청구할 수도 있다. 매매에서의 담보책임과 마찬가지로 그 하자에 대하여 수급인에게 어떠한 과실이 있을 것을 요건으로 하지 않는다.

그리고 목적물의 하자가 너무 심해 계약의 목적을 달성할 수 없는 지경이라면 도급인은 계약을 해제할 수 있다. 하지만 건물에 대해서는 그렇게 해제해버릴 수 없다는 내용을 앞서 살펴본 바 있다(민법 제668조).

그러나 도급인이 시킨대로 했더니 생긴 하자에 대해서까지 수급인에게 뱉어내라고 하는 것은 억울하다. 그래서 우리 민법은 면책조항을 두고 있다.

민법 제669조(동전-하자가 도급인의 제공한 재료 또는 지시에 기인한 경우의 면책)

전2조의 규정은 목적물의 하자가 도급인이 제공한 재료의 성질 또는 도급인의 지시에 기인한 때에는 적용하지 아니한다. 그러나 수급인이 그 재료 또는 지시의 부적당함을 알고 도급인에게 고지하지 아니한 때에는 그러하지 아니하다.

이러한 수급인의 담보책임 규정에 의한 하자의 보수, 손해배상의 청구, 계약의 해제는 "목적물의 인도"를 받은 날로부터 1년 내에, 목적물의 인도라고 할 것이 딱히 없는 도급계약에서는 "일의 종료한 날"로부터 1년 내에 하여야 하는 기간제한이 있다(제670조).

물론 이러한 담보책임 규정 역시 당사자의 합의로 배제할 수 있다.

가끔 수급인이 협상력이 더 센 경우가 종종 있고 이러한 '갑' 수급인은
하자가 있어도 일단 완성물을 넘기고 나서는 담보책임을 지지 않는다
는 규정을 계약서에 집어넣는 것을 무척 선호한다. 그래서 민법은 수
급인이 계약서에 담보책임을 지지 않는다고 정해뒀더라도 "알고 고지
하지 아니한 사실"에 대해서는 그 책임을 면하지 못한다(제672조)고 규
정한다.

그리고 이 민법 규정은 법에 규정된 담보책임이 '없음'을 약정한 경
우를 규율하고 있으나 판례는 이를 확장하여 법에 규정된 담보책임의 기
간 단축하는 등 법에 규정된 담보책임을 어느 정도 '제한'하도록 약정한
경우에도 적용한다.3

그리고 위에서 본 하자로 인한 손해배상은 기본적으로 하자를 '보수'

---

3 대법원 1999. 9. 21. 선고 99다19032 판결.
[1] 민법 제672조가 수급인이 담보책임이 없음을 약정한 경우에도 알고 고지
하지 아니한 사실에 대하여는 그 책임을 면하지 못한다고 규정한 취지는 그와
같은 경우에도 담보책임을 면하게 하는 것은 신의성실의 원칙에 위배된다는
데 있으므로, 담보책임을 면제하는 약정을 한 경우뿐만 아니라 담보책임기간을
단축하는 등 법에 규정된 담보책임을 제한하는 약정을 한 경우에도, 수급인이 알고 고
지하지 아니한 사실에 대하여 그 책임을 제한하는 것이 신의성실의 원칙에 위배
된다면 그 규정의 취지를 유추하여 그 사실에 대하여는 담보책임이 제한되지 않는다고
보아야 한다.
[2] 수급인이 도급받은 아파트 신축공사 중 지붕 배수로 상부 부분을 시공함에
있어 설계도에 PC판으로 시공하도록 되어 있는데도 합판으로 시공하였기 때문
에 도급계약시 약정한 2년의 하자담보책임기간이 경과한 후에 합판이 부식되
어 기와가 함몰되는 손해가 발생한 경우, 그와 같은 시공상의 하자는 외부에서
쉽게 발견할 수 없는 것이고, 하자로 인한 손해가 약정담보책임기간이 경과한
후에 발생하였다는 점을 감안하면, 도급인과 수급인 사이에 하자담보책임기간
을 준공검사일부터 2년 간으로 약정하였다 하더라도 수급인이 그와 같은 시공상
의 하자를 알고 도급인에게 고지하지 않은 이상, 약정담보책임기간이 경과하였다는
이유만으로 수급인의 담보책임이 면제된다고 보는 것은 신의성실의 원칙에 위
배된다고 볼 여지가 있고, 이 경우 민법 제672조를 유추적용하여 수급인은 그 하자
로 인한 손해에 대하여 담보책임을 면하지 못한다고 봄이 옳다고 한 사례.

하는 대신 '돈으로 떼우는' 손해배상를 의미한다. 그러면 그것을 넘어
하자로 인해 발생한 다른 손해는 못받는가? 아니다. 그런 손해는 일반
적인 '채무불이행 책임'으로 손해배상청구를 할 수 있다. 다만, 이 경우
는 '담보책임'으로서의 손해배상이 아니므로 수급인의 귀책사유가 있
어야 한다.[4]

무슨 말인지 잘 와닿지 않을 것이다. 액젓저장탱크에 균열이 생겨
액젓이 다 상한 경우에 관한 유명한 판례가 있다[5]. 이때 액젓탱크 자체
의 보수비용은 위에서 본 하자담보책임에 의한 손해배상으로 구할 수
있다. 그리고 상한 액젓은 탱크의 하자로 인한 것이긴 하지만 '탱크 자
체'의 하자에 대한 손해는 아니고 그로부터 확대되어 발생된 손해이다
(수급인은 '탱크'를 만들었지 '액젓'을 만든 것이 아니니까). 그래서 이 부분은
위에서 본 (수급인의 과실여부를 따지지 않는) 하자담보책임에 기한 손해배상
이 아닌 수급인의 귀책사유를 요하는 일반 채무불이행책임을 물어야
하며(담보책임과 채무불이행책임은 둘 다 병렬적으로 물을 수 있다), 그렇기

---

4 대법원 2007. 8. 23. 선고 2007다26455, 26462 판결.
　원단의 가공에 관한 도급계약에 의하여 납품된 물건에 하자가 발생함으로 말
　미암아 도급인이 외국에 수출하여 지급받기로 한 물품대금을 지급받지 못한
　데 대한 손해배상은, 민법 제667조 제2항 소정의 하자담보책임을 넘어서 수급인이
　도급계약의 내용에 따른 의무를 제대로 이행하지 못함으로 인하여 도급인의 신체·재산
　에 발생한 이른바 '하자확대손해'에 대한 배상으로서, 수급인에게 귀책사유가 없었다는
　점을 스스로 입증하지 못하는 한 도급인에게 그 손해를 배상할 의무가 있는바(대법원
　2004. 8. 20. 선고 2001다70337 판결, 2005. 11. 10. 선고 2004다37676 판결
　등 참조), 기록에 의하면 피고는 원고가 인도 회사들에 피고로부터 가공·납품
　받은 원단을 수출하기로 한 사정을 잘 알고 있었음이 인정되고, 피고의 염색
　과정에서 발생한 하자로 말미암아 원고가 인도 회사들과 사이에 체결한 계약
　을 이행하지 못함으로써 손해를 입게 된 데 대하여 수급인으로서 귀책사유가
　없었다고 볼 만한 증거도 없으므로, 피고는 원고에게 원고가 지급받지 못한
　수출대금 상당의 손해를 배상할 책임을 면할 수 없다.
5 대법원 2004. 8. 20. 2001다70337 판결

에 수급인의 귀책사유가 없다면 도급인은 이에대한 손해배상책임을 수급인에게 물을 수 없다는 것이 요지이다.

도급과 관련된 중요한 규정을 하나 더 보고가자. 도급에서 수급인은 그 일에 대한 전문가이다. 그래서 수급인에게 일을 맡기는 것이며, 수급인은 도급인과 '독립적인 지위'에서 일의 완성의무를 지게 된다. 그렇기 때문에 '도급인'은 수급인이 그 일을 하다가 제3자에게 손해를 가했더라도 손해배상책임이 없다(민법 제757조 전문).

이것이 '사용자책임6'과의 차이이다. 사용자책임은 우리가 이미 다 알고있는 법리이다. 회사의 직원이 일 하다가 다른 사람에게 손해를 입히면 그 사람은 직원뿐만 아니라 회사에게도 책임을 물을 수 있다. 이게 민법 제756조에 규정된 사용자책임이다. 너무 당연하다. 그럼 회사와 직원의 관계와 도급인과 수급인의 관계를 비슷하게 보아 이러한 법리를 적용할 수 있지 않을까? 그게 아니라는 것이다. 우리 민법은 도급의 경우 수급인은 독립적인 전문가의 지위에 있다고 봐서 수급인이 잘못하더라도 도급인이 책임을 지지 않도록 규정하였다.

하지만 우리의 현실은 수급인이 독립적인 지위에 있다고 보기 어려운 경우가 허다하다. 수급인은 도급인, 즉 '발주처'에게 절대적인 '을'의 위치에 있다. 도급인이 전문가인 수급인에게 일을 맡겨놓고 수급인의

---

6 민법 제756조(사용자의 배상책임)
　① 타인을 사용하여 어느 사무에 종사하게 한 자는 피용자가 그 사무집행에 관하여 제삼자에게 가한 손해를 배상할 책임이 있다. 그러나 사용자가 피용자의 선임 및 그 사무감독에 상당한 주의를 한 때 또는 상당한 주의를 하여도 손해가 있을 경우에는 그러하지 아니하다.
　② 사용자에 갈음하여 그 사무를 감독하는 자도 전항의 책임이 있다.
　③ 전2항의 경우에 사용자 또는 감독자는 피용자에 대하여 구상권을 행사할 수 있다.

업무에 사사건건 간섭하여, 결국 수급인은 도급인이 '시키는 대로' 하나부터 열까지 업무를 처리하는 모습을 흔히 볼 수 있다. 이렇게 도급인이 수급인에 대하여 지휘·감독을 하는 경우를 '노무도급'이라고 한다. 이 경우라면 예외적으로 도급인은 수급인이 제3자에게 손해를 입혔을 때 민법 제756조의 사용자책임을 진다.[7] 이 때 도급이나 지시에 있어서 도급인에게 중대한 과실이 있어야 한다(제757조 후문). 여기서의 '지휘·감독'이 어느 정도인지에 대한 판단기준은 각주의 판례를 참조하도록 하자.

참고로 이러한 도급인과 수급인 사이의 (원칙적인) 독립적인 관계 때문에 우리가 그토록 두려워하는 "중대재해처벌법"에도 '도급, 용역, 위탁'시 안전확보의무가 규정된 것이다.[8] '위험'을 외주주지 말라는 취지

---

[7] 대법원 1991. 3. 8. 선고 90다18432 판결.

가. 도급계약에 있어서 도급인은 도급 또는 지시에 관하여 중대한 과실이 없는 한 그 수급인이 그 일에 관하여 제3자에게 가한 손해를 배상할 책임은 없는 것이고 다만 도급인이 수급인의 일의 진행 및 방법에 관하여 구체적인 지휘감독권을 유보하고 공사의 시행에 관하여 구체적으로 지휘감독을 한 경우에는 도급인과 수급인의 관계는 실질적으로 사용자와 피용자의 관계와 다를 바가 없으므로, 수급인이나 수급인의 피용자의 불법행위로 인하여 제3자에게 가한 손해에 대하여 도급인은 민법 제756조 소정의 사용자 책임을 면할 수 없는 것으로서 위 지휘감독이란 실질적인 사용자관계가 인정될 정도로 구체적으로 공사의 운영 및 시행을 직접 지시, 지도하고 감시, 독려하는 등 공사시행방법과 공사진행에 관한 것이어야 할 것이다.

나. 하도급자가 하수급자의 실질적인 사용자로서 하수급자의 과실로 인한 손해에 대하여 사용자책임이 있다고 하려면 하도급자가 하수급자의 공사에 구체적인 지휘감독을 한 내용이 확정된 후에 이를 판단하여야 할 것이므로 하도급자가 공사에 관하여 구체적으로 지휘감독한 내용을 석명하여 이를 판단하여야 할 것임에도 불구하고 이에 이르지 아니하고 막연히 "구체적으로 지휘감독하였다"는 증언만으로 하도급자가 구체적으로 지휘감독하였다고 설시하여 하도급자에게 사용자책임을 인정한 것은 심리미진이나 이유불비, 도급인의 사용자책임에 대한 법리를 오해한 잘못을 범하였다고 하겠다.

[8] 중대재해 처벌 등에 관한 법률 제5조(도급, 용역, 위탁 등 관계에서의 안전 및 보건 확보의무)

이다. 다만 위에서 본 것은 '민사'적인 손해배상의 문제이고 "중대재해처벌법"의 논의는 형사처벌의 문제이다. 이 부분은 주로 법무팀이 다루게 되는 문제이므로 이정도만 언급하고 넘어가도록 하자.

어쨌든 이러한 법리들이 존재하므로 여러분이 '도급인'측 회사 소속인 경우, 일단 '도급' 계약을 체결하였다면 수급인측 회사 직원들에게 업무에 대하여 지휘·감독을 최대한 피해야 한다.

이정도로 도급계약의 일반적인 모습을 보았다. 그런데 건설업계에서의 도급계약은 별도로 "건설산업기본법"을 참조해야 한다. 건설공사의 도급계약을 규율하는 가장 유명한 조문을 보고가자. 여러분들이 도급인의 위치에 있다면 반드시 신경써야 할 내용들을 굉장히 디테일하게 규정하였으니 설명보다는 조문을 통으로 보는 것이 유익할 것이다.

건설산업기본법 제22조(건설공사에 관한 도급계약의 원칙)

① 건설공사에 관한 도급계약(하도급계약을 포함한다. 이하 같다)의 당사자는 대등한 입장에서 합의에 따라 공정하게 계약을 체결하고 신의를 지켜 성실하게 계약을 이행하여야 한다.

② 건설공사에 관한 도급계약의 당사자는 계약을 체결할 때 도급금액, 공사기간, 그 밖에 대통령령으로 정하는 사항을 계약서에 분명하게 적어야 하고, 서명 또는 기명날인한 계약서를 서로 주고받아 보관하여야 한다.

③ 국토교통부장관은 계약당사자가 대등한 입장에서 공정하게 계약을 체결하도록 하기 위하여 건설공사의 도급 및 건설사업관리위탁에 관한 표준계약서(하도급의 경우는 「하도급거래 공정화에 관한 법률」에 따라 공정거래위원회가 권장하는 건설공사표준하도급계약서를 포함한다. 이하 "표준계약서"라 한다)의 작성 및 사용을 권장하여야 한다.

⑤ 건설공사 도급계약의 내용이 당사자 일방에게 현저하게 불공정한 경우로서 다음 각 호의 어느

사업주 또는 경영책임자등은 사업주나 법인 또는 기관이 제3자에게 도급, 용역, 위탁 등을 행한 경우에는 제3자의 종사자에게 중대산업재해가 발생하지 아니하도록 제4조의 조치를 하여야 한다. 다만, 사업주나 법인 또는 기관이 그 시설, 장비, 장소 등에 대하여 실질적으로 지배·운영·관리하는 책임이 있는 경우에 한정한다.

하나에 해당하는 경우에는 그 부분에 한정하여 무효로 한다.
1. 계약체결 이후 설계변경, 경제상황의 변동에 따라 발생하는 계약금액의 변경을 상당한 이유 없이 인정하지 아니하거나 그 부담을 상대방에게 떠넘기는 경우
2. 계약체결 이후 공사내용의 변경에 따른 계약기간의 변경을 상당한 이유 없이 인정하지 아니하거나 그 부담을 상대방에게 떠넘기는 경우
3. 도급계약의 형태, 건설공사의 내용 등 관련된 모든 사정에 비추어 계약체결 당시 예상하기 어려운 내용에 대하여 상대방에게 책임을 떠넘기는 경우
4. 계약내용에 대하여 구체적인 정함이 없거나 당사자 간 이견이 있을 경우 계약내용을 일방의 의사에 따라 정함으로써 상대방의 정당한 이익을 침해한 경우
5. 계약불이행에 따른 당사자의 손해배상책임을 과도하게 경감하거나 가중하여 정함으로써 상대방의 정당한 이익을 침해한 경우
6. 「민법」 등 관계 법령에서 인정하고 있는 상대방의 권리를 상당한 이유 없이 배제하거나 제한하는 경우

그리고 위 제2항에 있는 "도급계약서에 분명하게 적어야 하는 대통령령으로 정하는 사항"은 동법 시행령 제25조 제1항에 규정되어 있다.

건설산업기본법 시행령 제25조 제1항

① 법 제22조 제2항에 따라 공사의 도급계약에 분명하게 적어야 할 사항은 다음 각 호와 같다.
1. 공사내용
2. 도급금액과 도급금액 중 임금에 해당하는 금액
3. 공사착수의 시기와 공사완성의 시기
4. 도급금액의 선급금이나 기성금의 지급에 관하여 약정을 한 경우에는 각각 그 지급의 시기·방법 및 금액
5. 공사의 중지, 계약의 해제나 천재·지변의 경우 발생하는 손해의 부담에 관한 사항
6. 설계변경·물가변동 등에 기인한 도급금액 또는 공사내용의 변경에 관한 사항
7. 법 제34조 제2항의 규정에 의한 하도급대금지급보증서의 교부에 관한 사항(하도급계약의 경우에 한한다)
8. 법 제35조 제1항의 규정에 의한 하도급대금의 직접지급사유와 그 절차
8의2. 법 제40조 제1항에 따른 건설기술인의 배치에 관한 계획
9. 「산업안전보건법」 제72조에 따른 산업안전보건관리비의 지급에 관한 사항
10. 법 제87조 제1항의 규정에 의하여 건설근로자퇴직공제에 가입하여야 하는 건설공사인 경우에

는 건설근로자퇴직공제가입에 소요되는 금액과 부담방법에 관한 사항

11. 「산업재해보상보험법」에 의한 산업재해보상보험료, 「고용보험법」에 의한 고용보험료 기타 당해 공사와 관련하여 법령에 의하여 부담하는 각종 부담금의 금액과 부담방법에 관한 사항

12. 당해 공사에서 발생된 폐기물의 처리방법과 재활용에 관한 사항

13. 인도를 위한 검사 및 그 시기

14. 공사완성후의 도급금액의 지급시기

15. 계약이행지체의 경우 위약금 · 지연이자의 지급 등 손해배상에 관한 사항

16. 하자담보책임기간 및 담보방법

17. 분쟁발생시 분쟁의 해결방법에 관한 사항

18. 「건설근로자의 고용개선 등에 관한 법률」 제7조의2에 따른 고용 관련 편의시설의 설치 등에 관한 사항

대부분이 우리가 앞에서 모든 계약에 중요하다고 배운 내용들이고, 건설공사에 특이적인 몇몇 내용이 추가되어있는 형태이다. 계약서를 작성하면서 위와 같은 사항들은 빠짐없이 들어가있는지 체크해보도록 하자.

또 도급계약시 주의해야 할 점은 일괄하도급금지와 위장도급의 문제이다.

먼저 일괄하도급금지를 보자. 말 그대로 수주한 사업을 그대로 하도급쳐서 중간에 돈만 떼먹는 방식으로 일하지 말라는 취지이다. 그리고 같은 취지에서 직접시공의 원칙도 규정하고 있다.

건설산업기본법 제29조(건설공사의 하도급 제한)

① 건설사업자는 도급받은 건설공사의 전부 또는 대통령령으로 정하는 주요 부분의 대부분을 다른 건설사업자에게 하도급할 수 없다. 다만, 건설사업자가 도급받은 공사를 대통령령으로 정하는 바에 따라 계획, 관리 및 조정하는 경우로서 대통령령으로 정하는 바에 따라 2인 이상에게 분할하여 하도급하는 경우에는 예외로 한다.

② 수급인은 그가 도급받은 전문공사를 하도급할 수 없다. 다만, 다음 각 호의 요건을 모두 충족한 경우에는 건설공사의 일부를 하도급할 수 있다.

1. 발주자의 서면 승낙을 받을 것

2. 공사의 품질이나 시공상의 능률을 높이기 위하여 필요한 경우로서 대통령령으로 정하는 요건에

해당할 것(종합공사를 시공하는 업종을 등록한 건설사업자가 전문공사를 도급받은 경우에 한
정한다)

제1항의 "대통령령으로 정하는 주요 부분의 대부분을 다른 건설사업
자에게 하도급하는 경우"는 부대공사를 제외한 주된 공사 전부를 하도
급하는 경우를 의미한다(동법 시행령 제31조 제1항). 그리고 전부 또는 주
요 부분의 대부분을 하도급할 수 있는 예외인, 2인 이상에게 분할하여
하도급하는 경우는 시행령 제31조 제3항에 나와있고 다음과 같다.

1. 도급받은 공사를 전문공사를 시공하는 업종별로 분할하여 각각 해당 전문공사를 시공할 수
   있는 자격을 보유한 건설사업자에게 하도급하는 경우(즉 전기공사같은 전문적인 부분
   만 떼서 그 분야 전문업체한테 맡기는 것은 괜찮다는 취지이다)
2. 도서지역 또는 산간벽지에서 시행되는 공사를 해당 도서지역 또는 산간벽지가 속하는 특별시
   · 광역시 · 특별자치시 · 도 또는 특별자치도(이하 "시 · 도"라 한다)에 있는 중소건설사업자
   또는 법 제48조에 따라 등록한 협력업자에게 하도급하는 경우(지방에서의 공사의 경우
   일부를 '그 동네' 업체한테 맡기는 것은 괜찮다는 취지이다)

제2항은 '전문공사[9]'를 하도급할 수 없다는 원칙을 규정하고 있다. 취
지는 제1항과 비슷하다. 하지만 제1항은 '싸그리' 넘기지 말라는 것이
고, 제2항은 종합공사처럼 범위가 넓은 공사가 아니라 '전문공사'를 하
도급 받았으면 되도록 직접하고 하도급을 하지 말라는 것으로 그 모양
새가 조금 다르다. 어쨌든 2항의 경우에도 예외가 있고 '발주자의 서면승

---

[9] 여러분들은 아마 '전문공사'가 무엇을 의미하는지 잘 아시겠지만 잘 모르시는
분들을 위해 추가한다. 건설공사의 업종분류는 건설산업기본법 시행령 [별표1]
에 규정되어 있다. 건설업종은 크게 종합공사, 전문공사로 나뉜다. 종합공사에는
'토목공사업, 건축공사업, 토목건축공사업, 산업환경설비공사업, 조경공사업'이 있
다. 전문공사에는 '지반조성 · 포장공사업, 실내건축공사업, 금속창호 · 지붕건축물
조립공사업, 도장 · 습식 · 방수 · 석공사업, 조경식재 · 시설물공사업 등'이 있다.

낙'과, '공사의 품질이나 시공상 능률을 높이기 위해서'라는 요건을 갖추면 가능하도록 법에 규정되어 있다. 대충봐도 제1항의 예외보다는 훨씬 충족하기가 쉬워보인다. 사실 '종합공사'와 '전문공사'의 스케일 차이가 있긴 하지만 법 상에 전문공사로 규정된 것도 실무적으로 들어가면 그 업무 내용의 범위가 좁다고 할 수 없다. 그렇기에 한 회사가 다 맡아서 하기 버거운 경우가 많고 결과적으로 일을 쪼개서 하도급을 주는 경우가 많다. 이 경우 발주자의 서면승낙서를 꼭 받아두어야 한다.

아울러 하도급을 주는 경우라면 "하도급거래 공정화에 관한 법률(약칭: 하도급법)"의 규정들을 준수해야 한다. 같은 이유에서 주로 하도급을 받아서 사업을 수행하는 회사의 근무자들도 잘 알아두어서 부당하게 자신들의 권리가 침해되지 않도록 유의하도록 하자. 하나같이 주요한 조문들이지만 지면의 한계로 여기서 다 소개할 수는 없고 일독을 권한다.

주요 내용은 다음과 같다.

하도급을 주는 '원사업자'는 앞서 본 서면발급 및 서류 보존의무(제3조)가 있으며, 하도급을 받는 '수급사업자'의 이익을 부당하게 침해하거나 제한하는 부당한 특약을 해서는 안 되고(제3조의 4), 부당하게 낮은 수준의 하도급대금을 강요해서는 안 되며(제4조), 제조등의 위탁을 하는 경우 물품, 장비 등을 강매하도록 해서는 안 되고(제5조), 발주자로부터 선급금을 받은 경우 선급금을 받은 날로부터 15일 이내에 선급금을 수급사업자에게 지급하여야 한다(제6조). 그리고 수급사업자가 딱히 잘못한 것이 없는데도 부당하게 위탁을 취소하거나 물건 납품을 받지 않는 등의 부당한 위탁취소를 하여서는 안 되고(제8조), 마찬가지로 수급사업자에게 책임을 돌릴 사유가 없는데 목적물을 납품받고 부당하게 다시 수급사업자에게 반품을 해서는 안 되며(제10조), 정당한 사유없이 하도급대금을 감액해서는 안 된다(제11조). 또한 정당한 사유없이 수급사업자가 제조, 수리, 시공 등을 함에 있어 필요한 물품 등을 원사업자 자신에게서 사도록 하거나 자신의 장비를 사용하게 하도록 해서는 안 되고 (제12조), 정당한 사유없이 자기나 다른 회사나 사람을 위해 경제적 이익을 제공하도록 해서는 안 되며(제12조의2), 하도급 대금은 목적물등의 수령일로부터 60일 이내의 가능한 짧은 기한 내에 지급하여야 하고 (제13조), 수급사업자의 기술자료를 원사업자나 제3자에게 제공하도록 요구해서는 안 된다(제12조의3 제1항).

마지막의 기술자료 제공 요구 금지는 굉장히 중요한 조문이다. 우리 엔지니어들이 근무하는 회사들은 기술로 먹고사는 회사들이 대부분이므로 이 부분은 각별히 신경쓰도록 하자. 그러나 기술자료라고 해서 무조건적으로 요구를 할 수 없는 것은 아니다. 수급사업자의 기술을 이용하려고 수급사업자와 계약을 하는 것인데 아무 기술자료를 요구할 수 없다는 것은 말이 안 된다. 당연히 '정당한 사유'가 있다면 기술자료를 요구할 수 있고 이 경우 '기술자료 제공 요구목적, 기술자료와 관련된 권리귀속 관계, 대가 및 대가의 지급방법, 요구·제공일 및 제공방법, 그 외의 기술자료 제공 요구가 정당함을 입증할 수 있는 사항'을 '미리' 협의한 뒤, 이를 기재한 서면을 수급사업자에게 주어야 한다(동조 제2항). 그리고 원사업자는 해당 기술자료를 제공받는 날까지 '기술자료의 명칭 및 범위, 사용기간, 이를 제공받아 보유할 임직원의 명단, 비밀유지의무, 목적 외 사용금지, 비밀을 누설하거나 목적 외의 사용을 한 경우의 배상, 기술자료의 반환 및 폐기 방법 및 일자'가 포함된 비밀유지계약을 수급사업자와 체결하여야 한다(동조 제3항). 그리고 당연히 이렇게 제공받은 수급사업자의 기술자료를 부당하게 원사업자 자신 또는 제3자를 위해 사용하거나 제3자에게 제공할 수 없다(동조 제4항).

지면의 한계상 이정도만 적었지만 기타 하도급과 관련하여서 지켜야할 사항들이 굉장히 많으니 하도급이 잦은 업계에 근무하는 경우 하도급법을 반드시 일독하여 불이익을 받는 일이 없도록 하자.

위장도급의 문제는 결이 조금 다르다. 산업현장에서는 인건비 절감 및 노동 관련 분쟁을 피할 목적으로 인력업체들과 "도급" 계약을 체결하여 근로자를 파견받아 그들에게 직접 일을 시키는 일이 허다하다. '사람'에게 일을 시킬 때 가장 대표적으로 이용되는 계약은 "고용"계약이지만, 그러지 않고 개별 근로자가 아닌 인력'업체'와 "도급"계약을 맺는 것이다. 어딜가나 사람을 다루는 일이 가장 힘든 법이다. 그래서 사람을 직접고용 하면 생길 수 있는 리스크를 피하기 위해 앞서 본 양당사자가 독립적인 사업주체로 취급되는 "도급" 계약을 인력"업체"와 체결하는 것이다. 이를 위장도급이라하며 우리 법은 이를 엄격히 금지하고 있다.

실무자로서는 도급을 준다고 안일하게 생각해서는 안되고 반드시 파견법의 내용을 준수해야하며, 회사가 이러한 계약을 체결해서 여러분이 이렇게 파견된 근로자들과 함께 근무를 할 경우 그들에게 직접적인 업무지시를 해서는 절대 안 된다. 이는 "파견근로자 보호 등에 관한 법률(약칭: 파견법)"에 규정되어 있다.

먼저 근로자파견이란 파견사업주가 근로자를 고용한 후 그 고용관계를 유지하면서 근로자파견계약의 내용에 따라 사용사업주의 지휘·명령을 받아 사용사업주를 위한 근로에 종사하게 하는 것을 말한다(파견법 제2조 제1호).

  그리고 파견법은 근로자파견을 할 수 있는 업무를 굉장히 한정적으로 제한하고 있다(파견법 제5조 제1항).[10] 이러한 근로자파견대상업무는 파견법 시행령 [별표1]에 규정되어 있다.[11] 각주를 참조하자. 공통점을 추려보자면 상당히 전문적인 업무들로 일반 사무직원들이 전문성을 갖고 수행하기 힘든 업무들로만 구성되어 있다.

---

[10] 제5조(근로자파견 대상 업무 등)
　① 근로자파견사업은 제조업의 직접생산공정업무를 제외하고 전문지식·기술·경험 또는 업무의 성질 등을 고려하여 적합하다고 판단되는 업무로서 대통령령으로 정하는 업무를 대상으로 한다.
[11] 현행법상 근로자파견대상업무(즉 이 업무들은 '파견'이 가능하다)는 다음과 같다. 너무 많아서 책 분량을 위해 줄바꿈을 하지 않고 나열했다. 가독성이 심각하게 떨어지는 점 양해 부탁드립니다.
1) 컴퓨터관련 전문가의 업무, 2) 행정, 경영 및 재정 전문가의 업무(행정 전문가의 업무는 제외), 3) 특허 전문가의 업무, 4) 기록 보관원, 사서 및 관련 전문가의 업무(사서의 업무는 제외), 5) 번역가 및 통역가의 업무, 6) 창작 및 공연예술가의 업무, 7) 영화, 연극 및 방송관련 전문가의 업무, 8) 컴퓨터관련 준전문가의 업무, 9) 기타 전기공학 기술공의 업무, 10) 통신 기술공의 업무, 11) 제도 기술 종사자, 캐드 포함의 업무, 12) 광학 및 전자장비 기술 종사자의 업무(보조업무에 한정. 임상병리사, 방사선사, 기타 의료장비 기사의 업무는 제외), 13) 정규교육이외 교육 준전문가의 업무, 14) 기타 교육 준전문가의 업무, 15) 예술, 연예 및 경기 준전문가의 업무, 16) 관리 준전문가의 업무, 17) 사무 지원 종사자의 업무, 18) 도서, 우편 및 관련 사무 종사자의 업무, 19) 수금 및 관련 사무 종사자의 업무, 20) 전화교환 및 번호안내 사무 종사자의 업무(전화교환 및 번호안내 사무 종사자의 업무가 해당 사업의 핵심 업무인 경우는 제외), 21) 고객 관련 사무 종사자의 업무, 22) 개인보호 및 관련 종사자의 업무, 23) 음식 조리 종사자의 업무(관광숙박업에서의 조리사 업무는 제외), 24) 여행안내 종사자의 업무, 25) 주유원의 업무, 26) 기타 소매업체 판매원의 업무
주의할 점은 여기에 쓰여진 업무에 '해당하는 것처럼' 보인다고 해서 무조건 파견대상업무에 해당하지 않는다는 것이다. 이 업무는 직업 관련 내용이 엄청나게 세분화돼있는 한국표준직업분류(통계청고시 제2000-2호)에 따른 것이고 위 파견법 시행령 [별표1]에는 각 대상업무별 직업분류코드가 지정이 돼있다. 얼추 위에 쓰여진 대상업무에 해당하는 것으로 보여도 정확한 표준직업분류 코드에 해당하지 않으면 파견대상업무가 아니다. 그래서 '글'만 보고 판단하면 피를 볼 수 있으니 반드시 근로자파견을 하거나 받을 때에는 해당 시행령 [별표1]과 한국표준직업분류를 함께 보도록 하자.

하지만 파견대상업무에 해당하지 않는다고 해서 무조건적으로 파견을 할 수 없도록 하면 불합리하다. 파견대상업무가 아닌 업무라도 "출산·질병·부상 등으로 결원이 생긴 경우 또는 일시적·간헐적으로 인력을 확보하여야 할 필요가 있는 경우에는 근로자파견사업을 할 수 있다."(제5조 제2항)

그런데 이렇게 파견을 할 수 있는 경우들을 규정했지만, 그럼에도 불구하고 파견을 할 수 없도록 정해놓은 업종들이 있다. 파견법은 파견근로자를 보호하기 위해 만들어졌는데, 업계특성상 이러한 파견근로자들이 자주 사용되며, 애초에 파견근로자들이 제대로 보호받지 못하여 이 법이 만들어진 계기가 된 주된 업종들을 열거해놓고 아예 파견을 못하도록 막아둔 것이다. 그 업종들은 각주에서 확인하자.[12] 주로

---

12 파견법 제5조 제3항

제1항 및 제2항에도 불구하고 다음 각 호의 어느 하나에 해당하는 업무에 대하여는 근로자파견사업을 하여서는 아니 된다.

1. 건설공사현장에서 이루어지는 업무
2. 「항만운송사업법」 제3조 제1호, 「한국철도공사법」 제9조 제1항 제1호, 「농수산물 유통 및 가격안정에 관한 법률」 제40조, 「물류정책기본법」 제2조 제1항 제1호의 하역(荷役)업무로서 「직업안정법」 제33조에 따라 근로자공급사업 허가를 받은 지역의 업무
3. 「선원법」 제2조 제1호의 선원의 업무
4. 「산업안전보건법」 제58조에 따른 유해하거나 위험한 업무
5. 그 밖에 근로자 보호 등의 이유로 근로자파견사업의 대상으로는 적절하지 못하다고 인정하여 대통령령으로 정하는 업무

파견법 시행령 제2조 제2항

법 제5조 제3항 제5호에서 "대통령령으로 정하는 업무"란 다음 각 호의 어느 하나에 해당하는 업무를 말한다.

1. 「진폐의 예방과 진폐근로자의 보호 등에 관한 법률」 제2조 제3호에 따른 분진작업을 하는 업무
2. 「산업안전보건법」 제137조에 따른 건강관리카드의 발급대상 업무
3. 「의료법」 제2조에 따른 의료인의 업무 및 같은 법 제80조의2에 따른 간호조무사의 업무
4. 「의료기사 등에 관한 법률」 제3조에 따른 의료기사의 업무

안전과 직결되는 산업들로, 대표적인 것이 건설공사현장 업무이다. 무
슨 취지인지 느낌이 올 것이다. 안전 리스크를 외주줘버리는 현실을
타파하고자 함이다.

위에서 본 것을 정리하면 파견을 할 수 있는 경우는 파견법 제5조
제1항, 제2항의 경우이다. 제1항의 경우, 즉 근로자파견대상업무에 해
당하여 파견을 하는 경우 그 기간은 기본 1년, 1회 연장 1년으로 총
2년이 최대(1+1)고 이를 초과하여서는 안 된다(제6조 제1항). 그리고 제
2항의 경우 즉, 일시적·간헐적으로 인력을 확보하여야 할 필요가 있
는 경우에는 다음과 같이 기간이 나누어진다(동조 제4항).

1) 출산·질병·부상 등 그 사유가 객관적으로 명백한 경우: 해당 사
유가 없어지는 데 필요한 기간

2) 일시적·간헐적으로 인력을 확보할 필요가 있는 경우: 3개월 이
내의 기간. 다만, 해당 사유가 없어지지 아니하고 파견사업주, 사
용사업주, 파견근로자 간의 합의가 있는 경우에는 3개월의 범위
에서 한 차례만 그 기간을 연장할 수 있다(즉 3+3).

그리고 파견을 할 경우 파견사업주와 사용사업주는 파견근로자라는
이유로 사용사업주의 사업 내의 같은 종류의 업무 또는 유사한 업무를
수행하는 근로자에 비하여 파견근로자에게 차별적 처우를 하여서는 안 되
며(제21조 제1항), 파견근로자는 차별적 처우를 받은 경우 노동위원회에
그 시정을 신청할 수 있다(동조 제2항).

---

5. 「여객자동차 운수사업법」 제2조 제3호에 따른 여객자동차운송사업에서의 운전업무
6. 「화물자동차 운수사업법」 제2조 제3호에 따른 화물자동차 운송사업에서의
운전업무

 이렇게 법에서 파견을 할 수 있도록 정한 경우이거나 또는 그 기간에 따른 파견이 아닌 경우에는 사용사업주, 즉 파견업체를 '쓰려는' 사업주는 해당 파견근로자를 직접 고용해야 한다(제6조의 2 제1항). 업체와 도급계약을 체결하지 말고 개별 근로자와 제대로 고용계약을 체결하라는 말이다. 이를 "사용사업주의 고용의무"라고 한다.

 당연히 사용사업주 입장에서는 근로자를 직접 고용하기 싫을 것이다. 애초에 이런 고용계약을 체결함에 따른 노동법적 리스크를 지기 싫어서 파견을 받은 것이니 말이다. 그렇기에 법에 따라서 억지로 고용을 한다면 그 대가를 '후려칠' 가능성이 크다. 따라서 법은 파견근로자를 직접고용할 때의 근로조건들을 규정해놓았다(제6조의2 제3항).

> 1. 사용사업주의 근로자 중 해당 파견근로자와 같은 종류의 업무 또는 유사한 업무를 수행하는 근로자가 있는 경우: 해당 근로자에게 적용되는 취업규칙 등에서 정하는 근로조건에 따를 것
> 2. 사용사업주의 근로자 중 해당 파견근로자와 같은 종류의 업무 또는 유사한 업무를 수행하는 근로자가 없는 경우: 해당 파견근로자의 기존 근로조건의 수준보다 낮아져서는 아니 될 것

 실질적으로 사업 사정상 필요로 도급 계약을 맺을 수밖에 없는 경우가 많은데, 그럴 때면 실무자들은 항상 이러한 리스크들이 있음을 인지하고 있어야 할 것이다. 이제 위임계약으로 넘어가자.

위임 계약

위임계약은 다른 이에게 사무의 처리를 맡기는 것이다. 도급과 마찬가지로 노무를 공급하는 계약의 일종이지만 일정한 사무를 처리하는 활동 자체를 목적하므로, '일의 완성'이라는 결과를 목적으로 하는 도급과는 차이가 있다. 때문에 수임인은 일의 수행에서 조금 더 자유로운 모습을 보인다. 즉 재량권이 더 많다는 이야기이다. 대표적인 위임계약이 변호사나 공인중개사와의 계약이라는 점을 떠올려보자.

다른 계약과 달리 이러한 위임계약은 결과가 좋든 나쁘든, 심지어 결과가 있든 없든 그들이 들인 노력과 시간에 대한 비용을 쳐줘야 한다는 것이 핵심이다. 변호사가 소송에서 졌다고 돈을 안줄 수는 없다. 의사가 병을 못 고쳤다고 돈을 안줄 수는 없다. 그리고 위임을 받은 사람이 선량한 관리자의 주의를 다하여 일을 했다면 '완성'된 것이 없더라도 채무불이행 책임을 지지 않는다. 이것이 위임의 가장 중요한 특징이다.

매매와 도급에 비해 '위임'은 용어자체를 들어본 적이 없기에 어떤 계약을 의미하는 것인지 잘 와닿지 않을 것이다. 사업과 관련된 우리 직장인들에게 조금 더 익숙한 모습으로는 지입계약,[1] 공사감리계약,[2] 상

---

1 대법원 2000. 10. 13. 선고 2000다20069 판결

가활성화를 위한 상가개발비약정[3] 등이 위임계약에 속한다. 우리가 사업수행 중에 '업무위탁'이라는 이름으로 행해지는 많은 계약들이 위임계약의 성질을 가지고 있다.

주의할 점은 (주로 R&D 업무에 종사하는) 이공계 출신들이 가장 흔하게 접할 계약 중 하나로 "연구개발위탁계약"이 있는데 이 경우는 일률적으로 도급 또는 위임계약이라 단정하기 힘들다. 이에 관해서 연구개발위탁계약서 작성시 주의해야 할 점은 전술한 바 있다.

재미있는 것은 위임계약은 역사적으로 강한 신뢰를 기초로 하는 관계에서 유래된 계약이므로 민법상 위임계약은 무상이 원칙이라는 것이다. 물론 우리가 사는 세상에서는 어림도 없는 얘기다. 당연히 약정으로 돈(보수)을 받고 할 수 있고, 실제로 돈을 안받는 경우는 없다(민법 제686조 제1항, 제2항 참조). 다 벌어먹고 살자고 하는거 아니겠나.

아무튼 이러한 신뢰관계를 기초로 한다는 위임계약의 역사적 의의 때문에 위임계약관계는 다른 계약들에 비해 조금 독특한 측면들이 있다. 수임인은 '선량한 관리자의 주의로써' 위임사무를 처리하여야 하고(민법 제681조. 즉 '열심히 잘'해야 된다는 얘기다), 위임인의 승낙이 없으면 원칙적으로 다른 사람에게 또 그 사무를 맡길 수 없다(제682조. '당신을' 믿고 일을 맡긴 것이니 다른 사람한테 또 넘기지 말라는 얘기다. 이렇게 위임받은 사무를 또 다른 사람에게 재차 위임하는 것을 '복임'이라 한다). 그리고 언제든지 각 당사자가 위임계약을 해지할 수 있다(제689조). 위임은 신뢰가 중요하니 신뢰가 깨질 경우 바로 계약도 나가리(?) 시킬 수 있도록 배려를 해둔 것이다.

이것들이 위임계약에서 가장 중요한 것들이다. 민법에는 이러한 '신

---

2 대법원 2001. 5. 29. 선고 2000다40001 판결
3 대법원 2013. 10. 24. 선고 2010다22415 판결

뢰'관계를 기반으로 한 조문들이 규정되어 있으므로, 보수를 주고 일을 맡기(거나 보수를 받고 일을 처리하)는 우리 입장에서는 현실과 맞지 않는 규정이라 할 수 있다. 역시 우리는 신뢰보다는 돈 아니겠나? 따라서 위임의 성질을 가지는 (혹은 가지는 것으로 의심되는) 계약을 체결할 경우에는 계약서에 '복임'을 할 수 있는지와 할 수 있다면 그 방법, 그리고 해지를 어떤 경우에 할 수 있는지 그 사유를 제한하는 규정을 필수적으로 두어야 한다.

일반적으로는 다른 이에게 복임을 하는 경우에는 위임인(일을 맡긴 사람)의 '동의'를 받아야 하도록 규정하고, 앞의 계약 일반론에서 본 일반적인 해지 사유와 절차가 적용되도록 규정하는 것이 보통이다.

위에서 본 바와 같이 위임계약은 원칙적으로 자유롭게 해지할 수 있고, 이렇게 자유롭게 해지를 했다고 상대방에게 손해를 배상할 필요도 없다. 하지만 돈을 주고받는 실제 세계의 유상 위임계약의 경우 '계약기간 동안 수임인의 지위를 보장하는 규정(수임인 지위보장 규정)'을 두는 것이 상식적이다. 계약서에 이러한 수임인 지위보장 규정이 있는 유상 위임계약을 정당한 이유없이 해지한다면 손해배상책임을 인정하는 것이 판례의 태도[4]이니 유의하도록 하자.

이제 돈 얘기를 살펴보자. 위임계약의 경우 수임인(일을 받은 사람)은

---

4 대법원 2000. 4. 25. 선고 98다47108 판결.
  위임계약은 원래 해지의 자유가 인정되어 쌍방 누구나 정당한 이유 없이도 언제든지 위임계약을 해지할 수 있고, 다만 불리한 시기에 부득이한 사유 없이 해지한 경우에 한하여 상대방에게 그로 인한 손해배상책임을 질 뿐이나, 수임인이 재임중에 기본급, 주택수당 및 자녀학비 등을 지급받고 퇴임시에는 퇴직금까지 지급받기로 하는 유상위임인데다가, 수임인의 지위를 보장하기 위하여 계약기간 중 처음 2년간은 위임인이 해지권을 행사하지 않기로 하는 특약까지 되어 있어 위임인의 이익과 함께 수임인의 이익도 목적으로 하고 있는 위임의 경우에는 위임인의 해지 자유가 제한되어 위임인으로서는 해지 자체는 정당한 이유 유무에 관계없이 할 수 있다 하더라도 정당한 이유 없이 해지한 경우에는 상대방인 수임인에게 그로 인한 손해를 배상할 책임이 있다.

사무처리에 필요한 비용을 청구하여 선급받을 수 있고(제687조 수임인
의 비용선급청구권), 위임사무의 처리를 하다가 과실없이 손해를 받은
경우 위임인에게 그 손해배상을 청구할 수 있다(제688조 제3항. 위임인의
과실이 없더라도 위임인은 배상책임을 진다). 그리고 수임인이 위임사무의
처리에 필요한 채무를 부담한 때에(즉 해당 사무를 처리하다보니 제3자에
게 "빚"을 지게 된 경우) 위임인에게 이를 대신 변제하거나(갚도록 하거나)
담보를 제공하도록 할 수 있다(제688조 제2항). 마지막의 위임인에게 대
신 변제토록 청구할 수 있는 수임인의 권리를 대변제청구권이라 한다.
꽤나 중요한 권리이니 알아두도록 하자. 이때 위임인이 돈을 갚지 않
으면 수임인은 위임인이 가지고 있는 채권을 대위행사 할 수 있다(제
404조 채권자대위권).[5]

　그런데 수임인이 일을 제대로 못해서 그 "빚"이 눈덩이처럼 불어난
경우에도 위임인이 다 책임을 져야한다면 조금 억울한 면이 있다. 그
래서 이와 관련된 재미있는 판례가 있다.

---

[5] 대법원 2002. 1. 25. 선고 2001다52506 판결.
　앞에서도 보았던 채권자대위권은 채권자가 채무자의 권리를 대신 행사하도록
　하는 아주 강력한 권리이다. A가 B에게, B는 C에게 채권이(쉽게밀해 돈 빌을
　게) 있다고 할 때, A가 자신의 채무자인 B의 C에 대한 돈 받을 권리를 대신
　행사해버리는 것이다. A는 C와 아무런 계약관계도 없는데 말이다! 말만 들어
　도 무시무시하다. 그래서 굉장히 엄격한 요건을 요하는데, 그 요건 중 하나가
　B가 돈이 없어야 한다('무자력')는 것이다. 진짜 B가 다른 '돈'이 없어서 A가
　자신의 정당한 권리를 보장받기 위해서는 B의 C에 대한 '채권'이라도 땡겨가야
　겠다는 상황 아니면 이런 강력한 권리를 행사하지 못하도록 한 것이다.
　하지만 판례는 위에서 본 대변제청구권을 행사하는 수임인의 경우 위임인의 채권을
　대위행사할 때 이 무자력을 요하지 않는다. 즉 위임인이 돈이 많더라도 수임인은
　위임인의 채권을 대위행사할 수 있다. 일을 시켰으면 돈을 줘야 된다는 단순한
　만고의 진리를 보장하기 위해서이다.

　"민법 제688조 제2항은 그 전문에서 수임인이 위임사무의 처리에 필요한 채무를 부담한 때에는 위임인에게 자기에 갈음하여 이를 변제하게 할 수 있다고 규정하고 있다. 민법 제681조는 수임인은 위임의 본지에 따라 선량한 관리자의 주의로써 위임사무를 처리하여야 한다고 규정하고, 이러한 선관주의의무의 일환으로 민법 제683조는 수임인은 위임인의 청구가 있는 때에는 위임사무의 처리상황을 보고하고 위임이 종료한 때에는 지체 없이 그 전말을 보고하여야 한다고 규정하고 있다.

　이러한 규정의 내용과 그 취지를 종합하여 보면, 수임인이 위임사무 처리와 관련하여 선관주의의무를 다하여 자기의 이름으로 위임인을 위해 필요한 계약을 체결하였다고 하더라도, 이후 그에 따른 채무를 이행하지도 않고 위임인에 대하여 필요한 보고 등의 조치도 취하지 않으면서 방치하여 두거나 계약 상대방의 소제기에 제대로 대응하지 않음으로써 수임인 자신이 계약 상대방에 대하여 부담하여야 할 채무액이 확대된 경우에는, 그 범위가 확대된 부분까지도 당연히 '위임사무의 처리에 필요한 채무'로서 '위임인에게 대신 변제하게 할 수 있는 채무'의 범위에 포함된다고 보기는 어렵다. 이러한 경우 법원으로서는 수임인이 보고의무 등을 다하지 못하거나 계약 상대방이 제기한 소송에 제대로 대응하지 못하여 채무액이 확대된 것인지 등을 심리하여 수임인이 위임인에게 대신 변제하게 할 수 있는 채무의 범위를 정하여야 한다."6

---

6 대법원 2018. 11. 29. 선고 2016다48808 판결

소프트웨어 관련계약

위에서는 전통적인 분야의 엔지니어들이 주로 체결하는 매매, 도급, 위임 계약에 대한 내용을 살펴보았다. 좀 더 21세기적인 내용으로 와 보자. 소프트웨어 엔지니어들이 가장 많이 체결하는 계약은 유지보수계 약이다.

기업들이 사용하는 유지보수 계약서에서 규정하고 있는 내용은 말 그 대로 기술적으로 소프트웨어를 사용할 수 있도록 하는 기술적 환경을 유 지해주고, 문제가 생겼을 경우 보수를 해주는 내용만 포함되어 있는 것 이 전부인 경우가 대부분이다(자세한 내용은 회사별로, 사용하는 프로그램 별로 다를 수 있다. 그리고 그 자세한 내용은 여러분들이 더 전문가일 것이다). 즉, 이미 소프트웨어 이용 자체에는 문제가 없음을 전제로 유지와 보 수에 대한 내용이 작성되어 있을 것이다.

하지만 소프트웨어의 이용, 즉 라이센스까지 고려해야 한다. 우리는 아무 생각없이 '프로그램'과 관련된 계약은 모조리 '유지보수' 계약의 이름으로 체결하는 경우가 대부분이기 때문에 '라이센스' 계약을 체결해 야 할 경우까지 팀 하드에 굴러다니던 '유지보수' 계약서 양식을 사용 해 계약을 체결해버려, 사고가 터졌을 경우 '라이센스' 이용을 하지 못하는 경우가 왕왕 있다. 소프트웨어 라이센스 판매 구조를 살펴보면 우리가 계약에서 뭘 신경써야 하는지가 명확해진다.

기업에서 사용하는 대부분의 고급 프로그램들은 해외 기업이 라이센스를 가지고 있고, 그 라이센스를 국내에서 이용할 수 있도록 하는 권리를 국내 총판업체가 '따온다'. 그리고 우리 기업들은 이 국내 '총판업체'와의 라이센스 이용 계약을 체결하여 해당 프로그램을 사용한다. 이것이 우리가 체결하는 소프트웨어 라이센스 계약의 일반적인 모습이다.

이런 라이센스 이용계약에는

1) 해당 총판업체가 국내에서 해당 소프트웨어의 라이센스 이용권을 판매할 수 있는 정당한 권리자임을 보증하는 내용,
2) 이 계약을 통해 라이센스를 구매한 업체가 계약기간동안 라이센스 이용을 할 수 있다는 내용이 필수적으로 들어가야 한다.

문제는 우리가 일반적으로 사용하는 '유지보수' 계약서에서는 이러한 내용, 즉 해당 총판업체가 정당하게 국내에서 라이센스를 이용하게 할 권리가 있는지에 대한 내용이 없기 때문에 생긴다. '유지보수'는 소프트웨어 자체는 당연히 사용할 권한이 있음을 전제로 하기 때문이다. 어떤 문제가 생기는가? 국내에서 라이센스를 이용케할 권리도 없는 '사짜' 업체가 '먹튀'를 했을 경우, '유지보수' 계약의 내용만으로는 손해배상은 커녕 계약 내용의 이행을 강제할 수단조차 없는 불상사가 생기는 것이다. 계약상대방이 정당한 권한이 없어서 소프트웨어 이용을 전혀 못하고 있어도 '계약서에 의하면 내가 정당한 라이센스 권리자일 필요가 없다. 나는 유지보수만 해주면 되는 것 아닌가'라고 우기면 그것을 막을 방법이 없다는 것이다. 실제로 왕왕 벌어지는 일로 매우 주의해야 한다.

소프트웨어 분야에서는 소프트웨어를 불법 도용한(즉 정당한 권리가 없는) 판매업자와 계약을 체결하게 되는 일들이 생각보다 흔하다.

그래서 소프트웨어 엔지니어는 반드시 사전에 해당 소프트웨어 관련 내용을 파악하여,

1) 우리 사업이 현재 해당 소프트웨어 이용권이 아예 없어서 라이센스 이용계약부터 체결하고, 유지보수 계약을 함께 체결해야 하는 상황인지,

2) 영구이용권 등을 이미 구매해둔 상태로 소프트웨어 자체는 회사에 구비가 되어 있고 유지보수 계약만 체결하면 되는 상황인지를 파악하고 있어야 한다.

전자의 경우 단순한 유지보수 계약서 양식을 사용해서 계약을 체결해서는 안 된다.

그래서 계약서의 어디를 보아야 하는가?

이런 유형의 계약서들은 (보통 계약서의 첨부 서류로 많이 들어가곤 하는) '업무의 내역Scope of Work' 파트에 '유지보수'를 적어둔다. 그리고 일반적으로 계약서 맨 앞 제2조 정도에 위치한 '정의Definition' 규정에 '유지보수'에 어떤 직업들이 포함되는지를 나열해둔다(물론 계약서 형식에 따라 천차만별이며 '업무의 내역' 파트에 일괄적으로 모두 정해두는 경우도 상당히 많다).

따라서 라이센스 이용까지 계약에 포함시키고 싶다면

1) '정의' 규정에 '라이센스 이용'에 대한 내용을 적어두고,

2) '업무의 내역'을 '라이센스 이용 및 유지보수'로 적어 두 가지 모두가 계약의 목적이라는 사실을 명확히 해두어야 한다.

3) 거기에 더해 계약서 중간에 '을은 계약기간 동안, 해당 프로그램
의 국내 라이센스 이용에 대한 정당한 권리자임을 보증한다'는
규정을 추가하면 좋을 것이다.

문제는 이런 계약서의 '업무의 내역', '정의' 규정들은 기술적 내용들
로 가득하기 때문에 법무팀 변호사들은 제대로 체크를 안하고 넘어가
는 경우가 많다는 것. 법무팀 직원들이 여러분들이 이 계약서를 작성
한 목적이라 할 수 있는 '현재 사업의 필요'가 해당 소프트웨어의 라이
센스까지 필요한 경우인지, 유지보수만 필요로 하는 것인지를 어떻게
알겠는가? 그들은 그저 유지보수 계약서가 법무검토가 필요하다고 올
라왔으면 '유지보수 계약서'로써 완성도가 있는지만 확인할 뿐이다. 그
래서 이런 내용들은 엔지니어 여러분들이 미리 챙겨야 한다. 스스로
계약서를 수정하기 무섭다면 적어도 법무팀에 검토요청을 보낼 때 이
러한 내용을 적어 보내도록 하자.

부록

잘 나가는 이공계 직장인을 위한
아주 짧은 노동법상식

여러분들은 모두 근로자이다. 그리고 "'노동법'이란 자본주의 사회에서 근로자가 인간다운 생활을 할 수 있도록 노동관계를 규율하는 법을 말한다.[1]" 그러니 여러분 모두 기본적인 노동법을 알고 있는 것이 여러분의 '웰빙'을 위해 바람직할 것이다.

이 책의 맨 앞에서 말했듯, 어떤 법이 있는지 알아보는 것이 모든 것의 시작이다. 크게보면 노동법은 근로자 개인과 사업주와의 관계를 규율하는 법과, 근로자 단체와 사업주(또는 사업주들의 단체) 간의 관계를 규율하는 법으로 나뉘어진다. 전자의 대표적인 법이 그 유명한 "근로기준법"이고 후자의 대표적인 법이 "노동조합 및 노동관계조정법(약칭: 노동조합법)"이다.

먼저 근로기준법을 보자.

제일 중요한 것은 적용범위이다. 예전에는 이공계 직장인들은 보통 큰 기업에 소속되어 근무하는 경우가 대부분이었기에 적어도 우리에게는 근로기준법의 적용범위가 별로 중요하지 않았다. 하지만 요즘 특히 IT 분야를 주축으로 이공계 직장인들 사이에서 '스타트업'이 유행하고, 작은 규모의 스타트업에서 근무하는 연구원, 엔지니어들이 늘어나면서 적용범위가 중요해졌다.

근로기준법 제11조(적용 범위)

① 이 법은 상시 5명 이상의 근로자를 사용하는 모든 사업 또는 사업장에 적용한다. 다만, 동거하는 친족만을 사용하는 사업 또는 사업장과 가사(家事) 사용인에 대하여는 적용하지 아니한다.

즉 사장님 가족분들만 있는 회사나 가사사용인이 아니라면 5명 이상이 '상시' 있어야 근로기준법을 적용받을 수 있다. 이는 '일시적으로'

---

1 임종률(2020). "노동법 제18판". 박영사.

5명 아래가 되더라도 괜찮다는 말이다. 그럼 이 '상시' 있는 근로자 수를 어떻게 파악하는가? 이는 근로기준법 시행령 제7조의2에 규정되어 있다. 간단히 설명하면 휴업수당 지급 등 근로기준법 상의 문제가 발생하면 그 발생일 전 1개월2(생긴지 1개월이 안된 회사의 경우 설립 이후의 기간) 동안 있었던 근로자의 '연인원'을 같은 기간 중의 '가동 일수'로 나누어 산정한다. 한마디로 1개월 동안 평균 하루에 몇 명의 근로자가 그 회사에서 일했냐는 것이다. 여기서의 머릿수 계산에는 파견, 도급 근로자를 제외하고(이런 분들은 사장님이 따로 있기 때문에 그 사업장의 근로자 수를 셀 때에 제외하는 것이지 다른 뜻이 있어서가 아니다. 오해하지 마시라) 기간제근로자, 가족인 근로자 등 다른 모든 근로자를 포함한다.

그런데 위에서 '일시적'으로 5명 아래로 근무해도 괜찮다고 했는데 이 '일시적'이 정확히 얼마의 기간인지 문제될 수 있다. 일반적으로 산정기간 동안 5명 이상인 일수가 산정기간 일수의 50%를 넘으면 5명 이상이라고 본다.

그럼 4인 이하의 사업장에는 근로기준법이 아예 적용되지 않는가? 많은 이들이 '5인 이하 사업장'이라는 개념은 알고 있다. 그런데 5인 이하면 근로기준법상의 근로자 보호 규정 적용이 아예 없는 것으로 잘못알고 있는 경우가 태반이다. 그럴리가 없다. 우리가 정이 말라비틀어진 세상에 살고있긴 하지만 그래도 21세기 대한민국이 그정도는 아니다. 그래서 상시 4인 이하의 근로자가 근무하는 사업장에는 근로기준법의 어떤 규정들이 적용되는가가 무척이나 중요하다. 이는 근로기준법 시행령 [별

---

2 이 '1개월'의 예외로, 연차휴가에 관한 규정인 법 제60조부터 제62조까지의 규정(제60조 제2항의 월차형 휴가는 제외)을 적용할 때에는 '1년'의 기간을 기준으로 5명 이상인지 여부를 판단한다.

표1]에 규정되어 있다. 주의할 것은 이 부분은 정권의 성향에 따라 꽤나 자주 바뀐다는 사실이다. 생각날 때마다 F/U을 하도록 하자.

상당히 많은 규정들이 적용된다. 대표적으로 근로자들을 평등하게 대우해야 한다는 제6조, 근로조건을 명시해야 한다는 제17조, 해고 금지기간과 해고예고규정에 관한 제23조 제2항과 제26조, 임금지급에 관한 제43조, 휴게시간과 주휴일에 관한 제54조와 제55조 제1항 등이 4인 이하 사업장에도 적용된다.

어? 그럼 중요한 내용들은 거의 다 적용되는 것 아닌가? 아니다. 죄송합니다만 세상이 그렇게 호락호락하지는 않습니다. 부당한 해고·징계 금지에 관한 제23조 제1항, 부당해고등에 대한 노동위원회의 구제에 관한 제28조, 휴업수당에 관한 제46조, 법정근로시간에 관한 제50조, 연차휴가에 관한 제60조 등이 적용되지 않는다.

이제 작은 규모의 사업장에 근무하시는 독자분들은 근로기준법 시행령 [별표1]의 개정여부를 자주 확인해야 할 이유가 확실히 생겼을 것이다.

다음으로 근로계약을 보자. 근로계약은 노동법 이론 뿐만 아니라 실무적으로도 굉장히 중요한 이슈이지만, 이 책을 읽고 있는 여러분들은 이미 정상적으로 근로계약을 마치고 '직장인'이 된 상태이므로 간단하게만 보도록 하자.

잘 알다시피 사용자에게는 근로계약 체결시 일정한 사항들을 기재한 근로계약서의 작성의무가 있다. 물론 반드시 종이로 줄 필요는 없고 전자문서도 가능하다. 근로계약서의 필수 기재사항은 임금, 소정근로시간, 휴일, 연차유급휴가, 취업의 장소와 종사하여야 할 업무에 관한 사항, 아래 있는 제93조 제1호부터 제12호까지의 사항들(즉 취업규칙에서 정한 사항들), 사업장 부속 기숙사에 근로자가 기숙하게 되는 경우 기숙사 규칙에서 정한 사항들이다(근로기준법 제17조 제1, 2항, 시행령 제8조).

그리고 가장 중요한 것은 여러분이 근로계약을 맺었는데 그 내용이 근로기준법에서 정하는 기준보다 미달하는 경우에는 "그 부분에 한정하여" 무효이고, 무효로 된 그 부분은 근로기준법에서 정한 기준에 따르게 된다는 것이다(법 제15조). 앞서 계약과 관련해서는 당사자 간의 합의 내용이 가장 중요하지만, 법이 더 우선하는 경우도 있다고 했다. 이것이 좋은 예이다. 이러한 근로기준법의 효력을 강행적·보충적 효력이라 한다. 말 그대로 당사자 사이의 합의 내용보다 이 법이 우선하고, 합의가 없거나 있지만 무효인 경우 그 공백을 근로기준법의 내용이 채워준다는 이야기이다. 이런 강력한 효과는 근로계약 뿐만 아니라 취업규칙이나 단체협약에 대해서도 미친다고 볼 것이다.[3]

그런데 그 취업규칙은 무엇인가? 사실상 꽤 많은 기업체의 근로계약서 자체에는 별 내용이 없는 경우가 많다. 연봉이나 근로시간과 같은 주요 사항을 제외하고는 전부 "기타 사항은 회사의 취업규칙에 따른다" 한 문장으로 퉁치고 넘기는게 현실이다. 그것마저 안쓰는 경우도 허다하지만 넘어가도록 하자. 어쨌든 우리가 실질적으로 회사에 소속되어 일을 할 때에는 그 나머지 사항들이 꽤나 중요하다. 어떤 것들이 취업규칙에 규정돼야 하는지 정도만 보고가자.

근로기준법 제93조(취업규칙의 작성·신고)

상시 10명 이상의 근로자를 사용하는 사용자는 다음 각 호의 사항에 관한 취업규칙을 작성하여 고용노동부장관에게 신고하여야 한다. 이를 변경하는 경우에도 또한 같다.

1. 업무의 시작과 종료 시각, 휴게시간, 휴일, 휴가 및 교대 근로에 관한 사항
2. 임금의 결정·계산·지급 방법, 임금의 산정기간·지급시기 및 승급(昇給)에 관한 사항

---

3 임종률(2020). "노동법 제18판". 박영사. p.352

3. 가족수당의 계산 · 지급 방법에 관한 사항
4. 퇴직에 관한 사항
5. 「근로자퇴직급여 보장법」 제4조에 따라 설정된 퇴직급여, 상여 및 최저임금에 관한 사항
6. 근로자의 식비, 작업 용품 등의 부담에 관한 사항
7. 근로자를 위한 교육시설에 관한 사항
8. 출산전후휴가 · 육아휴직 등 근로자의 모성 보호 및 일 · 가정 양립 지원에 관한 사항
9. 안전과 보건에 관한 사항
9의2. 근로자의 성별 · 연령 또는 신체적 조건 등의 특성에 따른 사업장 환경의 개선에 관한 사항
10. 업무상과 업무 외의 재해부조(災害扶助)에 관한 사항
11. 직장 내 괴롭힘의 예방 및 발생 시 조치 등에 관한 사항
12. 표창과 제재에 관한 사항
13. 그 밖에 해당 사업 또는 사업장의 근로자 전체에 적용될 사항

우리가 중요하게 생각하는 모든 것이 사실상 취업규칙에 다 들어있다. 아니 들어있어야 '한다'. 조문에서 보듯이 상시 10명 이상의 근로자가 있는 기업의 경우 취업규칙 작성 및 신고는 의무사항이다.

그렇다고 아무렇게나 만들면 되는 것은 절대 아니다. 앞서 보았듯 근로기준법보다 보호의 강도가 약하게 규정할 수 없으며, 특히 근로기준법은 취업규칙에 대해서 "취업규칙에서 근로자에 대하여 감급의 제재를 정할 경우에 그 감액은 1회의 금액이 평균임금의 1일분의 2분의 1을, 총액이 1임금지급기의 임금 총액의 10분의 1을 초과하지 못"하며 (제95조), 단체협약과 어긋나서는 안되도록(제96조) 정하고 있다. 그리고 취업규칙의 기준보다 미달하는 근로조건을 정한 근로계약은 그 부분에 관하여 무효이다(제97조). 그러니 자신이 속한 기업의 취업규칙을 항상 유의 깊게 살펴보는 습관을 들이자.

그리고 취업규칙을 작성, 변경할 경우 "근로자의 과반수로 조직된 노동조합이 있는 경우에는 그 노동조합, 없는 경우에는 근로자의 과반수의 의견을 들어야 한다. 다만, 취업규칙을 근로자에게 불리하게 변경하는 경

우에는 그 동의를 받아야 한다(제94조 제1항)." 마지막 내용을 "불이익변경"이라 부른다.

이제 여러분의 근무 규정과 관련된 사항이 바뀌는 경우(항상 좋지 않은 방향이다)에 왜 인사팀에서 여러분들을 대강당에 불러모아 설명회를 개최하고, 팀장님들에게 전인원의 싸인을 받으라는 지시가 하달되어 오는지 그 이유를 알았을 것이다. 그러한 동의를 받지 않았다면 그 변경된 취업규칙은 그로 인해 불이익을 받게 될 근로자에게 효력이 없다.

그 다음으로 몇 년 동안 정치권에서 계속해서 핫한 '근로시간'에 대해서 잠깐 보고가자. "1주간"의 근로시간은 휴게시간을 제외하고 40시간을 초과할 수 없다(근로기준법 제50조 제1항). 이게 원칙이다. 많은 직장인들이 "주52시간"이라는 말을 듣고 주52시간을 "일해야" 하는 것으로 잘못알고 있다. 2003년도부터 우리나라의 근로기준법상 근로시간은 주40시간이 원칙이다. 참고로 국제노동기구 제47호 협약이 1주 40시간의 기준을 채택한 것은 1935년이다.4

하지만 일이 몰리는 주간은 일을 더 할 수밖에 없는 것이 산업계의 현실이므로 무조건적으로 이를 산업계에 강요하는 것은 타당하지 않다. 그래서 일정한 기간동안 "평균" 주40시간이 넘지 않는 한도 내에서, 특정한 주간에는 주40시간을 넘길 수 있도록 허용하는 제도가 "탄력적 근로시간제"이고 이는 근기법 제51조와 제51조의2에 기간단위별로 규정되어 있다(두가지 경우가 있다. 3개월 이하, 3개월 초과 6개월 이내 두 경우이다). 물론 이 경우에도 그 특정한 주의 근로시간은 각각 48시간, 52시간을 초과할 수 없다.

"선택적 근로시간제"도 비슷하다. 이 경우 "업무의 시작 및 종료 시

---

4 임종률 위의 책. p.439

각을 근로자의 결정에 맡긴다는 것에 특색이 있고, 1개월(신상품 또는 신기술 연구개발 업무의 경우 3개월) 이내의 정산기간을 "평균"하여 주 근로시간이 주40시간을 초과하지 않는 범위에서 특정한 주의 근로시간이 40시간을 넘기는 것을 허용하는 제도이다(제52조).

우리가 많이 들어서 익숙한 "주52시간"은 근로기준법 제53조로 "연장 근로의 제한"이다. 즉 최대한도를 정한 것이다. 연장근로는 우리 직장인들에게는 독이든 성배와 같지만 산업계 현실을 고려하면 불가피한 측면도 있는 것이 사실이다. 그렇기 때문에 우리 법은 주40시간 원칙을 천명하면서도 "당사자 간 합의"로 손쉽게 1주간 12시간을 한도로 연장근로를 할 수 있도록 정했다(제53조 제1항). 이것이 말많은 "주52시간제"의 실체이며, 통상적 연장근로의 모습이다.

"통상적"이라는 말이 나왔으니 여기서 더 연장이 가능하다는 말이다. "특별연장근로"가 가능하다. "사용자는 특별한 사정이 있으면 고용노동부장관의 인가와 근로자의 동의를 받아" 통상적 연장근로의 한도인 주 52시간을 초과하는 연장근로를 하게 할 수 있고, 사태가 급박하여 고용노동부장관의 인가를 받을 시간이 없는 경우에는 사후에 지체 없이 승인을 받아야 한다(동조 제4항).

이것이 끝이 아니다. "특례업종 연장근로"도 있다.

1) 육상운송 및 파이프라인 운송업(노선 여객자동차운송사업은 제외)

2) 수상운송업

3) 항공운송업

4) 기타 운송관련 서비스업

5) 보건업

위 업종의 경우 사용자가 "근로자대표와 서면으로 합의"하면 고용노동부장관의 인가 없이 주52시간을 초과하는 연장근로를 하게 할 수 있다(제59조 제1항).

그럼 그 근로시간은 어떻게 산정하나? 회사에 출근해야 근로시간인가? 아니면 실질적으로 일을 해야 근로시간인가? 원칙적으로 근로시간은 "사용자의 지휘·감독" 아래에 있다면 대기시간의 경우라도 근로시간으로 본다(제50조 제3항). 이를 지휘감독설이라고 한다. 상당히 추상적인 기준이다. 그래도 일견 이해가 간다. 일단 출근을 했다면 회사에서 일을 안하고 있는 시간도 근무시간으로 보는 것이 맞다. 출근했으니까! 억울하잖아! 직장인이라면 공감할 수 있을 것이다.

그런데 기준이 저래 추상적이다보니 특히 이공계 직장인들의 경우 문제가 생길 수 있다. 꽤 많은 테크니션 또는 엔지니어분들은 "호출대기" 상태로 자유롭게 집이나 기타 장소에 머물다가 고객의 호출이 있으면 출근을 하는 형태로 일을 하는데 이러한 "호출대기"상태도 사용자의 지휘감독을 받는 근로시간으로 보아야 할까? 이와 관련하여 최근 의미있는 판결[5]이 나왔다.

해당 판결은 "고객사에 유사시 24시간 출동 및 장애신고시 2시간 이내 방문 서비스를 약속"하고 있는 기업이, "엔지니어 인력을 효율적으로 운영하기 위해 자체적으로 개발한 전산망 및 모바일 어플리케이션에 고객사 방문시간, 소요 예상시간, 종료시간 등을 입력하도록 하고", 직원들의 "작업건수, 배정 거절건수 및 수리 소요시간을 인사평가의

---

5 서울중앙지방법원 2022. 9. 29. 선고 2020가합602440 임금
  해당 판례에 대해 조금 더 자세히 보고 싶은 분이라면 하기 기사를 참조하시라.
  "자택대기 노동자에 대한 실질적인 지휘·감독 인정". 2022. 10. 26.

근거로 삼고 있으며 배정거부시 또는 예정시간보다 늦게 방문한 경우 구체적인 소명을 요구"했던 경우이다. 이 경우 근무자들은 "소정근로 시간인 평일 9시부터 파견팀 담당자의 연락을 기다리면서 대기하고 있다가 어디에 위치한 고객사이든 2시간 이내에 방문을 마칠 수 있도록 준비하는 것이기 때문"에 평일 9시부터 18시까지 '자택에서 대기하고 있는 시간 전부'가 기업의 실질적인 지휘·감독이 미치는 근로시간에 해당한다고 하였다. 아울러 자택에서 '고객사로 이동하는 시간' 역시 근로시간에 해당한다고 보았다. 앞으로의 대법원의 견해가 주목된다.

사실 호출근무보다 근로시간 산정과 관련하여 요즘 가장 문제되는 것은 재택근무이다. 그런데 재택근무의 경우 위에서 본 기준으로는 판단하기가 조금 애매하다. 그래서 코로나로 인한 비대면시대를 맞이하면서 한동안 산업계에서는 재택근무의 근로시간을 어떻게 처리해야 하는가에 대한 이슈가 있었지만[6] 지금은 대부분의 기업에서 근로기준법 제58조에 규정된 "간주근로시간제"를 활용하는 것으로 정착됐다. 이는 원래 외근, 출장 등을 염두에 두고 생긴 근로시간 계산의 특례로 "근로시간을 산정하기 어려운 경우에는 소정근로시간을 근로한 것으로" 보는 제도이다(제58조 제1항). 즉 그 회사에서는 1일 8시간 근무하는 것이 소정근로시간이라면 회사에 안나가고 외근, 출장, 재택근무를 했어도 8시간 근무를 "했다고 퉁치는" 것이다. 이게 "간주"의 의미이다.

근로기준법과 관련하여 마지막으로 하나만 더 보도록 하자. 우리네 직장인들이 매일같이 괴로운 이유가 뭔가. 다 사람 때문이다. 오직 일 때문에 힘든 경우보다 '그 인간' 때문에 괴로운 경우가 대부분이다. 그래

---

6 다음 기사 참조. "[EE칼럼]재택근무로 인한 노동법 이슈 점검해야". 2020. 11. 16.
에너지경제신문(http://ekn.kr)

서 중요하다. 우리의 웰−빙을 위해. "직장내괴롭힘방지법"이라 알려진 것으로 "근로기준법" 제76조의2와 제76조의3에 규정되어 있다. 그렇다. 따로 법이 있는 것이 아니라 근로기준법에 삽입된 내용이다. 그리고 "산업재해보상보험법"과 "산업안전보건법"에 추가적으로 규정된 내용(직장 내 괴롭힘으로 인한 정신적 스트레스가 원인이 된 질병이 업무상 질병에 포함되며, 직장 내 괴롭힘 예방을 위한 조치 등을 정부의 책무로 규정했다) 등까지도 넓은 의미에서 "직장내괴롭힘방지법"에 포함된다고 볼 수 있다.

먼저 제76조의2는 "사용자 또는 근로자는 직장에서의 지위 또는 관계 등의 우위를 이용하여 업무상 적정범위를 넘어 다른 근로자에게 신체적·정신적 고통을 주거나 근무환경을 악화시키는 행위를 하여서는 아니 된다"라고 규정한다.

그리고 제76조의3에서 "누구든지" 직장 내 괴롭힘 발생 사실을 알게 된 경우 그 사실을 사용자에게 신고할 수 있고, "사용자는" 그 신고를 접수하거나 직장 내 괴롭힘 발생 사실을 인지한 경우 지체없이 객관적으로 조사를 실시할 의무가 있다고 규정한다. 그리고 사용자는 조사 기간 동안 피해근로자를 보호하기 위해 필요한 경우 피해근로자등에 대하여 근무장소의 변경, 유급 휴가 명령 등 적절한 조치를 취할 의무가 있으며, 이 경우 피해근로자의 의사에 반하는 조치를 해서는 안 된다.

그리고 조사결과 직장 내 괴롭힘 발생 사실이 확인된 때에는 사용자는 피해근로자가 요청하면 근무장소의 변경, 배치전환, 유급휴가 명령 등 적절한 조치를 하여야 한다. 그리고 가해행위자에 대해서는 징계, 근무장소의 변경 등 필요한 조치를 할 의무가 있고, 이 경우 사용자는 징계 등 조치를 하기 전 그 조치에 대해 피해근로자의 의견을 들어야 한다. 그리고 직장 내 괴롭힘 발생 사실을 신고한 근로자 및 피해근로자에게 불리한 처우를 하여서는 안 된다. 마지막의 경우, 즉 사용자가 신고한 근로자 및 피해근로자에게 해고 등 불리한 처우를 한 경우에는 형사처벌규정까지 있다(법 제109조 제1항. 3년 이하의 징역 또는 3천만원 이하의 벌금).

우리는 다 먹고살기 위해 일하는 사람이다. 안그래도 힘든 삶, 직장 내 위계를 이용해 다른 사람의 인생을 방해해서는 안 될 것이다. 힘내자 대한민국 직장인들.

"노동조합"과 관련해서는 한 가지만 보고가자. 노사협의회와 노동조합의 차이이다. 노동조합이 이미 잘 갖추어진 기업에 근무하는 직장인들의 경우라면 딱히 궁금한 것이 없을테지만, 나도 그러했듯이 노사협의회만 존재하는 기업에 다니는 분들이 상당히 많고, 그러한 분들은 이 둘을 상당히 헷갈려하기 때문이다.

먼저 "노사협의회"는 "근로자참여 및 협력증진에 관한 법률(약칭: 근로자참여법)"에 규정되어 있다. 즉 근로자와 사용자가 참여와 협력을 통하여 근로자의 복지증진과 기업의 건전한 발전을 도모하기 위하여 구성하는 협의기구를 말한다(근로자참여법 제3조 제1호). 그리고 노동조합의 존재여부와 관계없이 노사협의회는 "근로조건에 대한 결정권이 있는 사업이나 사업장 단위로 설치하여야 한다"(다만 상시 30명 미만의 근로자를 사용하는 사업이나 사업장은 그러하지 아니하다). 그렇기 때문에 노동조합이 없는 기업이더라도 노사협의회는 존재하는 것이다.

노동조합은 당연히 노동조합법에 규정되어 있다. 노동조합이라 함은 1) 근로자가 주체가 되어 2) 자주적으로 단결하여 3) 근로조건의 유지·개선 기타 근로자의 경제적·사회적 지위의 향상을 도모함을 목적으로 조직하는 단체 또는 그 연합단체를 말한다(노동조합법 제2조 제4호). 이 세 가지가 노동조합의 실체적 요건(중 적극적 요건)이다. 자주성이 요구된다는 측면에서, 법적으로 설치가 강제되는 노사협의회와는 차이가 난다.

이 둘은 서로 다르다. 아예 근로자참여법은 제5조에서 "노동조합의 단체교섭이나 그 밖의 모든 활동은 이 법에 의하여 영향을 받지 아니한다."고 규정해놓았다.

어떻게 다른가? 노사협의도 결국 근로조건에 대해 논하는 자리니까 비슷한 것 아닌가? 결정적인 차이는 노동조합은 사용자와 "단체교섭"을 할 수 있고 단체교섭이 결렬되면 "쟁의행위"를 할 수 있는 반면, 노사협의회는 그러하지 못하다는 것이다.

노사협의회는 의결된 사항을 신속히 근로자에게 공지하여야 하며(근로자참여법 제23조), 근로자와 사용자는 노사협의회에서 의결된 사항을 성실하게 이행하여야 한다(제24조, 벌칙 제30조 제2호). 그리고 의결 사항에 대해 다툼이 있을 경우 중재를 할 수 있을 따름이다(제25조). 노사협의회는 '자주성'이 결여된 조직인만큼 노동조합보다 보장되는 지위도, 할 수 있는 것도 제한적이라는 점을 알아두자.

나가며

이 책은 내가 5년간 엔지니어로 직장에 근무하며 궁금했던 것들, 법을 배우며 새롭게 알게 된 것들 중에서 직장인 여러분들에게 꼭 필요할 것으로 판단되는 것들만 추려 담아낸 것이다. 이 과정에서 다른 이공계 직장인들은 뭘 궁금해 할까에 대한 조사가 필연적이었는데 다음 분들이 이에 대해 내 질문에 사려깊게 대답해주셨다. 데이터 사이언티스트 신제용, 삼성전자 성민규 연구원, 현대자동차 최주영 연구원, 현대엔지니어링 김성음, 박한솔 엔지니어, 한국전력기술 이동윤 엔지니어. 모두에게 큰 감사의 말씀을 드린다. 이공계는 아니지만 일반 직장인 입장에서 평소에 궁금하던 것들을 계속 물어봐주고 항상 응원을 아끼지 않은 배우자 오은경님께도 감사드린다.

모두가 처음 접하는 계약과 법 개념들일테니 복잡한 법률용어를 최대한 일상적인 용어로 담아 보았고(그 과정에서 엄격한 법개념과 다르게 용어를 사용해 눈쌀을 찌푸리신 법률가 독자분들께는 심심한 사과의 말씀드린다), 아무리 법서에서 중요하게 다루어지더라도 우리 실무와 관련없는 내용은 모두 쳐냈으며, 최대한 가독성을 높이기 위해 줄바꿈 및 강조표시를 많이 활용했다. 그래도 아마 어려웠을 것이다. 하지만 이미 엔지니어, 연구원분들이라면 지적능력으로는 검증이 된 인재이므로 어렵지만 충분히 이해하실 수 있으리라 믿으며, 우리 이공계 직장인 실무자들을 위한 책이 하나쯤은 있어야 하지 않나 싶었던 저자의 집필 취지도 독자여러분들께서 십분 이해해주었으면 하는 바람이다.

　이 얇은 책에서나마 배운 것이 있고, 그로 인해 여러분이 업무를 수행하며 중요한 법률적 고려를 놓치지 않아 궁극적으로 대한민국 산업발전에 이바지할 수 있게 된다면 저자로서는 크나큰 영광이 될 것이다.

참고문헌

대한변호사협회(2019). "사내변호사 업무편람"

박종백(2016). "오픈소스 소프트웨어 라이선스". 커뮤니케이션북스

송옥렬(2019). "상법강의 제9판". 홍문사

안강현(2020). "로스쿨 국제거래법 제6판". 박영사

윤선희(2021). "지적재산권법 19정판". 세창출판사

임종률(2020). "노동법 제18판". 박영사

조대환(2021). "영미계약법 원리". 유원북스

조영선(2021). "특허법 3.0". 박영사

지원림(2019). "민법원론 제2판". 홍문사

채정원, 이은미(2015). "법률실무가를 위한 계약서 작성실무". (주)영
    화조세통람

하명호(2020). "행정법 제2판". 박영사

저자소개

최기욱
1988년 서울 출생
서울외국어고등학교 영어과 졸
고려대학교 기계공학과 졸
현대엔지니어링 근무(2014. 1.~2018. 12.)
중앙대학교 법학전문대학원 졸
제11회 변호사시험 합격
현) LG그룹 D&O 법무실 근무 중
저서) 비바! 로스쿨(2022), 엘리트문과를 위한 과학 상식(2022)
연락처) girugi88@naver.com
인스타그램) choi.kiuk

잘 나가는 이공계 직장인들을 위한 법률·계약 상식

초판발행	2023년 4월 10일
중판발행	2023년 8월 10일

지은이	최기욱
펴낸이	안종만·안상준

편 집	양수정
기획/마케팅	박부하
표지디자인	이소연
제 작	고철민·조영환

펴낸곳	(주)**박영사**
	서울특별시 금천구 가산디지털2로 53, 210호(가산동, 한라시그마밸리)
	등록 1959. 3. 11. 제300-1959-1호(倫)

전 화	02)733-6771
f a x	02)736-4818
e-mail	pys@pybook.co.kr
homepage	www.pybook.co.kr
ISBN	979-11-303-4380-8 03360

정 가   17,000원